惩罚原理

〔英〕杰里米·边沁 著
刘仁文 译

商务印书馆
创于1897
The Commercial Press

Jeremy Bentham

THE RATIONALE OF PUNISHMENT

London: Published by Robert Heward, Wellington Street, Strand. 1830

根据罗伯特·休厄德 1830 年版译出

中译本序

菲利普·斯科菲尔德[①]

英国哲学家和社会改革者杰里米·边沁（Jeremy Bentham，1748—1832）的思想在学术上迄今仍然没有得到应有的重视。这在很大程度上是由于他的作品缺乏可靠的版本，在某些情况下甚至根本没有任何版本。边沁本人发表或出版了大约 50 部长短不一的作品，但他也在手稿中遗留了同样多甚至更多的内容，或将作品的出版委托给了编辑。边沁一生中最重要的编辑是他的日内瓦朋友艾蒂安·迪蒙（Étienne Dumont，又译“多蒙特”），他对边沁的作品进行了五次重大修订，并将它们翻译成了优雅的法语。正是因为迪蒙的修订以及随后多种语言的翻译版本才奠定了边沁作为法哲学家的国际声誉（边沁发明了“国际”一词）。边沁在遗嘱中委托他的遗稿保管人约翰·鲍林（John Bowring）出版其完整版作品。边沁的声誉本应因其作品的完整版本而得到提升。遗憾的是，在 1838 年至 1843 年间出版的 11 卷鲍林版《杰里米·边沁

① 菲利普·斯科菲尔德（Philip Schofield），伦敦大学学院（UCL）法学院边沁项目负责人、《杰里米·边沁作品集》总主编、政治思想与法律史教授。伦敦大学学院系伦敦大学联盟成员之一（伦敦大学联盟包含伦敦大学学院、伦敦国王学院和伦敦政治经济学院等众多既独立运作又紧密联系、共享学术资源的成员机构）。

作品集》(*The Works of Jeremy Bentham*),不仅每页挤着两栏小字,排版毫无吸引力,还十分不完整,而且根据边沁的原始手稿来看,(此版本)在誊写和条理上往往不准确。边沁的手稿中包含了他为自己没有亲自发表的作品所写的材料,其中的大部分(约 85000 页),由鲍林存放在伦敦大学学院图书馆。该学院以伦敦大学之名于 1826 年成立,部分灵感来自边沁的教育理念。另外还有 15000 页由边沁的侄子、植物学家乔治·边沁(George Bentham)保管,存放在大英图书馆里。

20 世纪 30 年代,伦敦大学学院当局坚信,作为边沁手稿的保管者,为满足现代学术的需要,他们有义务提供一个新的学术版本的边沁作品集。一个由弗里德里希·冯·哈耶克(Friedrich von Hayek)、皮埃罗·斯拉法(Piero Sraffa)和查尔斯·凯·奥格登(Charles Kay Ogden)等著名学者和知识分子组成的管理委员会开始运作,并开展了一些初步工作,但由于第二次世界大战的干扰,事实上,该项目被放弃了。因此,鲍林版本中的不足问题仍待解决,再加上人们越来越意识到边沁未出版的手稿中蕴藏着巨大的财富,最终在哲学家艾耶尔(A. J. Ayer)的鼓励下,重新启动了这项计划。因此,编辑边沁作品的计划于 1959 年正式开始,同时成立了伦敦大学学院边沁委员会来监督这项工作,1961 年任命历史学家伯恩斯(J. H. Burns)为首任总编辑,随后成立了边沁项目(Bentham Project)作为伦敦大学学院内的一个学术单位。新权威版《杰里米·边沁作品集》的第一卷于 1968 年出版,迄今为止已出版 35 卷。值得注意的是,该版本最早和最有影响力的支持者之一是法哲学家哈特(H. L. A. Hart),他后来校订或合作编辑了三卷书，其最意义深远的学术成果并非出现在著名的《法律的概念》中，而是体现在他与边沁穿越时空的“合作”作品《边沁随笔》中。我估计，完成这一版本还需要另外 50 卷。这是一项浩如烟海的事业，但每一本新书都强化了一种观点，即边沁不仅是历史上非常重要的思想家，而且在哲学、政治、法律和实践方面都具有重要意义，在处理各学科中的一系列当代问题时，我们仍可以从他那里学到很多东西。

其中一个问题涉及惩罚那些犯下被视为是罪行的人的目的和方法。边沁被广泛认为是最重要的惩罚理论家之一，而本书《惩罚原理》被公认为是其观点的重要载体。在简要介绍边沁理论的内容之前，有必要解释一下《惩罚原理》的写作背景。1769 年，在他 21 岁生日那天，边沁获得了出庭律师资格（即有资格在英国最重要的法庭上作为诉讼人的律师出庭），但他没有执业（他本可通过从事律师行业获利并取得成功），而是很快得出结论，他的使命是改革法律。他的目标是构建一部全面的刑法，他希望将其呈现给一个或多个具有改革思想的欧洲君主，并想到了诸如普鲁士的腓特烈大帝、神圣罗马帝国的玛丽亚·特蕾莎或俄罗斯的叶卡捷琳娜二世等人物。毕竟，这是开明君主的时代。1764 年，切萨雷·贝卡里亚（Cesare Beccaria）* 的《论犯罪与刑罚》首次以意大利语出版，对刑事改革产生了巨大的推动作用。边沁本人研究了贝卡里亚的书，他阅读了该书的意大利语原文、1776 年出版的带

---

* Cesare Beccaria 翻译成中文时有多种译法，如“切萨雷·贝卡利亚”“切萨雷·贝卡里亚”，本书参照黄风先生翻译、收入商务印书馆“汉译世界学术名著丛书”的《论犯罪与刑罚》一书，采“切萨雷·贝卡里亚”的译法。——译者

有伏尔泰（Voltaire）评注的法语译本和1767年出版的英语译本。贝卡里亚从自然权利和功用*的折中基础出发，主张惩罚的确定性比严厉性更重要，惩罚应与罪行成比例，应废除酷刑（逼供）和死刑。边沁赞同贝卡里亚关于惩罚的许多基本原则，实际上，他基于功用原则，提出了一个更系统、更有条理的惩罚理论，并将其作为普遍适用的基本道德原则。为了制定他的刑法，边沁意识到，他不仅需要功用原则所提供的道德基础，还需要基于犯罪行为所造成的伤害对犯罪进行分类，了解民法和刑法之间的区别以及法律本身的性质，了解地方和时间上的差异可能影响立法的方式，还有立法者可能采取的防止犯罪的"间接"方法（即在此情况下，推动剥夺个人从事犯罪行为的意愿或能力），当然还有惩罚理论。所有这一切都是以一种语言哲学为基础的，它赋予了法理学中的关键术语以意义与价值，如权利、责任、义务、权力、特权等。边沁在1770年代和1780年代的大部分时间和精力都用来研究相关领域的概念。

现在，边沁被公认为是惩罚威慑理论的核心人物，尽管他的观点不仅仅是简单的威慑。他完全拒绝了报应主义基于《圣经》中关于以眼还眼、以牙还牙的章节（利未记，24：20）而产生的惩罚观，如今他（边沁）通常与伊曼努尔·康德（Immanuel Kant）

---

* utility，传统上中文译为"功利"，本书译为"功用"。相应地，utilitarianism，传统上中文译为"功利主义"，本书译为"功用主义"。理由主要是考虑到"功利"一词在中文语境里带有道德评价上的贬义色彩，而"功用"一词更偏重客观描述。实际上，早在百年前，章士钊在介绍边沁学说时，就采"功用"和"功用主义"的译法，当代学者翟小波也采这种译法。参见〔英〕菲利普·斯科菲尔德：《邪恶利益与民主：边沁的功用主义政治宪法思想》，翟小波译，法律出版社2010年版，译者说明，第4页。——译者

联系在一起。对边沁来说，惩罚是一种罪恶，因此应该尽可能少地施加惩罚。此外，由于功用原则关注行动的后果而具有前瞻性，因此没有理由仅仅为了防止将来的恶行就因某人过去做过一些恶行而对其施加罪恶。因此，对于边沁来说，正如他在 1802 年至 1803 年的反流放著作中所表达的那样，惩罚制度应实现五个目标：第一，当然也是最重要的，是范例或威慑，即防止一般社会人士犯下类似的罪行，方法就是让他们记住，如果他们犯了所涉罪行，就会受到惩罚；第二是改造罪犯，这也等同于防止有人犯下类似的罪行，但在此情况下，是通过罪犯本人“了结未来犯下类似行为的意愿”达到的；第三是使罪犯丧失行为能力，这同样相当于防止犯罪者本人犯下类似犯罪，但是是通过“剥夺了他这样做（即犯罪）的能力”达到的；第四是赔偿，即对犯罪受害者的经济补偿或赔偿；第五是经济节约——换言之，惩罚的费用应该尽可能便宜。[①] 边沁相信，所有这些目标都将在他提议的希望建在伦敦的圆形监狱（panopticon）[*] 中实现。边沁设想了一个圆形或多边形的建筑，周围有牢房，中央设立典狱长及工作人员巡视的检查塔。其原则是对罪犯的监视越严格，他们就表现得越好。1787 年，他开始研制圆形监狱的计划，在接下来的 15 年里，此事主宰了他的生活，但这样的监狱在他有生之年从未真正建成过。这一事实并不妨碍圆形监狱成为边沁思想中最著名的内容之一。米歇尔·福

① 参见杰里米·边沁：《圆形监狱与新南威尔士及其他澳大利亚相关著作》（*Panopticon versus New South Wales and other writings for Australia*），斯科菲尔德与考泽（P. Schofield and T. Causer）编，伦敦大学学院出版社 2022 年版。

* panopticon 翻译成中文时有多种译法，如“圆形监狱”“全景监狱”“环形监狱”“全景敞视建筑”等，本书取“圆形监狱”的译法。——译者

柯（Michel Foucault）提出了“全景敞视主义”的概念作为现代自由主义国家的隐喻。这一概念在广泛的学科中极具影响力，并不断激发学术界和艺术界的回应。尽管如此，我们仍然没有边沁关于圆形监狱的大量著作的权威版本。如果我们真的有这样一个版本，学者们会将圆形监狱视为边沁惩罚理论在其恰当的历史背景下的实现，并将其与他自己的国家观区分开来。在边沁的国家观中，“凝视”将不是执政者对罪犯的审视，而是民众对统治者的审视——这是一种“反圆形监狱”。

除了圆形监狱，边沁在关于惩罚的著作中详细解释了如何实现他所认同的惩罚目的。在边沁日后最著名的作品《道德与立法原理导论》中（主要于1780年撰写和发表，1789年出版并添加了一些内容），有很大一部分内容涉及对犯罪的分类，并就如何通过惩罚的威慑来防止犯罪向立法者提出建议。显然，这一点与其说是要施加惩罚，不如说是通过惩罚的威慑来防止犯罪。如果实现了这一目标，就可以避免犯罪的危害和惩罚的危害（包括惩罚的费用）。因此，边沁强调了惩罚的确定性的重要性，即在此情况下，潜在的罪犯会意识到，如果他确实犯下了恶行，他就会被发现，而这就引出了警察的问题，边沁也考虑了这个问题。[①] 鉴于惩罚是一种罪恶，边沁制定了一些规则，使惩罚程度与犯罪的严重程度成比例，或者更确切地说，与潜在罪犯可能受到的诱惑强度成比例。

在为《道德与立法原理导论》撰写关于惩罚的材料时，边

① 参见杰里米·边沁:《警察：未知的故事及其对犯罪学的意义》(*Jeremy Bentham on Police: the unknown story and what it means for Criminology*)，斯科菲尔德与雅克（S. Jacques）编，伦敦大学学院出版社2021年版。

沁借鉴了他在 18 世纪 70 年代后期对这一主题进行的更详细的调查。迪蒙于 1811 年以《赏罚原理》(*Théorie des peines et des récompenses*)为名编辑并出版了这些详细的手稿，连同“序言”中的记述，以及上文提到的后来关于圆形监狱和流放的著作和 18 世纪 70 年代后期关于奖赏的相应主题的其他手稿。后来，这部作品又被我们所知甚少的边沁的弟子理查德·史密斯（Richard Smith）相继于 1825 年翻译成英文版的《奖赏原理》(1830 年再版）和 1830 年翻译成英文版的《惩罚原理》。在《惩罚原理》一书中，边沁的主要关注点是调查当时政府已经、正在或可能使用的不同形式惩罚的效力，并根据惩罚的理想目的来衡量其效力。然而，试图只用一句话甚至几段话来描述《惩罚原理》是无法对这个详细、复杂且论证有力的文本做出公正的解释的。无论是出于哲学、历史、刑罚学、犯罪学还是政治学的目的，它都需要仔细阅读，并且值得认真研究。尽管边沁的思想是在 18 世纪启蒙运动的鼎盛时期和法国大革命造成变革之前发展起来的，但在后拿破仑时代，各国面临着重组自身的迫切需要，特别是改革其刑法体系的时候，边沁的观点也对后拿破仑时代的世界产生了影响。考虑到政府和社会在犯罪和刑法制度方面所面临的反复出现的危机，边沁思想背后的人性和理性意味着他的思想对我们仍举足轻重。

正如我在本序言开头所指出的，边沁除了迪蒙的努力支持外，直到《作品集》问世之前，其作品版本的可用性方面一直受到严重影响。在中国，边沁的作品翻译虽然已经有一些了，但还满足不了读者的需求。随着中国读者进一步了解边沁的欲望越来越强，这本《惩罚原理》的中译本无疑将受到欢迎。无论人们最终是否同意边沁在功用主义的保护伞下所发展出来的理论，至少现在大家都认为他的观点值得被重视和认真对待。因此，我要对刘仁文教授不辞辛劳翻译此书表示敬意和祝贺。

目　　录

第三卷　剥夺刑或没收刑

第四卷　关于惩罚的正确位置，抑或是，错位的惩罚

第五卷　复合惩罚

第六卷　其他专题

英文版编辑说明*

《赏罚原理》这部著作已在法国印行三个版本，在英国印行一个版本。当该书的两卷本于1811年在巴黎出版时，承蒙迪蒙先生不辞辛劳，述明个中款曲，详情如下。

当我1802年在巴黎出版《民事和刑事立法专论》一书的三卷本时，我把自己曾以同样方式从边沁先生手稿当中摘取出来但在当时并不具备出版条件的其他同类作品昭告于众。

这是一名在欧陆地区鲜为人知的外国作者所印行的首部著作，但它竟以高于我所敢于期望的速度很快售出3000册。这一成功是对我所付辛劳的激励。我有理由进而认为，尽管这部著作当时方才问世不久，但并非没有造成影响，因为它已被与民事法典或刑事法典相关的许多正式作品频繁引用。

但曾经出现了一些障碍，使这部著作不能如之前一样进入发行渠道，以致有时像给我的热忱泼上一盆凉水。由此，如果作者

* 此说明系原书英文版编辑所撰。在该文的最后，编辑还标有：“注释：《奖赏原理》发表于1825年”。这里的背景是，边沁的好友迪蒙于1811年用法文出版了边沁的《赏罚原理》一书。后来该书被分为《奖赏原理》和《惩罚原理》两册，分别用英文在英国出版，其中《奖赏原理》出版于1825年（1830年再版），《惩罚原理》出版于1830年（也即该说明所撰之年）。——译者

当初自担此任，我本乐于辞去这份由我本人加于自身的差事。但遗憾的是，他对此意兴阑珊，恰如他过去一贯所做的那样。但是，如果这些作品不在我所给定的法国连衣裙式系列著作当中面世，那么它们很可能会被继续束之高阁。

其中一部分手稿著于 1775 年，已被搁在那里 30 年了。我从中摘选一部分，出版了《惩罚原理》一书。而另一部分手稿在晚些时候写成，它为我提供了出版《奖赏原理》一书的底稿。这后一部分手稿并未被弃若敝屣，而是被束之高阁。它们要么如同朴斫之材，或许会在未来某天经过打磨之后，成为某个通行立法体系的组成部分，要么成为作者自备自用的研究内容。

虽然这些手稿远比我所展示于众的那些作品卷帙浩繁，却很不完整。它们就同一主题提供给我的，是彼此殊异的文章，故有必要将其精华提炼出来，并整合为一。其中有几章，手稿所能给我指引的，除了一些旁注之外，再无其他。为了整理出《惩罚原理》一书的第四卷，我不得不收集各种各样的残篇断章，并加以配适。这些手稿尚未完成对死刑的探讨。作者曾经一度想要重新阐述这一主题，但未付诸实施。对于流放（刑），对于监狱，他均未写就任何东西。他关于圆形监狱的思想也未成形。这两章的出版很重要，但组稿事宜颇费周章。自从边沁先生的某部著作（包含《致佩勒姆勋爵的信》等作品）出版以来，我从中衍生出这两章的基础。对于我用以论述这个主题的一般方法，我一概吸纳所有契合这一方法的材料，并使这些材料避免一切争议。

如果上述所涉事实与所作处置并非总与原稿日期相符，那么，在进行这些解释之后，这就不足为奇了。我自在地行使了作为编辑所享有的权利——我根据文本属性和具体场合翻译、评注、缩减或替补这些手稿。由于在先前已出版著作的初步阐述当中已有述说，故无需赘言的是，我所进行的这些协同工作仅仅涉及细枝末节问题，但愿这一工作不致减弱读者的信心。我呈交给他们的，并非我本人的著作。就事物本质所能容许的真实程度而言，我所呈交的，是边沁先生的作品。

有人说，这些增补和修改之处，应当带有某些特别的标识。这种忠实可望而不可即。只需想象一下，完成初稿是何等工作量，以及为了使读者能够理解，完成那些尚未写就并且尚未查核的手稿（这些手稿有时是由一些断章残篇和简略的笔记组成的）是何等工作量，就会明白，这项工作需要赋予编者一以贯之的自主，也就是一种细致入微、默无声息的输入，而恕我直言，让从事这项工作的个人自己记住这些所输入的点点滴滴，几无可能。然而，能否记住这些点点滴滴是无关紧要的。既然作者继续将其手稿托付给我，那么可以认为，他并未发现自己的思想变得面目全非或遭到篡改。

但我必须声明，作者完全拒绝与我共同承担这份编辑工作，并且不以任何方式对这一工作承担责任。正如他从未对任何初稿表示满意，并且从未发表过未经自己至少修改两次的文章，他预想，修订如此老旧的一篇文章，不仅将使自己离当下的工作过于遥远，而且将与这些工作互不相容。他以这种方式为自己的拒绝辩解。但对于他可能会做出的任何修改，他授权我进行补充，不过这些补充仅仅针对形式问题。在原理方面，他的观点未曾改变，相反，岁月的迁变和读者的反响反而为之增添力量。

边沁先生对自己的作品太挑剔。他认为这些不值得公众注意。对于那些知道他对自己提出的要求是什么，并且知道他针对一部完整作品而为自己所形成的见解是什么的人而言，这一点不会让他们惊讶。

一部完美的著作大概会是这样的，就一个相同的主题而言，它使过去业已著就的或将来本可著就的一切作品归于无用。因为无人自诩可测量人类心智的力量，所以无法确定何时成就其中的第二项条件。至于第一项条件何时成就，我们可以通过比较以前已经出产的作品而更加容易地做出判定。

这种比较有助于使我减少对自身能力的怀疑。在作者拒绝为我提供任何帮助并对自己作品的价值表达了怀疑之后，我重新品读并再次审视事关这个主题的著名作品，甚至那些已经并不怎么有名的作品。在此之后，事情再也不容我犹豫下去了。

我曾一度试图把散布在《论法的精神》当中关于赏与罚这一主题的所有东西收集起来。如果实施了这一意图，那么所收集的内容会多达 10 页或 12 页。在法国，有人反复念叨达朗贝尔（D’Alembert）所说的一句话：因为孟德斯鸠洞若观火，所以他条分缕析、掇菁撷华。对此，如果实施这种归总式收集，那么本有可能判断此话是否正确。围绕这些主题，书中有大量模糊不清的思想，其中有些是错误的。当然也有一些是明智而深刻的，就像我们从这位著名作者所获得的一切东西那样。但他并未从中孕育出赏罚原理。确实，他没有这种打算。既然如此，那么没有任何比指责他并未实施他本不打算实施之事更不公正的事情了。

贝卡里亚却做了更多。首先，通过考量刑罚对人类感情的影响，通过估算动机在驱使个人实施犯罪方面所具有的力度，以及通过估算法律所应催生的与之相反的动机（在遏制个体实施犯罪方面）所具有的力度，他考察了刑罚的效能。然而，这种问题解析方式所具有的价值，与其说是他取得巨大成功的原因，不如说是他用来对那些根深蒂固的错误解析进行抨击的勇气，以及遍布在他作品当中的令人动容的人性。但除此之外，我不得不说，他了无章法，他未受任何通行性原则的指引，他对那些最为重要的问题仅仅投以匆匆一瞥，并且，他小心翼翼地回避一切实用性探讨，而如果实施这种探讨，那么他会暴露自己的不足，即他并不谙熟法律这门科学。他宣称自己研究两个确切的主题：罪与罚。他在此之外不时又有追加，即他也研究程序这个主题。由小小的一卷本著作探讨这三个宏大的主题，是困难重重，难以胜任的。

随着对孟德斯鸠和贝卡里亚的追随，我们会悄然疏离多达整整一座图书馆的藏书。这些藏书具有或大或小的价值，但是不具有任何伟大的原创性。尽管我们应当从中找到正确而明智的观点、有趣的事实，以及对法律的富有价值的批判（其中许多法律已经不复存在，并且正是这些作品导致了这些法律的消失），但我在此并不打算详述它们所作的批判或所唱的颂歌。于我而言，能够觉察到既没有任何作品奠定赏罚的基本原理，又没有任何作品堪称圭臬，就够了。

此前出版的作品只是勾勒出了惩罚原理的轮廓，并且对刑法学这一部门法学也仅仅绘出了它的导览图，而此次出版的著作则展示了它的地貌。

为了防止文本之间的频繁参照，并为了使这部作品本身保持完整，我从此前的著作当中截取了几章。在此之间，我对这几章内容作了相当大的补充，并采用了不同的行文版式。

然而，我必须承认（尽管这种承认冒着风险，即可能激起读者对我作品不利的偏见），无论我的作品的目的与它的推论之间具有何等重要的关系，这一目的在本质上毫无吸引力。我在工作的过程中已经意识到了这一点，并且在工作完成之前常常需要先战胜自己。仅仅是哲学上的兴趣就已经足够了。对刑罚的描述，以及对刑罚的审视，二者彼此相依相随，并没有如同好为人师者所说教的那种顺序之下的中断。二者并不容许风格上的多样性，也不呈现任何可由人的想象愉悦地静憩其上的画面。

“这些修饰让这本小书增添快乐的色调，而不是哀伤的色调。”（Felices ditant hæc ornamenta libellos, Non est conveniens luctibus ille color.）

令人愉快的是，奖赏这一主题，因其创新性，因其所蕴含的理念，即美德、天赋和服务（这是这一作品为了通过审查而营造出来的理念），将使读者踏上一段更为惬意的阅读之旅。可以说，这里揭开了法律的地狱和天堂。我们进入这个地狱，只为减轻痛苦，并且我们小心谨慎，不在这个地狱入口刻上下述诗歌的可怕文字：

“你们所有进来的，都要放弃希望。”（Lasciate speranza, voi ch’entrate.）

为准备出版《惩罚原理》一书，使其与英国公众见面，该书编辑采用了迪蒙先生不辞辛劳出版的第二卷作为其基础版本。由于在竭其所能搜遍每个角落之后，本书编辑找到了该书的原始手稿，所以，在许多情形之下，不应将本书编辑的意愿理解为迪蒙先生作品的某个译本。

理查德·史密斯

1830 年

第一卷

惩罚的一般原理

第一章　定义与区别 1

为使人们清晰地懂得接下来这部以“惩罚”为主题的作品，有必要使之清楚地理解惩罚是什么，以及惩罚不是什么。基于这一目的，将惩罚和其他容易与惩罚混为一谈的东西区别开来，再指出惩罚可能呈现的形态将是恰当的。

惩罚，无论其可能呈现出什么形态，都是一种恶（evil）。因此，这里讨论的是恶这一问题，是易于以几乎所有样式发作时的恶这一问题。考虑这一问题时，需要区分两个始终互相伴随的对象：1. 恶被认为系由其产生的那个行为；2. 被认为系由该同一行为所产生之物，即因此而产生的恶本身。

英语在通常用法中仅以一个独词所组成的称谓同时指称这两 2
个对象，这个独词即惩罚。[1]

---

① 在法语中，有指称行为的一个名词，即 punition（惩罚）——acte de punition（惩罚的行为），而指称恶，即该行为的结果或者产物，有另一个名称，即 peine（痛苦）。

虽然免除了如上述英语的含糊性，但法语受另一种含糊性的困扰。借助 peine 一词，结果确实被保证不与引起它的行为相混淆。不过，另一方面，该词的使用并未限用于被它所指称的对象发源于感觉灵敏的人的意志的一种行为的结果，它至少同样经常地被用以指称对象本身，而与它赖以产生的原因无关。

除了在同一个方面过宽之外，peine 的意思在另一个方面又过窄。其与 douleur（痛苦）同义，而且一样与之外延相同。它不包括属于纯粹否定性质的恶的那种修正，这种修正由或多或少可能或肯定没有快乐的这种或者那种修正所组成。

惩罚可以被界定为——由于某些看上去已经做出的或未予实施的行为，某一个体因另一个体的直接故意而遭受的恶。通过分解这一定义，并考察其若干组成部分，其适当性及其作用就会显现出来。

因而惩罚是一种恶——一种物理性的恶；它或是承受某种痛苦，或是快乐的丧失，或是受影响一方在此情形或状态之外的其他处境，这是此类受苦或失乐的直接原因。它是另一个体的直接故意所产生的一种恶。如果就该个体而言，它出于间接故意，来自于该个体自身，那么它不是惩罚，而是某种其他性质的恶，但并非在所有情况下都以某个具体名称予以区分。

3 惩罚是由于实施了或忽略了一些行为，因他人的直接故意而对某人造成的恶。这种恶，虽然出自他人的直接故意，但如果不是由于某些似乎已经完成或忽略的行为所引发，便不是一种惩罚。如果这种恶是出于放纵、娱乐或者憎恶，或者出于对一个人人身的反感，且没有任何特定行为作为依据，那么，你只是对他做了个恶作剧，绝不会有人将在此情况下所产生的恶理解为以惩罚之名出现的东西。

但它之所以如此，是由于某行为已被实施，至于行为是由谁实施的，无关紧要。最普遍的情况是，谁实施的行为，谁便因此而承受恶。但是，此恶可能偶尔降临到某个另外的人身上，并仍冠以惩罚之名。在这种情况下，恶可以被称为对“非常的人”的惩罚，以区别于更为普遍的情况，即恶被称为对“适当的人”的惩罚。无论该行为是根本的直接故意，还是仅为间接故意，它可能与常见用法足够一致，负上惩罚之名。尽管这一故意是按照或此或彼的方式出现的，该行为将采用不同的名称，正如我们接下来会提及的一样。

惩罚必须是由某种至少看上去已被实施的行为所致，至于到底是由于看似已被实施的行为，还是由于实际上已经实施的行为，无关紧要。

凭依对该行为所赋予的含义，凭依惩罚一词本身，对施动人 4
的描述并无限制。但是，就本书而言，此人始终被视为为了这一目的被授予国家权威的人，他是指令在某类案件中实施相应类型恶的立法者，或是指令在或此或彼的案件中施加单个分量之恶的法官。

复仇、憎恨、改善、剥夺犯罪能力、威慑、自卫、自我保护、安全监护、限制、强制以及酷刑、对伤害或者损害的特定赔偿——像强加负担以及征税一样，借助这些词汇，提出需要在每种情况下进行比较的想法，并在大多数情况下与由惩罚一词所展现的理念区别开来。

恶的哪一部分被审视，惩罚一词是否运用得恰如其分，取决于实际结果与行为人行动时的意志或意图所对应的立场。

故意的或非故意的：如果是故意的，是直接地或间接地故意，或换个说法，附带地故意；如果是直接地，是根本地或仅是中介性地故意；这是一些修饰语，在这些修饰语之下，当立足于意志或意图所转向的某个对象的角色而进行考察时，恶这一问题可被视为遭受某种东西。

在某些情况下，当权者，或某个人或某些人，如其所揣测的 5
那样遭受了由某个人或其他人为了强加所谋求的结局而造成之此

样式或彼样式之恶（即处于后者考虑之中的对象），就是某种取乐，而这种取乐，是后者在对这种持续施加之恶的审思之中所获得或所期望的。在这种情况下，所述行为被称为某种复仇行为。

只要这是且仅当这是后者的目标时，如此产生的这种恶便不仅是出于直接的故意，而且是出于根本性的故意。

就单一对象的特征而言，这种性质所产生的某一结果对当权者而言是否是个适于其自身拟用的结果，确实是个十分重要的问题，但这不是这里要讨论的惩罚，当被不当实施时，也不折不扣地是惩罚。

通过展示上述情形所假定的先行之恶，你从中获致的，便不再是某项复仇行为，而是某项单纯为满足憎恨而实施的行为。但是，就这种假定，对其创制者或施动者即立法者或法官来说，其仍然是某项不折不扣的惩罚行为。

在由权力之手故意产生的恶行为被称为是惩罚行为的案件中，最常见的类型是由代理人组成的案件。在这些案子中，这样产生的恶虽然是故意的，甚至是出于直接故意，但不是终局性的，而只是中介性的故意。

在这种情况下，终局性意图的目标——惩罚行为作为实现某一目的的某种手段起作用而涉及的目标——既可以是一种消极行为，也可以是一种积极行为。[1]

6 当惩罚所依附的行为有积极性质时，惩罚行为所指向的出于终局性意图的目标便具有相反的性质。这样，当犯罪是消极性的

① 对于理解他所听到的或者他所说的话来说，具有积极的或者消极的附属性。

时候，结果即惩罚所针对的产物，便是积极的。

如果犯罪属于积极的性质，那么，便出现了下列一连串的名称来表达结果，这些结果的产生目的是不同的。这些名称是：1. 改善或者改造；2. 剥夺犯罪能力；3. 威慑；4. 自卫；5. 自我保护；6. 安全监护；7. 限制。

如果犯罪属于消极的性质，那么，便产生了如上所述的另一连串名称，即：1. 强制或者控制；2. 酷刑；3. 在相当于满足的意义上，考虑到从一种犯罪或非故意的伤害中所产生的损害而给予的赔偿；4. 征税。

无论所针对的结果是属于积极的还是消极的性质，有关的术语，即强迫、义务、责任，或者强加一种责任，都适于指称它。

因为这涉及所谓犯罪者的行为，改善或者改造与剥夺犯罪能力是表达所针对结果的词汇。就改善或者改造而言，令人极端生厌的行为被视为属于这样一种性质，即通过它被实施的单个例子表明其道德结构中存在着相当程度的混乱，以致需要进行全面的改变来消除这种混乱，并将罪犯引至一种通常的纯洁状态。

几乎没有发现任何消极类别的罪行表现出任何这种程度的恶 7
意——改善与改造这两个术语的使用几乎限于令人极端生厌的行为的情况下，防止这种行为是惩罚的最终目的，在此情况下的惩罚是积极的。

剥夺犯罪能力在消极性质的行为中，很难有其一席之地。不做任何事可以说是每个人都有能力犯下的一种罪行，以致政府为使一个人丧失实施该种犯罪能力的任何努力都可能受到挑战。

威慑是一种同样适用于积极或消极犯罪行为的结果。它也同样适用于已受到惩罚的罪犯和其他在逃人员。对于受惩罚的罪犯来说，它也不涉及对象被改善或者改造这样的术语所暗含的关于任何普遍混乱的假定。

当终局性故意的结果是改善或者改造时，正是通过恶的行为对罪犯的意志产生了影响。只要产生了这种影响，结果便视为产生。在这种情况下，惩罚行为也被称为一种矫正行为。

当终局性故意的结果是剥夺犯罪能力时，这是通过剥夺罪犯实施相似类型犯罪行为的能力来实现的，在剥夺犯罪能力被视为产生的范围内，结果便视为产生。在这种情况下，为产生这种结果而采取的做法，既可以是短暂性的，如暂时监禁、拘禁或者放逐，也可以是永久性的，如对肢体的伤害。

8 通过施加于罪犯的惩罚行为，其他没有被逮捕的人被视为受到遏制而没有实施相似的恶性行为。因此，惩罚行为最终被视为有威慑力的特性。这正是通过在这些人的意志上留下的印象来实现的，在此情况下，这种印象并非由行为本身，而是由其观念造成，伴随着对类似的恶最终可能发生在他们自己身上的预期，从而认为终局性故意的结果已经产生。而且，在这种情况下，它还被说成由儆戒或者由儆戒的力量所产生。

自卫与惩罚之间的联系是这样的，即对同一行为来说，若说该行为是为达到其中一个目的，那它也可能是为了另一目的。这种巧合可能以如下两种方式之一发生：以自卫作为其直接目标与结果的一种行为，可能以惩罚作为其间接结果。或者，以惩罚作为其直接目标与结果的某种行为，可能以自卫作为其间接结果。

在抵制人身攻击时，个人可能会有意或者无意地对攻击者施加比他自己受到的痛苦程度要大得多的痛苦。如果是无意的，那么自卫不仅是唯一的终局性故意，而且也是唯一的故意结果。攻击者所受的痛苦，尽管不属于间接故意，但实际上也确实（造成了）间接结果。

另一方面，在对罪犯施加惩罚的过程中，当权者可能会根据他自己的利益实施自卫行为，如叛乱或者叛国罪等类别的犯罪，这种行为的目的或效果是颠覆政府或削弱政府权力。但是，只有 9
在针对这类犯罪时，惩罚行为之于法定当局才具有一种自卫行为的特性。

但是，如果缺乏法定的权威，所有社会成员便被视为受到惩罚的人。那么，就受惩罚的罪行所孕育的特定罪恶而言，所有惩罚都成了一种自卫行为，即借助如上所述的改善、剥夺犯罪能力与威慑等手段之一或多种，来保护社会免受讨论中的犯罪及其附带罪行的行为。

按照“自卫”一词的含义，它暗含着当事人正努力保护自己不受恶的侵犯。因为该种恶的动机会使得这种行为被感觉灵敏的人基于产生同样的恶的意图而实施。

无论即将到来的恶来自何方，“自我保护”一词同样得以适用。因此，到目前为止，由于惩罚行为可以被恰当地称为自卫行为，那么，它也可以同样恰当地被称为自我保护行为。

安全监护与惩罚之间的联系是这样的：对于同一种操作或者事物的人为状态来说，它可能同时产生这两种作用。但是，在同一个人的情况下，只有在有限的程度上，才有充分的理由就两者 10
同时做出规定。

至于监禁，它在很大程度上被适当地应用，并在各地以惩罚的名义实施。在这一情况下，安全监护与预期的惩罚本身在某种程度上是相同的。在某些程度上，是维持任何被认为是适当的附加惩罚存在和持续的必要条件，这些附加惩罚可能是与安全监护本身不可分割的。

然而，在另一种情况下，尽管没有哪一种像惩罚一样的东西被采用或者至少应该被采用，因为任何惩罚的理由都尚未而且根本不可能被最终确立，但是，监禁或者为了惩罚的目的而采用如上所述的其他行为，在很大程度上是为了最终的自由，并间接性地为了安全监护的目的而被最终执行。

限制与惩罚之间的关系是这样的：表现为或此或彼形态的限制，是每一禁止性法律的直接故意结果。无论是什么，只要是构成如此状态的不可分的伴随物的恶，都是该同一法律间接故意的结果。限制之恶可能是非常适度的，但仍然受到每项一般禁止性法律的约束，一定会有某种形式、某种数量的恶出现。

同时，种类繁多的限制用来充当惩罚的方式。作为一种惩罚
11 方式，限制并非不能为了确保服从限制的目的而使用。但是，这种巧合*只是文字意义上的，并且是由于“限制”这个词的普遍性而产生的。我们不能使用由消极行为所附带产生的限制，其产生是最终惩罚性质当中禁止的目标，以确保对这同一禁止性法律的服从。要阻止一个人盗窃，通过威吓阻止他盗窃的法律只是一个无关紧要的办法。要通过最终的惩罚确保这种限制，你就必须使用某种其他形式的限制，例如监禁。

* 指前一句的限制为了确保服从限制的目的而使用。——译者

强制与惩罚之间的关系是这样的：在强制的情况下，诚如在限制的情况下一样，有关行为被视为导致恶的有效原因，对它的预防是惩罚行为的终极目标。在有关行为属于积极性质的情况下，属于限制；而当行为属于消极性质的情况下，则属于强制。

酷刑与惩罚之间的联系是这样的：酷刑这一术语几乎以相同的频率在两种不同意义上被使用。按其最宽泛的意义，酷刑被用以指代疼痛，尤其是身体疼痛。当它被视为在程度上属剧烈时，这与产生疼痛的原因无关。

按其更狭义的意义，也就是按它最易于被使用的意义，当视为法律的结果时，它被用以表示如上所述的程度剧烈的肉体痛苦，在法律的正当程序中被使用，或者至少经当权者之手被当作一种强制手段使用。

但是当它在这一意义上被使用时，给出的描述还需要完善。12
强制或者限制可能仅是通过对被宣告的惩罚的单纯恐惧而产生。

根据这一情况，酷刑不止区别于强制本身，而且也区别于任何被视为在普通模式下适用强制之目的的惩罚。

酷刑的概念不包含在不服从行为所附带的不允许减刑的惩罚中。但是，假设同一种痛苦，被附加于同一犯罪，而且在服从法律要求的情况下，有权力免除它的任何部分，这种惩罚就属于酷刑的概念和名称。

赔偿或者清偿与惩罚之间关系是这样的：在所有情况下，如果赔偿是所期待的目的，只要关心的是财产赔偿，无论为了赔偿的目的而做了什么，财产性的惩罚效果便已产生。但是，为了赔偿的目的而采纳的措施会比为了惩罚的目的而采纳的措施大体上产生更多的痛苦；它将伴随着一种遗憾，这种遗憾是由这样一种想法产生的，即优势不仅由对方当事人获得了，而且是由自己付出代价获得的。

另一方面，考虑到惩罚对犯罪者造成的痛苦，对被害者以补偿或报复性满足的形式给予好处。

13 征税与罚款（因为只有以这种方式，它们之间才可以较短量长）之间的关系是这样的：它们都包含运用强制力从有关财产中榨取一定数额的金钱。它们之间的区别在于最后的目的。就征税而言，目标是要获得特定的一笔钱。就惩罚而言，目标是要防止令人厌恶的行为。支付金钱的义务附属于惩罚。在征税的情况下，立法者的愿望是这笔钱得以支付，因此，如果支付一笔特定钱财的义务被强加于一种特定行为的实施，他的愿望便是该行为可以付诸实践。

由于在这两种情况下，所希望的结果相反，实际的结果便相应地大相径庭，只要获得了任一种结果，另一种便不可企及。特定的法律结果究竟是征税还是有效禁止，就每个人而言，取决于在有关情况下，他被要求支付的价值与他估计的行为实施所带来的利益价值相比较。如果该利益显得更大，他付出金钱，并实施该行为；如果最终要付出的金钱的价值显得更大，他便服从禁止性的法律，并放弃实施行为。

当任何法律都以禁止的面目出现时，如果犯罪的利益是可变的，但惩罚只是金钱性的，而且金额是固定的，那么便存在这样的可能性，即在许多情况下，不经侦查、起诉与定罪便不可能存在的惩罚，即使被施加，也只会起到征税许可的作用。

这一情况是如此明显，以至人们会认为它不可能被忽视。但 14
是，假如它在英国以任何可以容忍的相当稳定的方式被遵守，那么该国的法律面貌将与现在大不相同。

关于惩罚的所有这些结果或伴随的结果①，有一点值得注意，

① 这几种目标之间的区别可以通过一个例子予以阐释。在1769年，一个陪审团就因约翰·威尔克斯先生（John Wilkes, Esq）被错误地监禁（其被怀疑是以文字诽谤国家的作者），而对哈里法克斯伯爵（the Earl of Halifax）做出了一个支付4000英镑赔偿的裁定。可以查明，当陪审团通过提供这一裁定而指定有关的这笔钱由一个人向另一人支付时，他们履行了什么样的行为？

它被认为是一种惩罚行为。如果对哈里法克斯伯爵感到气愤的任何陪审团成员，还打算因他在想起某种痛苦时所得到的快乐，而对他产生痛苦，那么，就这样一位陪审团成员而言，它便是一种复仇行为。但是，由于是根据已经被实施的这种行为即对威尔克斯先生的监禁而进行的，它不是一种憎恨的行为。

如果哪位陪审团成员是考虑到遏制哈里法克斯伯爵或者在将来可能占据该位贵族的位置而实施任何相似性质行为的人，并且考虑到阻止从这样的行为中领会到的危害，那么，在他这方面，便是一种改善与威慑的行为。但是，它无法为了剥夺犯罪能力的目的而起作用，支付一笔钱不具有使哈里法克斯伯爵或者掌握同一职位的那些人丧失监禁可能成为他们讨厌对象的其他人的能力的倾向。它不是一种直接的自卫行为，因为自卫暗含着攻击，即暗含着有某个人，他实际上竭尽全力对保护自身的人实施危害。但是，如果有哪位陪审团成员认为他有源于哈里法克斯伯爵与易于像他一样行动的人们的相似的或者任何其他方式的痛苦的危险，并着眼于保护自己免受痛苦，亦即通过对相似的惩罚的恐惧可以期待施加于哈里法克斯伯爵与类似的其他人的限制作用，而加入了裁定，那么，在这样的陪审团成员方面，它便是一种自我保护行为。

罚金的支付对安全监护或者身体控制的目的无所助益，它也不是一种强制性的行为，因为它不是作为强迫他做任何事的一种手段而设计的。

它不是一种酷刑行为。罚金如果被支付，是即刻支付的。支付行为使自身终止，而不能被如此拖延，以致被弄得只有在将来的一个特定场合才终止。如果哪位陪审团成员着眼于使威尔克斯改善他因有关的假想的伤害所承受的痛苦，那么，在这样的陪审团成员方面，它便是一种赔偿行为。而如果打算对威尔克斯先生做出赔偿的该陪审团成员还认为，这样做是对的，即对哈里法克斯伯爵征收应该给予威尔克斯先生的适当数量赔偿的税金，那么，它便是一种征税行为。

即它可以作为一种防止许多错误的防腐剂起作用——在这里所借
15 以指明目标的名称中，如果有的话也只有在极少数情况下，才能根据任何这样的问题形成任何真正的判断，这样的问题便是，目标是否构成，以及在多大程度上构成所追求的一个适当的目标或者充当一个目的的目标。

举它们中的任何一个为例。如果就其本身而言，该目标具有善的性质，但首先，这种善可能在任何程度上都是细微的；其次，对于该目标可能正好引起的这种恶的数量没有限制。因此，无论这种追求是通过惩罚或是通过任何其他手段的干预，这样的假定都必定是虚假的，没有例外的余地，应该宣布实现这个目标是个普遍适合的目的，反之亦然。

这里所指出的惩罚和与之相近的几种概念之间的区别，可能有五种不同的实际用途：

1. 它们可以起到引起立法者警醒的作用，以确保在任何情况
16 下为可能存在的和目前需要立法规定的若干目标提供适当和充分的规定。

2. 为了保护立法者不产生这样的错觉，即无论什么情况下，如果按照它们各自命名的不同，由于同一种恶，可以为两个或者更多的目标做出适当和充分的规定，他便会被引导至为了实现善的目的而产生两种或者更多的恶。而对于这种善的实现来说，这些恶中的一种便够了。

3. 在每一种情况下，在将他所期待的目的与他为了实现该目的所计划使用的手段相比较时，他对这些提议的手段的看法可能足够清晰、正确和完整，足以使他能够对这些手段促成该目的实

现的方式与程度形成一种正确的判断。

4. 他可能会警惕这种修辞手法，其运作方式是，根据所考虑的目的，用另一个目标或结果的名称来代替被质疑目标或结果的专有名称，而该目标或结果的名称比专有名称更普遍或更不普遍。

5. 在追求这些目标中的任何一个的过程中，在目的的性质上，他采用了使他的概念看起来有利于该目的的手段，他可以正确地、完全地意识到这种安排对于这些相同目的中的任何其他目的可能是各有利弊的倾向。

17 # 第二章　分类

我在以前的一部著作[1]中已经表明，对个人的犯罪可以被主要归于四大类：对人身、财产、名誉和社会地位的犯罪。同样的划分也可以适用于惩罚。对个人的惩罚只能通过影响其人身、财产、名誉或社会地位来实现。

导致这两种分类相似的情况是这样的——惩罚与犯罪都是由人的自由行为所造成的恶。在很多方面，我们易于受罪犯之手的伤害，罪犯本身也会暴露在正义之剑面前。那么，惩罚与犯罪之间的区别便不是在性质方面，在这方面是或者可能是相同的；但是在一个是合法的而另一个是非法的方面，犯罪是法律所禁止的，惩罚是法律所创制的。它们的效果也截然相反。一种犯罪既产生
18 第一层级的恶，也产生第二层级的恶。[2]它给一个人造成无法避免的痛苦，并或多或少地发出警报。一种惩罚产生第一层级的恶，

---

① 《道德与立法原理导论》(*An Introduction to the Principles of Morals and Legislation*)。

② 见《道德与立法原理导论》第 12 章第 69 页。“有害行为的后果”——“一种犯罪的危害实际上常常可以被分为两份，一份所包含的可以成为主要的损害，另一份所包含的可以成为次要的损害。由某个或者某群可指定的个人所承受的那份损害，可称为主要的；导源于前者并且有点向整个社会或者向其他某群无法指定的个人延伸的那份，可称为次要的。”关于这一主题的全部问题，可以参考原文。

以及第二层级的善。它给自愿招致痛苦的人施加痛苦，并且，在其第二层级的作用中，它只产生善。它恫吓有恶意的人，重新向无辜者担保，并成为社会的安全保障。

直接影响个人主动或被动能力的惩罚被视作构成身体刑的类别，可分为以下不同种类。

1. 简单的折磨性的惩罚；

2. 复杂的折磨性的惩罚；

3. 限制性的惩罚；

4. 积极的或者劳作性的惩罚；

5. 死刑。

影响财产、名誉或者社会地位的惩罚普遍具有这样的共同特征，它们剥夺个人以前享有的某种利益。这些惩罚是剥夺性的惩罚、损失与没收。这一类的惩罚是多种多样的，它们延伸到每一种可能的占有物。

因此，我们认为所有惩罚可以被精简归为两类：

1. 身体刑；

2. 剥夺性的惩罚，或者通过损失或没收实现的惩罚。

19 # 第三章　惩罚的目的

当某行为发生或可能发生的后果是一个有远见的立法者急于预防的事项时，有两种愿望会自然而然地立即浮现在他的脑海中。其一是，避免将来发生类似危害的风险；其二是，补偿已经造成的危害。

类似行为可能导致的危害来自于这两个来源之一：既可以是已经造成危害的一方本身的行为，也可以是可能拥有足够的动机与足够的机会实施类似危害的其他人的行为。

因此，对犯罪预防分为两支：适用于罪犯本人的特殊预防；以及没有例外地可以适用于所有社会成员的一般预防。

痛苦与快乐是人类行为的巨大源泉。当一个人意识到或者认为痛苦是某种行为的结果时，他就会受到一种影响，这种影响以某种力量使其放弃实施该行为。如果这种痛苦的明显程度或相当
20 价值[①]大于他期望作为行为结果的快乐或好处的明显程度或价值，他将绝对不会实施这种行为。该行为一旦实施，也将通过这种方式防止由此产生的危害。

① 我之所以说价值，是为了包括强度、接近性、确定性以及持续的时间等情况。而严格来说，这些并不是量度所包含的。这可以用来回避洛克对这一命题的反对意见（《政府论》第二卷第 21 章），即人是由更明显的善所决定的。

关于特定的个人，可以通过三种方式预防犯罪的再次发生：

1. 剥夺他犯罪的身体能力；

2. 消除犯罪的欲望；

3. 使他害怕犯罪。

在第一种情况下，个人无法再实施犯罪；在第二种情况下，他不再有犯罪的欲望；在第三种情况下，他可能仍然希望犯罪，但他不敢再犯罪。在第一种情况下，存在一种身体上的无能；在第二种情况下，存在道德上的改造；在第三种情况下，存在着法律的恐吓或者对法律的恐惧。

一般预防是通过谴责和实施惩罚来实现的，并且按照通常的表述，为其他人提供了一个儆戒。罪犯所遭受的惩罚向每个人展示了一个例子，说明如果他犯下同样的罪行，他将不得不承受这样的痛苦。

一般预防应该是惩罚的主要目的，因为它是惩罚的真正理由。如果我们将所犯的罪行视为一个孤立的事实，类似的事情永远不会再现，那么惩罚便是无用的。这只会导致多增加一种恶。但是，当我们意识到一种没有受到惩罚的犯罪不仅使同一罪犯，而且可
能使得有相同动机或机会着手实施犯罪的人走上犯罪之路时，我 21
们便认识到，对个人所施加的惩罚成为了所有人安全的来源。从其本身来考虑，惩罚相对于所有仁慈的情感都显得是不道德与不一致的，当它不被视为是对一个屈服于恶意倾向的有罪或不幸的个人的愤怒或报复行为，而是被视为对于共同安全不可或缺的牺牲时，它被提升为第一等级的利益。

关于任何特定的罪犯，我们已经看到惩罚有三个目的：剥夺

犯罪能力，改造与恫吓。如果他所犯的罪行是故意引起极大恐慌的，表现出一种非常有恶意的倾向，那么就有必要剥夺他再次犯下这种罪行的能力。但是，如果犯罪的危险性较小，只需要短暂的惩罚，并且，对于罪犯来说，回归社会是可能的，那么，惩罚应该具有改造或者恫吓罪犯的性质。

在为预防未来的犯罪作出规定之后，仍需尽可能地通过给予受害者补偿的方式对已经实施过的犯罪进行赔偿。也就是说，给予与所遭受的邪恶相等的好处。

这种赔偿所依据的理由已经在其他地方阐述过[1]，乍一看似乎
22 不属于惩罚的对象，因为它涉及的是罪犯以外的另一个人。但是，这两个目的有着真正的联系。有些惩罚具有双重效果，既向受害方提供赔偿，又对罪犯造成相应的痛苦。因此，这两个目的可以通过单个操作实现。在某些情况下，这是财产刑的独特优势。

① 参见《民事与刑事立法论》(*Les Traités de Législation Civile et Pénale*)，第二卷，第 310 页。

第四章　不适用惩罚的情况

基于功用原则，所有惩罚本身都是恶，如果它应该得到承认，便只有在它有希望排除某种更大的恶的范围内才应该得到承认。

因此，显然在下列情况下不应该施加惩罚：1. 在惩罚没有根据的情况下；2. 在惩罚无法以预防危害的方式运作，因而必定是没有效果的情况下；3. 在惩罚无益或者成本过高的情况下；4. 在不用惩罚，危害也可以得到防止或者自行终止，所以惩罚不必要的情况下。

（一）惩罚没有根据的情况

1. 在根本没有任何危害的情况下，例如被害人同意。这种同意，只要它是自由且公正地做出的，便是能够获得的最好的证明，至少对于做出同意的当事人而言，在总体上没有造成直接的危害。

2. 如果危害被更大价值的利益所抵消，如预防即时灾难，以及行使国内、司法、军事和最高权力。

（二）惩罚必定无效的情况

这些情况有：1. 刑法规范在行为完成后才确立。这些属于事后法与超出法律判决的情况。2. 刑法规定虽然已经确立，但由于没

有颁布而未能传达到拟对其实施的人。3. 刑法规定虽然已传达给
24 个人，但在阻止其从事被禁止的行为方面无法产生任何效果，正如在极端危险、精神错乱与醉酒的情况下一样。4. 刑法规定虽然已经告知于当事人，但因当事人不知道其将要实施的行为与刑法有关而不产生效力的。5. 假如刑事条款单独起作用的话，它可能发挥一种全面与普遍的影响。但是，由于某种相反的原因对于意志的重大影响，诸如身体危险或者所威吓的危害，它必定功亏一篑。6. 虽然刑事条款可能对当事人的意志发挥一种全面与普遍的影响，但是他的身体机能（归因于某种身体原因的主要影响）不符合其意志的确定条件。该行为是绝对非自愿的，如通过强制或限制。

（三）惩罚无益的情况

如果惩罚之恶超过了犯罪之恶，惩罚便是无益处的。立法者会带来比他所防止的痛苦更大的痛苦。他会以更大的恶的代价换取对恶的豁免。

惩罚产生的恶分为四个分支：1. 强迫或者限制之恶，或者它给
25 一个人带来的痛苦使他无法做这件事。无论这一行为是什么，由于望而生畏，他踌躇不前。2. 恐惧之恶，或一个人在遭受惩罚时，一想到要经历惩罚就感到的痛苦。3. 忍耐之恶，或一个人从开始忍受惩罚时就因惩罚本身而感到的痛苦。4. 同情之苦，以及与上述原因相关的人所遭受的其他衍生罪恶。

（四）惩罚不必要的情况

对于终止某种行为的目的可以通过一种更小的代价（如：通

过教育与通过威吓，通过启发理解以及对意志施加直接影响）同样有效地实现的情况，惩罚便是不必要的。这似乎适用于在义务问题中传播有害原则的所有犯罪，而无论义务是何种义务，无论其属于政治的、道德的还是宗教的。无论这样的原则是出于何种情况散布的，乃至是在没有真诚相信它们有益的情形下散布的，我的意思是即便没有。尽管如此，在这种情况下，教育并不能阻止个人努力灌输自己的原则，但它可能会阻止其他人采纳这些原则。没有采纳，灌输原则的努力就不会带来任何伤害。在这种情况下，君主通常很少有机会积极参与。如果散布有害的舆论符合某人的利益，那么揭穿这些意见势必符合其他个人的利益。但是如果君主必须参与到这场争论中，钢笔才是打击错误的适当武器，而非剑。

另一方面，至于说犯罪的恶，当然会根据每一罪行的性质而 26
千差万别。一种恶与另一种恶之间的比例在每一具体犯罪的情况下会因此而不同。因此在这种情况下，如果惩罚是无益的，那么除了通过对每一项具体罪行的检查之外，其他任何方法都无法发现。

无论何时，只要立法者确立了任何惩罚，他都应该时刻斟酌这些考虑。正是从这些方面，他将得出大赦罪犯的主要理由即罪犯众多：为了保护那些有着无法替代的才能，或其惩罚会引起公众不满或外国势力不满的罪犯。

27

第五章　惩罚的代价

“惩罚的代价”——这一表述尚未被普遍使用，乍一看可能被斥为古怪和迂腐。但是，经过深思熟虑后，我选中了这个词，因为唯其才能既传达所需的意思，又不会同时表达对赞同或不赞同的预期判断。惩罚所带来的痛苦就像是一笔为了获利而冒险投入的资本。它的好处是预防犯罪。在这种操作中，计算利润和损失时应考虑一切因素；当我们估计利润时，必须减去损失；从中可以明显看出，费用的减少或利润的增加都会产生有利的平衡。

“代价”（expense）这个词一旦得到承认，便自然引入了经济性或者节约性、节俭性的概念。惩罚的温和或者严厉，通常讲的是这些概念包括一种偏见，或者是赞成的，又或者是反对的，这会妨碍它们在审查中的公正性。但是，说一种惩罚是经济的，就是使用了理性和计算的语言。

那么，当一种惩罚通过使用尽可能少的痛苦而产生预期的效果时，我们就应该说这种惩罚是经济的。当一种惩罚产生的恶多于善时，我们就应该说它代价昂贵；或者当有可能通过较少的惩罚获得同样的善时，我们就应该说它代价昂贵。

在这里，应该区分惩罚的真实价值和表面价值。

28 我所说的真实价值，是指一个人能够像立法者一样，准确地追溯并冷静地估计它所有的部分，而不受那些被视为支配人类无知和未思考部分的错觉的影响；事先根据一般原则，预判到罪犯通过特定的经验会知道什么。

我所说的惩罚的表面价值，是指罪犯在经历惩罚之前的任何时间，或者一个受到诱惑的人成为犯罪者之前，如果他想成为一名罪犯，那么他就会经历惩罚。

惩罚的真实价值构成了代价。表面价值影响个人的行为。构成代价的是真正的惩罚，表面的惩罚产生利益。

惩罚的利益涉及两方当事人的利益，即公众与受害人。惩罚的代价在这一群体之外增加第三种利益，即罪犯的利益。

不应忘记，尽管人们经常忘记，罪犯与任何其他个人——与受害人本身一样，是社会的一员，并且我们有理由像考虑其他人的利益一样考虑他的利益。他的利益与社会公众的利益是成正比的，他的痛苦则相应地是社会的痛苦。罪犯的利益应该部分地为了社会其他人的利益而牺牲，这可能是正确的。但是，完全无视 29
罪犯的利益则是荒谬的。为了抓住大有裨益的机遇而冒重罚的风险可能是明智的。在这一机会十分小并且利益十分少的情况下，冒同样惩罚的风险则是荒谬的。这就是指导人们暗自忖度的原则。为什么他们不应该指导立法者？

应该施加任何真正的惩罚吗？当然如此了。为什么？为了制造惩罚的表象。根据功用原则，除非出于改造与补偿的需要，而不是为了任何其他原因，每个真正的惩罚若产生的比表面所需产生的惩罚的数量还要多，那就滥用了那么多的痛苦。因此，真正的惩罚应该尽可能小，而表面的惩罚应该尽可能多。如果将一个人的模型吊起来，能在人们的头脑中产生同样有益的恐怖印象，那么，绞死一个人便是愚蠢或者残酷的。[1]

30 如果罪犯不断因自己的犯罪而受到惩罚，而没有任何其他人知道这一情况，那么，除了关于剥夺犯罪能力与改造方面可能导致的微不足道的利益之外，会发生许多危害，而不会有一丝好处。真正的惩罚会一如既往地严厉，而表面的惩罚则形同虚设。惩罚会作为一种出乎意料的恶降临到每个罪犯的头上。这种惩罚根本不会呈现在他脑海中以制止其犯罪。它也不能对任何人起到儆戒的作用。

在以下两种情况下，罪犯可能对他们所受到的惩罚一无所知：1. 在事先未被告知的情况下实施；2. 虽然已颁布，但尚未告知给特定个人。后一种情况可能是在惩罚由制定法或者所谓的成文法所规定的场合。前者则必须适用于所有以普通法或不成文法规定处罚的新案件。

法律所规定的惩罚可以通过两个途径呈现给人们：1. 通过惩罚的法定宣告与说明；2. 通过公开执行，使其在适当的恶名之下被实施。

---

① 在好望角，荷兰人使用了只有在霍屯督人中才能获得成功的一种计谋。他们的一位官员杀死了这一无害部落中的一个人，整个民族都卷入了这一事件，并且变得狂暴与不安宁。有必要给他们做一个演示来安抚他们。一个戴着脚镣与手铐的罪犯被带到他们面前。该罪犯受到极其正式的审判，并且被判处喝下一高脚酒杯点燃的白兰地。该罪犯是普通人扮演的，他装死，安静地倒下。他的朋友用一件斗篷盖住他，哭着将他抬走。霍屯督人宣告，他们自己满意了。他们说：“我们对这个人所能做的最坏的事是将他扔进火中。而荷兰人做得更好——他们把火灌进这个人的肚子里。”参见 *Lloyd's Evening Post*, for August or September 1776。

惩罚的概念应该是精确的，或者像逻辑家们所说，应该是充分的。即，它不仅应该向人们展示它包含的部分（痛苦），还应该向人们呈现它所包含的全部痛苦。因为未知的东西无法作为一种动机起作用，因此惩罚的谴责应该包含它所构成的所有项目。

因此，我们可以推导出三条重要的原则：

1. 一种显而易见的惩罚优于深奥莫测的惩罚。 31

2. 一种过目不忘的惩罚优于难以牢记的惩罚。

3. 与实际情况相比，一种看起来属于严刑峻法的惩罚优于一种看起来属于禁网疏阔的惩罚。

32 第六章　刑罚的裁量

建立一条规则，让每种罪行都有与其相适应的惩罚。

孟德斯鸠、贝卡里亚与其他许多学者都讲到过犯罪与惩罚之间的比例。这一格言无疑是好的。但是，在它被这样限于一般表述的同时，必须承认它更具有晦涩性而非指导性。在这一比例的构成得到解释，并且可用以确定某一罪行适用某种惩罚措施的规则之前，什么也没有实现。

惩罚可能过小或者过大，而且我们有理由不让它们过小，也不让它们过大。“最小值”和“最大值”这两个词可以用来表示这个问题的两个极端，这两个极端需要同等的关注。

为了在这两极的第一个极端标示出惩罚范围，我们可以将如下要求作为一个规则确定下来：

规则一：无论如何，惩罚的价值都不得低于足以超过犯罪收益的价值。

从犯罪的收益来看，不仅要理解财产性收益，还要理解作为犯罪动机的每一个真正或表面的利益。

33 犯罪的收益是促使一个人犯罪的力量，惩罚的痛苦是阻止他犯罪的力量。如果这两种力量中的第一种更大，犯罪便会被付诸实践。[1] 如果第二种更大，则犯罪就不会被付诸实践。那么，如果受到了犯罪之益并受到惩罚的一个人认为，犯罪之益超过了惩罚之害，他将永远犯罪。没有什么东西约束他。如果目睹他的那些人也认为平衡之下犯罪的利益更有利于罪犯，就儆戒的目的而言，惩罚将是毫无益的。

盎格鲁-撒克逊法（Anglo-Saxon laws）显然违反这一规则。它为人类的生命定价：谋杀一位农民罚金 200 先令，谋杀一位贵族为其 6 倍，谋杀国王为其 36 倍。在很多情况下，相对于犯罪之益，惩罚似乎微乎其微。

每当这样一种只达到某一固定点的惩罚被确定，而犯罪的益处则可以超过这一固定点时，同样的错误便会被付诸实践。

享有盛名的立法者希望确立一条正好与此相反的规则。他们说，诱惑之大是减轻惩罚的一项理由。它减轻了错误，因为诱惑越强烈，就越没有理由断言犯罪者是堕落的。因此，在这种情况下被诱惑征服的那些人自然会激起我们的同情。[2]

这可能都是正确的，但却没有提供背离这一规则的任何理由。34
为了证明它的有效性，惩罚必须比犯罪之益更令人恐惧。此外，无效的惩罚具有双重的危害：对公众有害，因为它允许犯罪；同

---

① 这就是说，被只由法律控制而不由任何其他保护的动机如仁爱心、宗教或者荣誉控制的那些人实施。

② 人们惊讶于这样的事实，即像亚当·斯密（Adam Smith）一样的，属于完美的天才人物的一位作者会犯这样的错误。讲到走私，他说：“与所有普通的正义原则相反，法律首先产生诱惑，然后惩罚屈服于诱惑的人。并且，它还正好与肯定应该减轻惩罚的环境——实施犯罪的诱惑——相适应地普遍增加惩罚。”《国富论》第五卷，第二章。

时对罪犯有害，因为对他施加的惩罚只是滥用了痛苦。我们该对为了减轻病人一点痛苦却只能治愈一半疾病的外科医生说些什么呢？如果他给自己的疾病增加了无用手术的折磨，我们该如何看待他的人性呢？

因此，惩罚应该与各种程度的诱惑相适应，同时，如果诱惑本身的性质表明不存在已证实的堕落，或者具有仁爱的性质，那么在这种情况下，可能会减轻处罚。① 例如，如果一位父亲为了使饥饿的家人能吃上面包而实施盗窃，就可以对其减轻处罚。

35 规则二：犯罪的危害越大，在惩罚方面可能付出的代价就越大。

这一规则本身是如此明显以至于没有必要做任何说明来证明它。但是，观察到这种现象的例子有多少呢！不久前，女人们就因为说坏话而被判活活烧死。死刑仍然被滥用于只有极小危害的大量犯罪。许多国家仍在对本可能受到道德制裁约束的罪行使用火刑惩罚。以像火刑一样恐怖的惩罚为代价，即使是值得的，它也只应该对罪大恶极的恶行保留。

也许可以说，立法者的意图总是要遵循这一规则。但是他们

---

① 在掠夺案件中，很容易估计犯罪的收益，但在恶意与敌意的案件中，我们如何确定这种收益？

收益可以通过罪犯业已对其对手造成的危害的性质来进行估计。他的行为是否比痛苦更具冒犯性？收益就是他认为其对手所蒙受的耻辱程度。他是否诋毁或者伤害了他？收益即是他所施加的痛苦程度。

按照他的看法，犯罪的利益包含这一点。那么，如果他以一种相似的方式受到了惩罚，他便被击中了最敏感的部位。这可以说是他自己指出的。因为他所选择的复仇工具，不可能不对他自己造成伤害。

的意见以及人民的意见在犯罪的相对程度和性质方面一直存在波动。在某一时期，巫术被视为最有害的犯罪。将灵魂出卖给魔鬼的巫师是令人憎恶的对象。异教徒，作为上帝的敌人，使整个王国遭到天罚。盗窃祭奠神灵的财产是比普通盗窃更为恶劣的犯罪，因为是针对神的犯罪。由于对这种犯罪做了错误的估计，（导致）对其采取了不适当的惩罚措施。

规则三：当两种犯罪竞相出现时，对于较大犯罪的惩罚必须 36
足以诱使一个人宁愿犯较小的犯罪。

当一个人有能力同时实施两种犯罪时，可以说这两种犯罪是相互竞争的。当盗贼闯入一户人家时，他们可以用不同的方式实现他们的目的：通过单纯的盗窃，或是通过伴之而来的身体伤害、谋杀或放火的盗窃。如果对单纯的盗窃与对盗窃加谋杀的惩罚相同，那么你便给了盗贼实施谋杀的动机。因为这种犯罪增加了实施前者的便利，以及当其被实施后逍遥法外的机会。

对轻微犯罪施加重罚所带来的艰难险阻在于，因此失去了按照罪行的严重程度按比例增加惩罚的权力。[1]

规则四：惩罚应根据每一项具体罪行进行调整，使每一部分的危害都有动机来阻止罪犯产生犯罪想法。

---

① 孟德斯鸠在推荐这一比例规则之后，补充说："在刑罚没有区别的场合，就应该在获得赦免的希望上有些区别。在英国，抢劫者从来不杀人，因为抢劫者有被减为流放到殖民地去的希望；如果杀人的话，便没有这种希望。"《论法的精神》第六卷，第十六章。

对恩赐的期待毫无疑问地对他所讲到的效果起了作用。但是，为什么法律中的这一明显的缺陷应该保留，它可以由君主的一种任意的行为得到纠正吗？如果一种不确定的利益产生这一数量的善，一种确定的利益便会更为肯定地发挥作用。

因此，举例来说，在调整对于盗窃一笔钱的惩罚的过程中，让惩罚的程度由盗窃金额来决定。如果一个罪犯因为盗窃 10 先令所受的惩罚并不重于盗窃 5 先令，那么也就是说，盗窃这 10 先令中的其余 5 先令是没有任何惩罚的。

37 最后一个目标是，无论所防止的危害是什么，都应该以尽可能小的代价来防范；因此——

规则五：在任何情况下，惩罚都不应该超过使惩罚符合此处所提出的规则所必要的限度。

规则六：对每个罪犯所实际施加的惩罚的分量，可以与一般情况下对类似罪犯所施加的惩罚的分量相对应，因此应始终考虑影响敏感度的几种情况。

对于不同的人来说，相同的名义惩罚并非相同的实际惩罚。有关惩罚是罚金的情况：富人不屑一顾的数额却会使穷人倾家荡产。同样可耻的惩罚会给某个级别的人带来不可磨灭的污名，但不会影响级别较低的人。同样的监禁，对一个商人来说是破产，对一个老人来说是死亡，对一个女人来说是声名狼藉，对于置身于其他情况之中的人们来说，也许可有可无，或者接近于可有可无。

法律可以通过预先规定，考虑到年龄、性别、级别等影响当事人敏感性的情况，应在处罚分量上作出某种程度的减轻。但是，在这些情况下，必须给法官留有相当的自由度。[①]

38 在以上比例规则中，前四项可以用来标出最低的限度——惩

① 见《道德与立法原理导论》——影响敏感性的情况。

罚不应该减少至低于这些限度。第五项会标出最高的限度——惩罚不应该增加至高于这些限度。

最低惩罚比最高惩罚更显而易见。过少比过多的东西更容易被察觉。不足之处显而易见，但不可能如此准确地区分超过的量。只能得到近似值。诱惑力的不规范迫使立法者增加惩罚，直到这些惩罚不仅足以抑制人们的普通欲望，而且能抑制当他们异常兴奋时的强烈欲望。

最大的危险寓于最小的错误之中，因为在这种情况下，惩罚是无效的。但是，发生这种错误的可能性最小，只要稍加注意，就足以避免。而且，当它确实存在时，它同时也是显而易见的，并且易于亡羊补牢。相反，最大的一个错误是，立法者和一般人对被视为危险和卑鄙的个人天生厌恶，或者缺乏同情，这将他们推向了不正当的严厉。因此，正是在这方面，我们应该采取最充足的准备，因为在这方面已经表现出犯错误的最大倾向。

通过补充与解释规则一，并确保惩罚优于犯罪，可以制定如下三条规则：

规则七：惩罚的估值应当超过犯罪的收益，因为惩罚在确定性方面不足，因此必须在分量上按照确定性方面的缺乏而相应地 39
增加。

规则八：惩罚就分量而言必须随其在接近性方面的缺乏而相应地增加。

犯罪的收益通常比其惩罚或相当于同一事物的东西对犯罪者来说更为确定。犯罪的收益一般更为直接。犯罪的诱惑是存在且显而易见的，惩罚则是难以捉摸的。因此，有两种情况会削弱惩罚的效果，即惩罚的不确定性和惩罚的距离。

假设犯罪的收益是 10 英镑，惩罚的机会为 1∶2。很明显，假定惩罚发生，惩罚不超过 10 英镑，那么在惩罚持续不确定的情况下，它对人的心理产生的影响不等于 10 英镑的特定损失：它只等于 5 英镑的特定损失。为了使其与犯罪的收益相等，必须将其提高到 20 英镑。除非人们被反常的激情敦促着前进，否则他们不会从事毫无逍遥法外希望的犯罪事业。如果惩罚只包括剥夺罪犯的犯罪成果，而且这种惩罚是确凿不移的，那么就不会再犯这种罪行了。因为，有谁会如此不理智，在确定无法取得犯罪成果，还需为此尝试而感耻辱的情况下枉费心机去犯罪呢？但由于总是有一些逃脱的机会，因此有必要增加惩罚的估值，以平衡这些有罪不罚的机会。

因此，惩罚的确定性增加得越多，其数量就越可能减少，这
40 是事实。这是立法的简洁性和法律程序的卓越性带来的一个优势。

基于同一理由，惩罚在时间点上应该尽可能地与犯罪接近。惩罚在人心中的印象会因时间差而减弱；因为这种距离增加了刑罚的不确定性，提供了新的逃跑机会。

规则九：当行为最终表明存在某种习惯时，必须加大惩罚力度，使其不仅超过个人犯罪的收益，而且超过可能由同一罪犯实施而未受到惩罚的其他类似犯罪的收益。

尽管这种推测性的计算可能显得很严厉，但在某些情况下是绝对必要的。欺诈罪，使用虚假度量衡以及发行假币便属此类。如果伪造货币者只按照他被判定的单个犯罪的价值受到惩罚，那么在总体上，他的欺诈行动还是有利可图的。如果惩罚不在总收

益中占据一定比例，惩罚便是无效的。总收益可能并非来自某一特定行为，而是来自一系列的同类行为。

可能存在一些其他情节或者考虑因素，它们可能在某种程度上影响对惩罚的要求。但是，由于它们的适当性不是那么显而易见，或者说不那么恒常不变，或者它们的应用也不是那么坚定不移。如上所述，因此，它们便可能被怀疑是否值得与其他事物相提并论。

规则十：如果一种惩罚在质量上是经过精心设计以满足其意图的，但其不能少于某一数量而存在，那么为了使用它，有时可能需要将其扩大到在其他方面是严格必要的数量之外。 41

规则十一：特别是，在这种情况下，所提议的惩罚的性质可能是特别精心设计的，以满足道德教育的目的。

规则十二：在调整惩罚的数量时，应当注意可能导致所有惩罚无利可图的情况。

最后，因为在确定惩罚和犯罪之间的比例时过于精确，会使整个问题变得过于复杂，从而有损于其自身的目标，因此我们可以补充——

规则十三：在旨在完善惩罚与犯罪之间的比例的条款中，如果发生任何以下情况，即其自身特殊的良好影响无法弥补其通过增加法典的复杂性而造成的伤害，那么，这些规定便应该被删除。

人们反对遵守罪刑均衡的规则，认为这毫无用处，因为他们似乎认为，人们的激情中有一种计算的精神，这些人据说从来不计算。但是，尽管这个命题自认为是正确的，但它完全是错误的。在重要的事情上，每个人都会计算。每个人或多或少都有正确的计算，这取决于他取得的信息程度，以及驱动其达成目的的力量。但所有人都在计算，很难说一个疯子不会计算。幸运的是，贪婪的激情，因为它的力量、恒久性和广度，对社会来说是最难对付的。但它也是最容易被计算的。因此，法律越是小心翼翼地扭转利益的天平，就越能成功地解决这一问题。

第七章　选择刑罚时所要考量的因素 42

我已说明在调节惩罚与犯罪之间的比例的过程中，应该遵循哪些规则。在每种情况下惩罚需要具有的特性当然是有其必要性的，质会受到量的规制。

（一）可变性

在许多惩罚中，第一个可取的特征是可变性。它会受到强度和持续时间的影响。

不能根据惩罚程度的不同来制定一个永无变化的惩罚，它可能会因过重或有缺陷而出错：在第一种情况下，惩罚成本会太昂贵；在第二种情况下，惩罚效率则会低下。

严重的身体刑在强度上是极为不稳定的，但是，在持续性方面却没什么变化。劳役在这两个方面都是可变的，程度几乎相同。

长期惩罚，如流放与监禁，可以很容易根据其持续的时间来进行划分。就其强度而言，也是变化多端的。监狱可能或多或少严厉一些。流放可以被指定到一个宜人或者不宜人的地方。

（二）平等性

与前一特性联系密切的第二个特性可以称为平等性。立法机 43

关已经确立了一种惩罚方式（在所有其他方面都是适当的），并且这种惩罚方式能够被加强或降低到任何需要的程度，毕竟无论施加的程度如何，根据情况，同样的程度可能会产生非常严重或非常轻微的痛苦，或者甚至根本没有痛苦。一种平等的惩罚没有这种不规律性，而一种不平等的惩罚则易于有这种不规律性。

流放是不平等的。根据个人的脾气、年龄、等级或财富，它可能被认为是一种惩罚，也可能不是。金钱或准金钱性惩罚也是如此，因为它涉及罪犯可能拥有或可能不拥有的某些特定种类的财产。根据英国法律，有几种犯罪行为会受到完全没收动产的惩罚，而不包括不动产。在某些情况下，这是主要惩罚；在另一些情况下，甚至是唯一的惩罚。其结果是，如果一个人的财富碰巧存在于动产中，他就倾家荡产；如果是在不动产中，他便根本一无所失。

在没有其他惩罚的情况下，接受一种不平等的惩罚可能是恰当的。惩罚部分犯罪者总比普遍有罪却不罚要好。

消除不平等的恶的一种方式是提供两种不同的惩罚。这两者不应该一起使用，而是可以用一种来代替另一种并弥补另一种的缺陷。例如，当个人的贫困阻碍了金钱惩罚的应用时，可以用身体刑来代替金钱惩罚。

44 一种不确定的惩罚是不平等的。完全确定性意味着完全平等性。也就是说，同样的惩罚在任何情况下都会产生相同程度的痛苦。但是，由于个人的情况与敏感性是如此多变与如此不稳定，这样的精确性明显是难以企及的。可以实现的是，要避免异乎寻常与明显的不平等。在制定刑法的过程中，应当经常考虑到，根据环境条件、财富、年龄、性别等因素，相同的名义惩罚不等同于相同的实际惩罚。定额罚款永远是一种不平等的惩罚；同样的说法也适用于肉体惩罚。当鞭笞适用于所有年龄和阶层的人时，鞭笞不是相同的惩罚。

（三）相当性

当每种惩罚的刑罚效果能够得到衡量，并且可以就一种惩罚所产生的痛苦低于或者超过另一种所产生的痛苦，形成一种清晰明了的概念时，惩罚便具有相当性。假设一个人处于一种可以在几种罪行中做出选择的情况下，他可以通过盗窃、谋杀或纵火获得一笔钱：法律应该给他一个放弃犯下最大罪行的动机。如果他看到最大的罪行会招致最大的惩罚，他就会产生这种动机。因此他就能够比较这些惩罚并衡量它们在程度上的区别。

如果对这三种犯罪宣告了同样的死刑，便没有什么可比性。个人可以自由选择最得心应手、最不可捉摸的罪行。 45

惩罚可以通过两种方式来衡量：1. 通过在某种惩罚中再另行增加同种类惩罚的数量。例如，对某项罪行判处五年监禁，就某一特定的加重情节再增加两年监禁；2. 通过增加一种不同种类的惩罚，例如，就一种特定的犯罪判处五年监禁，就某一特定的加重情节再增加作为一种耻辱的标志。

（四）表征性

只有当意识到惩罚及其与犯罪的联系时，惩罚才能作为一种预防手段而起作用。既然如此，要呈现在头脑中，惩罚便必须刻骨铭心。而且要刻骨铭心，惩罚便必须被人认识到。但是，在所有可以想象得到的惩罚中，没有哪一种与犯罪的联系如此容易理解，也没有哪一种惩罚与犯罪的联系如此有效地被记住，因为其中的观念已经部分地与犯罪的某个部分相联系，当一种惩罚与另一种惩罚有共同的情况时，便是这样。

在这方面，报复法令人钦佩。以眼还眼，以牙还牙。智力最不健全的人也能将这些观念联系在一起。但是这一报复规则几乎是无法实施的：它动荡不定，而且挥霍无度。因此，必须求助于其他相似性来源。我们将在下一章再次讨论这个问题。

（五）儆戒性

46 一种惩罚方式的儆戒程度是与其外表上而不与其实际程度成比例。以儆戒的方式起整个作用的是外表上的惩罚。实际的惩罚应该不会产生明显的效果，可能会恫吓或改造应受到惩罚的罪犯，但作为对公众的儆戒，这种惩罚将失去作用。

因此，立法者的目标应该是在安全可行的范围内选择这样的惩罚方式，以最小的实际代价产生最大的表面痛苦；并且伴随每种特定的惩罚方式，应该有最适合促进这一目标的庄重仪式。

从这个角度来看，对异教徒所处的火刑会提供最有用的司法行为模式。什么是公开处决？这是一场庄严的悲剧，它是立法者在聚集的人民面前呈现的一场庄严的悲剧，这场悲剧因其悲惨的现实和崇高的目标而真正重要、真正引人同情。它的准备、展示地点和相关情况都不能太过于随意选择，因为主要效果就取决于此。

但是，必须注意，以免惩罚通过一种严厉的假象而变得不受欢迎与可憎。

（六）节俭性

如果任何一种惩罚方式比另一种更易于产生多余的、不必要
的痛苦，它可以被称为不节俭的。如果它不易于产生这样的痛苦，47
它可以被称为节俭的。一种惩罚方式节俭性的完美体现在于，不仅被惩罚的人不会产生多此一举的痛苦，而且即便是遭受痛苦的行为也是为了满足其他人产生快乐的目的。

金钱性的惩罚在很大程度上具有这一性质：几乎由付出方所感到的所有的恶都变成了接受方的获利。

在公共代价方面，有一些惩罚很不节俭，例如，针对像走私一样经常发生的犯罪行为而施加的致残。当一个人因致残而无法工作时，他就必须获得国家的支持，或依赖公共慈善机构，这样他将成为一个沉重的负担。

如果费兰杰里（Filangieri）的陈述是正确的，那么在那不勒斯国家监狱中，便始终有超过 4 万无所事事的罪犯。这是多大的生产力损失呀！英国最大的制造业城镇也几乎没有雇佣这么多的工人。

按照大部分国家的军事法律，逃兵仍然被处以死刑。枪决一个人耗费甚微，但是，本可以被他生产的东西都被损失了。而且为了移有足无，一个生产性的劳动者必须被转化成一个非生产性的劳动者。

（七）有益于改造

所有惩罚都有一种遏制犯罪实施的倾向。但是犯罪者在受到
48 惩罚后，只是因为害怕再次犯罪而受到惩罚，那他并未改过自新。改过自新意味着性格和道德性情的改变。

因此，那些旨在削弱诱惑力、强化保护动机的惩罚在可适用这些惩罚的罪行方面，比所有其他惩罚都有优势。

还有其他一些惩罚则有相反的倾向，它们会让那些遭受惩罚的人变得更加邪恶。在这方面，被认为臭名昭著的惩罚是极其危险的，尤其是适用于轻罪和少年犯的惩罚。为了生活得更加勤奋、正直，没有人能轻易放弃失去的尊严。这是一种不再受到惩罚的有罪不罚。

在很大程度上，这种性质还包括监禁的惩罚，在此情况下不注重防止罪犯乱七八糟的交往。相反，少年罪犯与年迈的罪犯仍被允许碰面并生活在一起。这样的监狱不是改造的场所，而是犯罪的“学校”。

（八）关于剥夺犯罪能力的有效性

消除再犯罪能力的惩罚，如果不是成本过高的话，必定是十分可取的。监禁，在其持续过程中，在很大程度上具有这种作用。致残有时将犯罪的能力化为乌有，而死刑则完全毁灭了这种能力。但是，应该认识到，在一个人丧失行恶能力的同时，他也在很大程度上丧失了对他本人或者他人行善的能力。

49 在某些极端的情况下，作恶的能力只有通过死刑才能得以毁灭。例如，就像内战的情况一样，一个政党头目的存在就足以维

持其党派的希望和努力。但是，在这样一种情况下，当事人的罪行往往是难以确定的，并且死刑所具有的复仇意味大于法律。

但是，在有些情况下，为恶的能力被剥夺可能会带来巨大的痛苦。该罪行是否包括滥用权力、不忠实地履行职责，足以废黜、解除他所滥用的受雇、管理、监护和信任？这一补救同样可以被用于国内和政治管理。

（九）有益于补偿

在许多惩罚中，另一个可取的特性是，它可以转换为收益。

当一种犯罪被实施并且后来受到惩罚时，便已存在两种恶——犯罪之恶与惩罚之恶。那么，每当犯罪之恶降临到一个特定的人身上，如果惩罚产生收益，便把从惩罚中产生的收益赋予该人。犯罪之恶就会被消除，并且到那时，便只存在一个而非两个恶。当没有特定的受害人时，如犯罪的危害在于引起惊恐或造成危险时，则不会有特定的伤害需要赔偿；尽管如此，如果惩罚带来了收益，那么就会有明显的利益平衡。

相对于其他惩罚方式，金钱惩罚具有更加卓越的这种特性。

（十）大众性 50

在所有这些特性之后可能会引入一种大众性——一种十分短暂而不确定的特性。它可能在某一刻属于惩罚，而下一刻则因此而丧失这一属性。严格地说，这种属性应该被称为非大众性的缺失（absence of unpopularity）；因为在惩罚这类问题上，我们不能指望任何种类惩罚都能被人们积极地接受和感激，如果人们对惩罚的想法没有明确的厌恶，那么在大多数情况下就足够了。

将这一特性纳入目录的用途在于，它可以作为一种警示，提醒立法者，如果在没有令人信服的必要性的情况下，不要引入任何方式的或者大量的惩罚，大部分人对之怀有强烈的反感，因为它会产生毫无益处的痛苦——痛苦不是由罪犯而是由无辜者承担。并且，在无辜者中，是由最友善的人，由那些多愁善感容易受到冲击的人，那些义愤填膺的人，那些对他们来说惩罚是残暴不仁的人承担的。立法者这种不明智行为的后果将是把公众的意见推向反对自己的一方：他会失去公民自愿为执行他们认可的法律从而提供的帮助。人们将不是立法者的支持者，而会是其敌人。有些人会支持罪犯逃跑，受害人会犹豫是否要起诉罪犯，证人会犹豫是否提供不利于他的证据。久而久之，那些协助执行法律的人会背上污名。公众的不满不会止于此，有时它会爆发为对司法官员与法律执行的公开抵制。成功的抵制会被视为一种胜利，而未受惩罚的罪犯会因为法
51 律的软弱而欢欣鼓舞，这种法律因他的胜利而蒙羞。

特定惩罚的不得人心几乎始终取决于它们的不当选择。刑法越是完全符合这里所规定的规则，它就越能得到智者的开明认可，也越能赢得大众的情感认可。

（十一）描述的简单性

惩罚方式在其描述方面还应尽可能地简明扼要。这应该是完全可以被理解的，并且不只是对于智者，对于孤陋寡闻的人也应如此。

但是，将惩罚限于简单描述并非总是适当的。在许多犯罪中，

惩罚应该由许多部分组成，如：由金钱性的罚金、肉体上的刑罚和监禁组成。简单性规则必须让位于较高位的规则：它之所以在这里提出，就是因为它不得被忽视。惩罚越复杂，人们就越有理由担心，在受到诱惑时，惩罚不会作为一个整体出现在人的头脑中；对惩罚的不同组成部分，他可能对其中一部分一无所知，而对其他部分则可能已经忘却了。所有组成部分会在实际的惩罚中找到，但是它们并没有在表面上被察觉。

惩罚的名称是一个非常重要的对象。费解的名称给大多数惩罚布上了一层在头脑中无法驱散的阴云。英国法律在这方面往往 52
有缺陷。死刑重罪包括不同的惩罚部分，其中大部分不为人所知，因此是无效的。神职人员特权的重罪（felony with benefit of clergy）也同样模糊：法律的威慑并未向人的头脑中传递任何清楚的观念。对于一个没有受过教育的人来说，这个词最简单的意思是它在一定程度上与奖励有关。蔑视王权罪并不更容易理解，即使那些懂拉丁语单词的人也远远不理解它所宣告的惩罚的性质。

此类谜语与狮身人面像的那些神秘相似，那些无法成功解密的人就会受到惩罚。

（十二）可免除性

可免除性似乎是许多惩罚中必须具备的所有特性中的最后一项。一般的假定是，当实施惩罚时，惩罚是必要的：惩罚应该实施，因此不能免除。但是，在十分特殊并且十分令人遗憾的情况下，它可能意外地发生。惩罚可能被施加在后来才被发现是无罪的人身上。他所蒙受的惩罚确实无法免除。但他不必再承受尚未施加的惩罚。但是，除非它全部由长期的惩罚——如：监禁、流放、劳役之类——组成，否则，就严厉的惩罚而言，在刑事程序本身及时完结的场合，无论惩罚效果如何持久，都可以被视为是不可免除的。例如：鞭笞、烙印、致残与死刑便是这样。所有惩
53 罚之中最不可逆转的就是死刑。在所有其他情况下，都可以为不幸的受害者的痛苦找到补偿手段，但是在死刑中却不行。

上述特性目录在许多惩罚中都是可取的，绝非是没有必要的。任何情况下，在能够形成正确的判断之前，有必要就对象应该具有的所有特性形成一种抽象的概念。除非做到了这一点，否则每一个表示赞同或不赞同的表达都只会产生一种同情或反感的混乱感觉。我们现在有了明确的理由来决定惩罚的选择。剩下的只是观察一种特定的惩罚在多大程度上具有这些不同的性质。

如果仅从这些特性之一单独得出一项结论可能会有东差西误。不应只关注一种特性，而应关注整体。

没有一种惩罚能把所有这些可取的性质结合起来；但是根据罪行的性质，一组特性比另一组更重要。

对于重罪来说，惩罚应该具有儆戒性与相似性。对于较轻的犯罪来说，惩罚应该更加注重它们的节约性、节俭性以及它们的道德改造倾向。至于侵犯财产的犯罪，应优先考虑可转换为收益的惩罚，因为这些惩罚可能会有助于对受害方的赔偿。①

54 ① 迪蒙的附注：我给这一章增加了关于思想不断进步的例子，以及每一新的考察可以参考这些列举的效用，这样就不会丢失任何东西。——编者

我业已从孟德斯鸠的著作中挑出他似乎已认为是一套惩罚所必要的所有特性。我只找到四种，而这些要么是用不确定的术语表达的，要么是以迂回的说法表达的：

（接上页）1. 他说，惩罚应该得自犯罪的性质。而且，他似乎意指惩罚应该具有表征性。

2. 惩罚应该是适度的。这是一种不确定的表述，没有提供任何比较的点。

3. 惩罚应该与犯罪成比例。但是，这一比例不是指惩罚的性质而是指惩罚的分量。它既未解释它由什么组成，也未提供关于它的任何规则。

4. 惩罚应该是谦抑的。

贝卡里亚提到了四个特性：

1. 他要求惩罚应与犯罪相似。但是，他没有对这一相似性作任何详细的讨论。

2. 惩罚应该公开。他以此表示儆戒性。

3. 惩罚应该温和。这是一个不适当而且没有意义的术语，虽然他对过度惩罚的危险性的观察是十分明智的。

4. 惩罚应该成比例。但是，他没有就这一比例提供任何规则。

此外，他要求惩罚应该确定、迅速与不可避免。但是，这些情况取决于惩罚使用中的程序形式，而不取决于惩罚的性质。

在他对贝卡里亚的评论中，伏尔泰（Voltaire）常常再现使惩罚有收益的观念："一个死人对于任何东西都没有好处。"

善良可亲的霍华德（Howard）作为博爱英雄之一，不断放眼罪犯的改善。

将我们的注意力限于那些被视为这一科学分支中的先哲的那些人，我们不能不注意到，在这些分散的想法和模糊的观念（尚未有一个名称）与一个有条理的目录（在其中，这些特性明确地呈现在我们面前，并且有名称和定义）之间，存在很大的一个距离。通过将它们置于一个视点之下，获得了另一种益处：它们真正的价值与相对的意义被确定。孟德斯鸠被惩罚的相似性方面的优点所迷惑，并把它所不具备的绝妙效果赋予它。——《论法的精神》第十二章第四节。

对边沁先生所常常使用的方法论提出的异议，这些考虑似乎提供了一种充分的回 55
答。我指的是被称为他的逻辑工具的他的区分、工作平台与分类。有人说，所有这一切都只是建楼时的脚手架，应该在大楼矗立之后被拆除。但是，为什么要将作者业已使用的工具从他的读者那里剥夺掉？为什么要对他们隐瞒他的分析工作与发明程序？这些工作平台构成一部思想的机器——深思熟虑的推理法。作者揭开了他的秘密。他在著作中让读者与他相联系。他向读者提供了在研究中引导他的线索，并使他们能够核实他的研究结果。这种奇妙之处在于，服务的范围减少了服务的价值。

我意识到，如果把这些逻辑方法当作秘密来使用，不展示骨骼、肌肉和神经，就会增加许多优雅和趣味。通过使用分析方法，一切都会被预先告知，（因此）没有什么出乎意料的；整体是清晰的；没有任何出人意料之处，即一时令人眼花缭乱的天才的闪光，然后又陷入黑暗。遵循如此严苛的方法需要勇气，但这是唯一能完全满足心灵的方法。

第八章　犯罪与惩罚的相似性

相似性（analogy）是两种对象之间的关系、联结或纽带，据此，只要一种（对象）在头脑中呈现，便会自然而然地激发起关于另一种（对象）的概念。

相像（likeness）是相似的一个来源，对比（contrast）则是另一个。[①] 为了使一种惩罚与一种罪行相类似，有必要使得该罪行所具有的一些显著特点能够转移到惩罚上。

这些特点在不同的犯罪中会有所不同。在某些情况下，它们可能源于造成损害的工具；在另一些情况下，源于实施恶的对象；在其他一些情况下，源于防止恶被发现的手段。

接下来举的例子只是为了清楚地解释相似性的概念。我将指出某些罪行和某些惩罚之间的相似性，而并非绝对建议在所有情况下都使用这些惩罚。采用相似的惩罚并不是充分的理由，也应始终考虑其他因素。

① 因此，从“巨人”的概念出发，人们的思维会转移到一切伟大的事物上。利利普特人（Liliputians）把格列佛（Gulliver）称为“人山”（Man-mountain）。或者说，从巨人的概念出发，人们的思维会转向侏儒的概念。

第一节　相似性的第一项来源 57

犯罪与惩罚所使用的手段相似。

放火、决水、投毒，在这些犯罪中，惩罚时所使用的手段首先会想到他们犯罪时所采取的手段。

关于放火罪，我们可以观察到，这种犯罪应该限于那些有人因火灾而死亡的案件。如果没有造成生命损失，也没有任何人员伤亡，则该罪行应被视为一种普通的损害。无论一件财产是否被火灾或任何其他因素摧毁，都如出一辙。损害的数额应当作为犯罪的衡量标准。一个人对一座孤立且无人居住的房子放火的行为呢？这是一种破坏行为，不属于放火罪的范畴。[①]

如果将火刑专门留给纵火犯，那么法律便既会有利于它的理性，也会有利于它的相似性。但是，在野蛮时代的立法中，它在整个欧洲被普遍用于巫术与异教犯罪。前者是一种纯粹虚构的犯罪，后者则是一种完全无害，甚至常有裨益的宗教观点的分歧。就此而言，惩罚的唯一作用是使人变得虚伪。

不置人于死地的火可以被用作一种惩罚手段。这种惩罚的性 58
质是可变的，其严重程度可以因事制宜。有必要在法律文本中仔细确定身体的哪一部分应该暴露在火的作用下、火势、实施惩罚的时间，以及为增加惩罚的恐怖性而使用的副惩罚。为了使描述

① 但是，如果火势有蔓延到邻接物体的任何危险，那么使用这种破坏手段，便应该被视为一种加重情形。

更加醒目，可以附上一份印刷品，其中应说明操作。

决水是一种不如放火常见的犯罪，在有的国家甚至完全没有先例。只有在被人工堤岸围起来的水隔断的农村，才有人能犯此种罪。此罪易受从最高到最低的每一加重情形的影响。如果犯罪只包括决水，实际上，它只相当于一种单纯的毁坏财产行为。正是由于生命的毁灭，这种犯罪才被提升到需要严厉惩罚的严重程度。

一种最明显的相似性指明了惩罚的手段，即淹死罪犯，并附之以会增加惩罚的恐怖情节。在一部不认可死刑的刑法典中，罪犯可以被溺于水中，然后再救活。这可以成为惩罚的一部分。

人们可能会问，毒药是否应该作为惩罚下毒者的手段?

在某些方面，没有比这更为适合的惩罚。投毒有别于其他谋杀，因为它可能是秘密实施的，并且应该还具有非常冷静而果断
59 的决心。在这两种情况中，前者增加诱惑力与犯罪的罪恶性，后者证明罪犯在关注自身利益的情况下，能够认真反思刑罚的性质。对他而言，死于他所准备的同一种死亡的想法更可怕。在他准备工作的每一步中，他的想象力都将向他显示其自身的命运。从这个角度来看，相似性会产生充分的效果。

然而实施起来困难重重。毒药的效果是不确定的。因此，有必要确定一个时间，在此之后惩罚便应该通过绞刑而缩短。如果毒药会使受刑人沉睡，惩罚便不可能具有足够的儆戒性。如果它产生痉挛与扭曲，它便可能会被认为是让人深恶痛绝的。

如果罪犯使用的毒药没有被证明是致命的，可以要求他在毒

药导致死亡之前服用解毒剂。剂量与时间可以由法官依据经验丰富的医生的报告来确定。

这种罪行所带来的恐怖很可能会使这种惩罚深得人心。如果在一个国家，这种犯罪行为比其他犯罪行为更常见，那么与这种犯罪具有明显的相似性的惩罚在那儿便是合适的。

第二节　相似性的第二项来源

对于肉体伤害，以另一种相似的肉体伤害作为回应。

“以眼还眼，以牙还牙。”在造成不可挽回的肉体伤害的犯罪中，身体受伤的部分会提供一种表征性的情况。相似性会包括使罪犯承受类似于他恶意和故意造成的恶。 60

然而，有必要对两种情况作出规定：一种是，罪犯剥夺了他所攻击的当事人的某个部位，而罪犯本身不具有这一部位；另一种是，对于他（罪犯）而言，失去该身体部分对他的损伤或多或少于对受害方的损害。

若说伤害具有耻辱性，但非永久性的损害——在当事人的地位和其他条件允许的情况下，可以在惩罚中运用类似的耻辱。

第三节　相似性的第三项来源

对犯罪身体部位的惩罚。

在欺骗罪中，舌头与手是常用的工具。可以从这一情况中得出惩罚方面精确的相似性惩罚。

在惩罚伪造罪时，罪犯的手可以被形状像钢笔的铁器刺穿。在这种情况下，罪犯可以在接受监禁的惩罚之前被示众。

在发布毁谤言论与造谣方面，舌头是罪犯所使用的工具。罪犯也可以被刺穿舌头，并以相同的方式将其公开示众。

通过将工具分为两部分，可以使得这些惩罚在外观上比实际更令人生畏。刺穿罪犯的那部分可以像针头一样纤细，而另一部分则粗厚得多，使其显得能够刺穿一切厚度的物体。

61 这种惩罚可能显得荒谬。但是加诸它的嘲笑却提高了它们的价值。这种嘲笑将针对骗子，这将使他们看起来变得更加卑鄙，同时也将增加对正直行为的尊重。

第四节 相似性的第四项来源

采取伪装的方式。

一些犯罪的特点是运用伪装的方法以便犯罪的实施：通常使用面具或者戴蒙面的黑绉纱。这种情况构成犯罪的加重情形。它增加了所产生的恐惧，并减少了被发现的可能性，因而适于使用附加刑。相似性原则会建议我们，在罪犯的身上也刺上伪饰的标记。这种印记可能是暂时的，也可能是不可磨灭的，这取决于伴随这种印记而来的监禁是暂时的还是永久的。如果是逐渐消失的，它可以通过使用黑色的染料产生。如果是无法消除的，则通过在皮肤上刺染图案。在有预谋的谋杀、强奸、无法弥补的人身伤害和盗窃案件中，并伴有暴力和恐吓的情况下，这种惩罚的效用尤其明显。

第五节　相似性的其他来源

还有其他一些特殊情况，与上述情况不同，属于不同的类别。但根据不同罪行的性质，可将其作为相似性的基础。

在制作假币的过程中，罪犯的技术可能提供相似的惩罚来源。他在所使用的金属上做了压痕。在他脸上的某一显著部位可以做相似的压痕。这个标记可以是暂时的，也可以是不可磨灭的，这 62
取决于伴随该标记的监禁是暂时的还是永久的。

在阿姆斯特丹，流浪者与游手好闲的人被关进了被称为“锉刀室”的矫正所。据说，在其他种类的强制劳动中，有一种是为那些其他手段（对他来说）都不奏效的人保留的。这种手段由关押在漏船上组成，这些不愿劳动的罪犯被置于其中。罪犯如果要使自己不被水淹，便必须借助一台水泵来操作使船保持干燥。无论这一惩罚是否仍在使用，它都是能达到最大严厉程度的一种相似的惩罚。如果采用这种惩罚方法，应附有精确的规定，以便根据受惩罚者的体力调整惩罚。

实施犯罪的地点也可以提供一种相似性。凯瑟琳二世（Catherine Ⅱ）判处一名在“交易所”实施了某种无赖伎俩的罪犯，要其在六个月的时间里每天打扫这个交易所。①

① 迪蒙的附注：

对于惩罚的相似性的功用，我还没有听说过有人提出异议。当它以一般术语被谈论时，每个人都承认其适当性。当我们着手适用这一原则时，想象力是判断其应用是否适当的主要标准，（故而）意见的分歧是无限的。因此，有些人在思考边沁先生所提议的相似的惩罚时，感到极度反感，而其他人则认为它们只是适合嘲笑与讥讽的对象。

63 成功取决于所采用手段的选择。因此，应当避免使用那些性质不够严重的相似性来源作为惩罚手段。但是，可以考察到，对于某些罪行，例如那些伴随着傲慢和侮辱的犯罪，激起嘲笑的一种相似的惩罚可以很好地贬抑罪犯的自尊心，并使被侵犯的当事人感到满足。

一切看起来过于精心研究和精致的东西也应该避免。惩罚只有在迫不得已的情形下，带着遗憾与厌恶的心情，才应当施加。外科医生拥有的大量工具可以使人满意，因为它们旨在促进治疗与减轻我们的痛苦。然而，在考虑各种惩罚时，（人们）不会感到同样的满意，并且，它们最可能被认为有损立法者的人格。

有了这些防范措施，相似性被认为不仅能产生良好的效果。（而且）它使我们走上了发现最经济、最有效惩罚的轨道。我忍不住要引用一位英国海军船长提供给我的一个例子：他没有研究过边沁先生的原理，但他知道如何读懂人心。

一般准予水手请假的时间是 24 小时。如果他们超过这一时间，通常的惩罚是鞭打。对这一惩罚的恐惧是逃跑的一种常见原因。许多船长为了同时防止这两种犯罪，拒绝其船员的所有请假，以至于他们长年累月被留在船上。我提到的这个人，发现了一种既能批准休假，又能保证工作安全的方法。他简单地改变了惩罚方式。这就是，任何超过规定休假时间的人，都会根据他的过错失去未来休假的权利。如果他在岸上逗留超过 24 小时，他将失去一次休假的权利。如果超过 48 小时，他将失去两次休假的权利，其余依此类推。这一经验是完全成功的。超假的过错变得不如以前常见，而逃跑则闻所未闻。

第九章　报复 64

如果报复法在所有情况下都是可接受的，那么它将在很大程度上精简立法者的工作。这将使制定惩罚计划的工作变得简单——一句话便能代替一卷法律。[1]

在我们谈论这条规则的可取之处之前，应该准确无误地说明它的含义。布莱克斯通的《英国法释义》[*]中给出的观点似乎是正确的。正是这一规则以惩罚的方式规定了对罪犯施加他对他人所为（人们可能会增加或试图这样做）之伤害。如果伤害是对人身实施的，罪犯便应该受到人身惩罚；如果伤害是对财产实施的，罪犯就应受到财产惩罚；如果伤害是对名誉实施的，他便应该受到名誉惩罚。这是大致的方案，但这本身还不够。为了使惩罚无可辩驳地符合报复法，犯罪的主体与惩罚的主体之间的身份应该更加具体和确定。例如：如果损害是针对一个人的房屋，比如通过摧毁他的房屋造成的，那么罪犯的房屋便应该受到毁坏；如果
通过使他丧失某一等级地位而毁坏他的名誉，那么罪犯便应该丧 65

---

① 在早期的立法尝试中，报复法常被采纳。在《阿尔弗雷德法典》中，我们可以找到如下条款："赔偿财产；以牙还牙；以手还手；以脚还脚；以损害还损害；以树枝还树枝。" L. 威尔克（Wilk）:《盎格鲁-撒克逊法》，第 30 页，第 19 条。

* 也有个别译著译为《英国法律诠释》，本书采学界通译法。——译者

失同一等级地位；如果损害是对眼睛，那么罪犯便应该丧失他的眼睛；如果损害是对他人的嘴唇，那么罪犯便应该丧失他的嘴唇。总之，犯罪的主体与惩罚的主体之间的相似性越特定与具体，它便越严格而不可辩驳地被纳入该规则。只有当人是受伤害的主体时，才能在最短时间内呈现相似性。因为在这种情况下，通过受影响部位的严格一致，“伤害”能够最精确地呈现为“相同”。以眼还眼，以牙还牙，是报复法中最常见的例子。在这种情况下，一致性也可以通过以同一方式影响同一部位得到进一步的推进。伤害的同一性取决于一种情况与另一种情况的同一性。因此，如果伤害包括烧掉一只眼睛，要是惩罚是由烧坏而不是挖出罪犯的眼睛而实施的话，那么惩罚的同一性便会更加严格。

报复法的最大优点是简单。如果它能够得到普遍采纳，那么，整个刑法典便会被一条规则所包含：“让每名罪犯承受与他所施加的恶相似的恶。”

就其犯罪而言，没有任何其他可以想象得到的方案能够如此容易地让人毛骨悚然，或者如此轻而易举地被记住。这条规则既简短又富有表现力，以致曾听到它的人都不可能忘记它，或者只要想到一种犯罪，便也必定想起它的惩罚。实施一种犯罪的诱惑
66 越强，其惩罚便越可能成为令人恐惧的对象。因此，防范措施是针对危险这一边的。

这种惩罚方式所具有的一种无法否认的优点是其大众性。只需稍加思考，便会发现它得到了群众支持性的评价。如果他们在任何情况下有意与之争执，他们可能仍然愿意承认这符合正义。但是，他们会说这种正义是僵化的正义，或者说，是抽象的正义。

他们嘴上说着这些话，但其实也许他们会更喜欢一种更为温和的惩罚，因为它更符合仁慈，并且在整体上，更有利于普遍的幸福——就好像正义，尤其是惩罚正义，是与该幸福截然不同并且相反的某种东西一样。但是，当它正好不因其严厉性而引起厌恶时，任何东西都不可能比这种惩罚方式更受欢迎了。这一点可以从谋杀案中看出，人们对这类案件的惩罚方式往往是友好和普遍拥护的，血债血偿（这一成语的本义便是如此）。除非一个谋杀犯被判处死刑，否则众多的臆断者很少会认为正义的规则得到了执行。

然而，报复法可能会遭到各种各样的反对，其中一种反对意见就其适用而言是决定性的。即，在很多情况下，它在根本上是无法适用的。不用深究，举几个例子就足够了。首先，当犯罪只具有公共性质的时候，它根本无法适用——这种犯罪具有根本没
有指定的个人受其伤害的特殊性质。如果一个人犯了叛国罪，或 67
与敌人进行刑事通信，或因怯懦而放弃履行委托给他的义务，如何能让他遭受类似于他所造成的恶呢？

它同样不适用于影响某一地区或社区某一阶层的半公开类犯罪。这些犯罪的危害往往包括惊慌和危险，而这并不单独影响一个人，因此不存在任何报复的机会。

关于由违背道德的犯罪行为所组成的利己方面的犯罪，适用这项法律将是荒谬的。个人选择了实施该行为，对他做同样的事对他来说可能并非是惩罚。

例如，在损害名誉的罪行中，包括传播影响他人品格的虚假传闻，作为惩罚，指示传播影响犯罪者品格的类似虚假传闻是无用的。相似的恶不会从被承认为虚假的东西中产生。

在侵犯财产罪中，报复的惩罚在儆戒性和有效性方面始终存在缺陷，在许多情况下完全不适用；那些最容易在这方面伤害他人的人，由于贫穷，无法以类似的方式受到惩罚。

出于类似的原因，它不能经常适用于影响个人民事状况的犯罪。更不用说即使可能适用，也可能会有使其不具备适用条件的原因。

68 这些例外将其可能的作用范围降低到微不足道的程度，即只有那些影响到人身的罪行才会被认为是适用的。即使在这里也必须假设几乎不存在的情况，即环境的完美同一。甚至在这种十分有限的类型的案件中，也会发现过于严重的错误。它的根本缺陷是缺乏灵活性。法律应该如此分配惩罚，以便符合可以在犯罪中发现的几种加重或者减轻情节。报复是与任何此类分配互不相容的。

最欢迎这种惩罚方式的是属于报复性人格的那些人。穆罕默德发现在阿拉伯人中确立了这种惩罚方式，并在《古兰经》（Koran）中采用了它，获得了一定程度的认可，这标志着他在立法方面的天赋。“啊，你们是有思想的人，你们会在报复法中以及伴随它的恐惧中找到普遍安全。”（《论法律》第一卷第二章）

第十章　大众性 69

要证明一个制度符合功用原则，就要尽可能证明人民应该喜欢它：但他们到底喜欢还是不喜欢是另一个问题。如果在他们的评价中，他们愿意让自己统一地和排他地受此原则支配，他们便是喜欢它的。根据这一原则，他们确实按照人性化和开明的比例来管理自己；相应地，相较其他国家，他们对该原则指令的顺从在这个理智与受到更多支持的国度里更一致。在此，我说在这一场合考虑到了广大人民，因为他们在任何场合都应该得到考虑；不要像通常情况那样，把我的观点局限于有地位和受过教育的人。

然而，即使在这个国家，他们的默许也远非完全一致和不偏不倚：在某些情况下，他们的判断仍然受到与功用原则无关的反感或偏见的扭曲，因此无法与理性和解。他们倾向于对某些行为产生反感，甚至不考虑被认为是恶作剧的行为；他们倾向于对某些惩罚抱有偏见，而不考虑他们是否符合惩罚目的。

每种特定的惩罚方式所面对的反对意见是反复无常的，除了
想象力的丰富性之外，没有其他限制。然而除了一些轻微的例外，70
它们可能属于以下一种或多种类型：自由、体面、宗教以及人性。我所说的反复无常的反对表示的是这样一种反对，即它的全

部表面价值是从使用这些神圣化的表述易于形成的印象中派生的。其反复无常性在于在一种被歪曲的意义上来使用它们。

1. 自由——在这种情况下无话可说。所有的惩罚都是对自由的侵犯：除非强迫，否则没有人会顺从于它。但是，不乏这样的狂热分子，他们对这一情况不予考虑，便将某些形式的惩罚斥之为对人的自然权利的侵犯，例如附加劳役的监禁。他们说，在这样一个自由的国家，即使是罪犯，也不应容许其沦落到奴隶一般的境况。这一先例既危险又有害。只有在专制政府下苦苦挣扎的人才能忍受苦役奴隶的目光。

在提议建立监狱制度时，在当时出现的各种出版物中，这一反对意见得到了回应和坚持。审视一下这种毫无意义的要求，它会把自己变成一个宣言，宣布自由应该留给滥用自由的人，而罪犯的自由是诚实人自由的一个重要组成部分。

2. 体面——从体面的标题下得出的异议限于这样一些惩罚，其作用是要使那些与体面不符的部分暴露出来，成为人们目光所及或侃侃而谈的对象。

71 谁能怀疑，在所有惩罚中，应该注意对任何犯罪都不要违反谦抑性。但是，谦抑，就像其他价值一样，只有与它的功效相均衡才是有价值的。当惩罚是最适当的时候，虽然无论在其规定或者执行方面都不是完全符合谦抑性的，但是，这一情况在我看来不应该阻碍任何更大的功用目的的实现。例如：在强奸案中，阉割似乎是最合适的惩罚，也就是说，最适合在受到诱惑时在头脑中产生强烈印象。那么，根据对谦抑性的思考，使用像例如死刑一样儆戒性较小因而效果较小的另一种惩罚是一种权宜之计吗？[①]

3. 宗教——在基督教徒中，有一些教派认为死刑是非法的。他们说，生命是上帝的恩赐，禁止人类剥夺它。

在下一卷中，我们会发现，完全废除死刑或者至多将死刑限制在特殊情况下并不缺乏非常有力的理由。但这种非法性的存在 72
的理由是来自错误原则的。

非法意味着违反某部法律。在这种情况下将这一表述适用于死刑的那些人，他们自己相信或者竭力使其他人相信死刑违反了某种神圣法：这种神圣法要么被揭示，要么未被揭示；如果它被揭示出来，它肯定会在那些被理解为包含上帝意志表达的书籍文本中找到；但是，由于《新约》中没有这样的文本，而且犹太法律明确规定了死刑，这种观点的支持者必须求助于某种未被揭示的神圣法，即自然法，也就是说，根据假定的上帝意志推导出的法律。

但是，如果我们假定上帝有任何意志，那么我们便必须假定他这样做的理由，一个与他（的身份）相称的理由。这只能是他所创造的人类的最大幸福。因此，按照这一观点，神的意志不能要求与普遍效用不一致的任何东西。

如果假设上帝可以有任何与效用不一致的意志，他的意志便

① 据说，在希腊的一个城邦中，年轻女性们由于某种我不知其名的幻想疾病，一度极其普遍地采取了自杀行为。惊恐于自杀的频率，治安法官责令，作为一种死后的惩罚，她们的尸体应该在裸露状态下被拖过公共场所。至于这种说法的真实性，无需深究。但是，叙述者补充说，从此之后，这种犯罪就完全停止了。因此，这是一个例子，证明了一部违反谦抑性法律的效用，其有效性证明了这一点：在任何刑事法中，还有什么比防止罪行发生更高的完善程度呢。

变成了一种荒谬与虚妄的原则，在此原则中，狂热的胡言与过分迷信的话语都会从中找到认可与权威。

在许多情况下，宗教已被扭曲到了阻碍执行刑法的程度，比如罗马教堂为罪犯所开放的避难所。

狄奥多西一世（Theodosius I）禁止四旬斋期间的所有刑事诉
73 讼，并以此为理由，声称法官恳求上帝宽恕自己的罪行时，不应惩罚他人的罪行。瓦伦提尼安一世（Valentinian I）指示在复活节释放所有囚犯，除了那些被指控犯了最恶劣罪行的罪犯。

君士坦丁通过法律禁止在罪犯的脸上打上烙印，声称毁坏人类面孔的威严——包括无赖的面孔的威严——是违反自然法则的！

拜尔（Bayle）说，宗教裁判不可违背这样一条格言：教堂无新贵。它判处其受害人被活活烧死。宗教与法律一样都有其遁词。

4. 人性——“不要理睬理性的诡辩，因为它常常会欺骗你，而要被你的心灵所支配，它将永远引导你走向正确的方向。我毫不犹豫地拒绝你提出的惩罚，它违背了自然的情感，它折磨着易受影响的心灵，它是残暴不仁的。”这就是你们多愁善感的演说家的话。

但是仅仅因为它与人道之心的感情相悖便废除任何一条刑法条文，如果一直这么做，那将会废除整部刑法典，因为每个法条都或多或少地伤害了人们的感情。

一切惩罚本身必然是令人厌恶的。如果它不可怕，就不会达到目的。它绝非值得被赞美之物，而应该与预防其所谴责的罪行一并考虑。

我反对将情感作为绝对的法官，但是在理智的控制之下，情
74 感可能不是一个无用的监督者。当一项刑事豁免违背了公众的感

受时，公众感受本身不是拒绝该豁免的充分理由，但却是对其进行严格审查的理由。如果它引起反感，那么引起反感的原因可能显而易见。我们会发现所讨论的惩罚是错误的、多余的，或与罪行不成比例的，或者其产生的危害往往大于其要预防的危害。通过这种手段，我们达到了错误的所在之处。情绪会激发反思，反思会发现法律的不当之处。

获得公众最大认可的惩罚种类是与犯罪行为相类似的。这种惩罚通常被认为是公正和公平的；但我不知道这种公正和公平的基础是什么。罪犯遭受着他所造成的同样的恶。法律应该效仿它所谴责的例子吗？法官应该模仿罪犯的邪恶吗？庄严的正义行为应该与犯罪行为具有同样的性质吗？

这种情况使大众满意：罪犯的嘴被堵住了，他不能指责法律的严厉性，同时无须受到同样的自我谴责。

幸运的是，同样的想法使这种惩罚方式大众化，同时也使其更恰当。这种为人们所见的相似性，当受到诱惑之时也会出现在犯罪人的面前，并使其成为特殊的恐惧对象。

即使错误概念恰好符合功用原则，发现和揭露它们仍然很重要。巧合只是个偶然。无论是谁在任何情况下形成了自己的判断而没有参考这一原则，他都会在任何情况下做出与之相矛盾的决
定。除非人们学会只相信这一原则而排斥所有其他原则，否则就 75
不会有安全而稳定的指南来指导理解的进程。当判决要做出时，使用赞美或辱骂的表达方式只不过是孩子们的胡言乱语。在所有的哲学研究中都应该避免它们，因为它们的目的应该是指导和说服理解，而不是激发激情。

第二卷

身　体　刑

第一章　简单酷刑[1] 76

当一种惩罚的目标是产生即时的暂时性痛苦时，它就是简单的酷刑。称之为简单的酷刑，是为了将它与为产生更持久痛苦的其他种类酷刑区分开来。简单的酷刑与其他酷刑的区别主要有下述三个方面：一是受刑的部位，二是惩罚工具的性质，三是惩罚工具的运用方式。

列举可能产生于不同情况之组合的各式惩罚，不但毫无裨益，77
而且将难以穷尽。举出一个人身上容易受苦的几个部位，无异于做一次完整的身体解剖。举出几种可能用于折磨人的工具，无异于阐释一部完整的自然史。试举为达到折磨目的而运用工具的不同方式，无异于妄图穷尽不胜枚举的举止和情境。

在可以想象的和能够描述的诸种惩罚中，如果我们谈及一些在这个国家和其他国家已经使用过的惩罚，则惩罚的目的也已达成。

---

① 我很清楚，“afflictive”（折磨）这个词并不能完美地表达我在这里用来表达的特定类型的惩罚，一种与其他所有惩罚不同的惩罚，但我在语言中找不到其他更好的词。也许这样使用这个词是有原因的，因为在法语中，它的使用即便不完全是限制性的，也可以说几乎是：西塞罗在他的《图斯库兰辩论》中，用一个词根相同的词来表达有关惩罚的本质所产生的痛苦——“Adflictatio”（这位演说家在定义和区分多种痛苦时说）“是一种伴随着身体折磨的痛苦”。

实施此类惩罚最显著和最常用的方法就是将身体暴露在打击或鞭笞之下。当用一种柔韧的工具来施以惩罚时，这种操作被称作鞭打。当使用不太灵活的工具施以惩罚时，效果则会不同。但是这种操作很少用其他名称以示区分。

在意大利，尤其是在那不勒斯地区，存在一种惩罚扒手的常用方法，叫做吊刑。这种方法包括用起重机等机械吊住罪犯的手臂将其举起，举到一定的高度后让他下降，但在他降到地面之前突然停止下降。他的身体在下降过程中产生的动力作用在他的双臂上。其结果通常是他们的肩膀脱臼。但为了防止对其身体产生
78 永久性的影响，将请一位外科医生来帮他复位。

从前在英国有两种这类惩罚，现在甚至从保留时间最长的《军事法典》中删除了。其中一种叫做“尖木”，主要方式是悬挂罪犯，使其身体的重量主要由一根钉子支撑，即让他一只脚站在钉子上；另一种叫做“木马”，是迫使罪犯跨坐在一个狭窄的架子或一块木板上，通过在其腿上悬挂重物，从而增加其痛苦。

另一种惩罚以前在这个国家实行，但现在很少使用，包括让接受惩罚的人频繁浸入水中，称为“浸水刑”。这个人被固定在一张椅子或凳子上，称为“浸水椅”，并反复使其跌落水中。此时的惩罚谈不上严酷，却是令人不适的。身体上的不适部分源自于寒冷，部分源自于呼吸暂时中止。这种惩罚多少有些荒唐，并且通常是用来责罚那些搬弄是非的女人。这可以说是古代朴素的残余。而当现代人掌握执法大权时，仍偶尔会采取这种做法。这往往也会是在集市或其他杂乱场所被逮住的扒手的遭遇。

发明创造的强大力量主要被用来设计令人受苦的工具，这些

工具被那些为了向嫌疑犯逼供的特别法庭使用。这些法庭为按照 79
自己的意愿拉伸、扭曲和撕裂罪犯身体的所有部位做足了准备：用于挤压拇指的螺钉；用于挤压小腿/胫部的直筒靴，用木槌将楔形鞋钉入；用于压缩或伸展四肢的支架。而所有这些用具都可调节，从而产生不同程度的疼痛。

（还有一种惩罚是）水刑，是通过水淋湿所产生的。用一块湿亚麻布捂住人的嘴和鼻孔并不断供水，这样，每当这个人呼吸时，他就不得不吞下一部分水，直到他的胃肿胀不堪。荷兰人在安波沙（Amboyna）进行的臭名昭著的交易中，将这种酷刑施加于落入其手的英国人。

对惩罚的细节进行进一步钻研并无大用。无论引起惩罚的原因是何等多样化，惩罚的结果却是一样的，即是急性或是不适的器质性疼痛。这种痛苦的结果在所有这类惩罚方式中都很常见。在其他几点上各种惩罚或许各有不同之处：1. 其中一种可能产生强于或弱于另一种的疼痛程度。2. 为了所讨论的目的，一个人可以更纯粹地避免其可能会或可能不会产生的后果。

这些后果可能是：1. 使用惩罚工具后，工具带来的器质性疼痛本身的持续性。2. 构成其他种类身体刑的任何其他不良后果。3. 主观上的羞辱感。

在选择惩罚时，这些情况不管在实践中是否受到足够关注， 80
都是至关重要的。

在刑法中引入各种各样的这类惩罚方式完全没用，甚至连儿戏都称不上。对于鞭打这种最常用的惩罚方式，如果适当地注意每一程度的强度，把它作为唯一的惩罚方式，就足够了。只是在某些情况下，根据相似性原则，可以使用其他相似的方式。如果没有正当的理由而增加惩罚的工具，往往只会使法律变得可憎。

在玛丽亚·特蕾莎女皇（Empress Maria Theresa）为改进法律而下令进行的其他工作中，包括对在奥地利领土内施加折磨和惩罚的各种方法的说明汇编。这是一卷巨大的对开本，其内容不仅描述了所有的用具，并以版画的方式，详尽描绘了行刑者的工作方式。这本书只被公开出售了几天，首相考尼茨亲王（Prince Kaunitz）就将其封禁了。他认为国民看到这样的作品只会产生对法律的恐惧，这种担心并非毫无理由。他的反对意见完全集中于施加酷刑手段的文书上，自此这些酷刑就在奥地利全部领土上废除了。那部作品的出版极有可能促成了这一好事的发生。如果确实如此的话，很少有书能像这样，（其消亡）对这个世界做出的贡献比它们继续存在做出的贡献更多。

81 堪担此任的个体如果可以为社会提供有价值的服务，他应该审视这些不同的惩罚方式所带来的影响，还应该指明由于勒伤或者鞭伤等伤痛而造成的更大或更小的不良后果。在土耳其，惩罚是通过打人的脚底来施加的。我不知道其后果是否严重。也许是出于一些谦抑性方面的考虑，土耳其人将惩罚施加的范围限制在人体的这一部分。

如果这类惩罚所造成的痛苦只是暂时的，它既不足以成为威慑旁观者的儆戒，也不能有效地恐吓罪犯。在惩罚方面，其只会带来附带的羞耻。这对于那些经常受到这种惩罚的犯罪分子来说影响甚微。因此，如果可能的话，惩罚的数量应该由法律规定。

在所有这些不同的惩罚方式中，鞭打是最常用的。但是，在鞭打中，甚至所用工具的质地[①]也没有由成文法来确定；而在使用工具时施加力量的大小完全取决于行刑者。他可以随心所欲地从轻或从重处罚。他可以从这种权力中获得收入来源。因此罪犯将 82
受到的惩罚，并非与其罪行轻重成比例，而是与其贫穷程度成比例。如果他（罪犯）不走运，没能满足行刑者的掠夺；或者说他很正直，自愿放弃了行贿，因而他将没有任何东西可以用来讨好地狱犬一般的行刑者，那么他将受到严酷的刑罚——也许是比法律的严酷性还要多的惩罚。在不正直的情况下，大量的财富和毅力会使他能够通过贿赂得到宽容。

在某种程度上，下列方法可以消除这种不公。可以制造一台机器，使一些法定数量和大小的，由藤条或鲸骨制作的杆运动：违法者的身体将会受到这些杆的撞击，法官则能规定适用其的力度和速度。如此，一切任意的因素都可能被排除。一个比普通行刑者更负责任的公职人员可以主持这类惩罚的实施。而当有许多罪犯将面临惩罚时，通过增加机械的数量，同时对所有罪犯进行惩罚，可以节省时间，增加现场的恐怖感，还不会增加实际的痛苦。

第二节　对简单酷刑的审查*

对惩罚的审查包括将它与其他许多惩罚中所表现出的每一种

① 也许是由于中国人广泛使用这种惩罚方式，他们试图通过固定末端的长度和宽度以及竹子的重量来统一这种惩罚方式所产生的痛苦程度；但是，他们忽略了一个重要的情况，当然也是最难调节的情况，那就是施加冲程的力的大小。参见斯汤顿爵士（Sir G. T. Staunton）译：《中国刑法》（*The Penal Code of China*），第 24 页。

* 原文如此，无第一节。——译者

可取特质相继进行比较，以便观察出某些惩罚在多大程度上拥有另一惩罚需要的特质，以及它所拥有的特质是否比它所需要的特
83 质更重要。也就是说，它是否适合于所期望目的的达成。

我们应该记住，众多惩罚都需要的几个特质是——可变性、平等性、相当性、表征性、儆戒性、节俭性、有益于改造、剥夺犯罪能力的有效性、有益于补偿、大众性和可免除性。

任何惩罚种类都无法完全拥有这些特质，但这不是拒绝惩罚的充分理由：它们并非同等重要，而且确实未能发现一种惩罚可以涵盖所有的特质。

简单的酷刑具有很大的可变性，它们可以随心所欲地被减弱或增加。然而，它们的影响是极不平等的：同样的惩罚，当适用于不同性别的人，或者施加于一个强壮的年轻人和一个体弱的老人时，其效果是不同的。这些惩罚几乎总是伴随着部分羞耻感，这种感受并不总是随着机体的疼痛而增加，而主要取决于罪犯的状况。鉴于此，如果对一位绅士施加这样的惩罚，就很难被认为是轻微的。

正是由于对这种情况的疏忽，乔治三世（George Ⅲ）为限制偷窃狗的行为而通过的第 10 号法令《狗法案》引起了不满：其中规定的惩罚之一是鞭打。鉴于这种财产（狗）的属性，有一点（即
84 下文所述的狗的自主追随性）使得偷窃它们比起任何其他类型的偷窃来说，都不那么有违正人君子的品格。因此，和窃狗行为同样容易被道德约束纵容的，是在一些情况下，由于仆人作为财产主体的合理特征，诱走他们不被视为犯罪。一个人可能是无辜的，尽管表面上对他不利。一只狗易受到自己的意志甚至强烈的社会

情感影响，从而可能在没有被引诱的情况下追随一位新主人。

在俄罗斯的刑法体系中，同样的疏忽也不足为奇。在温文尔雅又睿智的叶卡捷琳娜二世统治之前，无论是地位还是性别都不能让人免除鞭笞的惩罚。波兰的制度也被控存在这样粗暴的惩罚。波兰公主的女仆受到管家的公开处罚并不罕见。

在中国，最上层的官吏，皇室太子，被惩罚时都屈从于竹条，而农民也和他们一样。

简单酷刑的主要优点在于其儆戒性。涉嫌违法者在被惩罚时受到的所有折磨都可能向大众展示，而被这种展示所吸引的观众，大多数是被预测会对其产生非常深刻的印象的人。

在惩罚方面，上述这些是必须遵守的最突出的要点。在其他 85
人看来，这似乎没有什么特别值得注意的。它们在恐吓和改造人上没有什么效率，只有一种特殊的饮食例外——忏悔饮食。这种饮食如果使用得当，可能发挥极大的道德效力。但是，由于它天然地与监禁有关，所以现在暂时不考虑这个问题。

第二章　复合酷刑

在复合酷刑之名义下，可能包括肉体的惩罚，其主要效果由惩罚行为的深远性和持久性组成。但它们不能被涵盖在一个类别中，因为其中包括三个类型，各类型之间在性质和重要性上大有不同。

酷刑的永久性后果可能包括改变、破坏或中止某些身体部位的性质。

身体部位的性质包括可视的性质，如颜色、形状和用途。

在这三种截然不同的惩罚①中，第一种影响人的外表，也就是它的可视性质；第二种影响器官机能的使用，而非毁坏器官本身；第三种则是毁坏器官本身。

第一节　改变个人外表的惩罚

第一位立法者发明的这些外在的、永久可见的惩罚实在是个绝妙的主意——这些惩罚不会破坏任何器官，不会造成残缺，通

① 第一种可能包括在变形（deformation）的通用名称下，第二种可能包括在残疾的名称下，它们使器官变得无能和无用。第三种已经有了一个专有名称——剔刑（mutilation）。

常也不会造成肉体上的痛苦。在任何情况下，除了绝对必要的痛 87
苦以外，没有任何其他痛苦。这些惩罚只会影响罪犯的外表，使他的外表不那么讨喜，如果这些不是他的罪行的表征，那么这些惩罚根本不能称其为惩罚。

一个对象的可视性质是他的颜色、形状，因此有两种方法来改变它们：1. 变色；2. 损形。

1. 变色可能是暂时性的或永久性的。暂时性的变色可能由植物或矿物染料产生。我不了解有用这种方式来作为惩罚的例子。在我看来，在某些罪犯受到其他惩罚的时候，变色作为一种预防措施来阻止他们逃跑可能是很有用的。

文身可能产生永久性的颜色改变，目前使用它的唯一方法是用烙。①

所谓文身，是用一束尖锐的工具在皮肤上刺一个洞，然后用颜料粉填充刺穿的伤口处。在所有的变色方法中，这种方法最引人注目也最不令人痛苦。这是古代皮克特人和其他野蛮民族以装饰为目的而使用的。

司法性质的烙印是通过使用热烙铁来实现的。热烙铁的末端
有所需的形状，摁压在皮肤上留下相应的印记。在英格兰和其他 88
欧洲国家，许多违法行为都被规定使用这种惩罚。我不知道这个印记能保持多么的持久和清晰，但是人们一定都注意到过，意外灼伤往往只留下轻微的疤痕——皮肤的颜色和纹理几乎没有明显

① 划痕和腐蚀可能被用于相同的目的。第一种方法存在这样的不便——无法预先确定疤痕将呈现的形式；它可能不留任何痕迹，或者意外的切口可能会留下类似的疤痕。化学腐蚀可能不会带来同样的不便，但它的效果尚未经过试验。

变化。

如果想要造成身体的变形，就应该选择暴露在人们视线中的身体部分，比如手或脸；但如果惩罚的目的仅仅是判定初犯，并在其再犯时可以辨别出来，那么最好是将标记印在身体的某个不易暴露的部位，而不是显而易见的部位，从而使他免受其恶名的折磨而且也不会剥夺他想避免再次落入正义之手的愿望。

2. 同样，损形可以是永久性的，也可以是暂时性的。它可以在人身上进行，也可以在衣物上进行。

如果仅限于在衣物上进行，它就不算是损形，但是，通过自然而然的联想，这也会产生同样的效果。谈及这个问题时，可以引用宗教裁判所使用的那些阴郁的长袍和骇人的衣服，给那些在大庭广众之下受折磨的人以丑陋或可怕外表的惩罚。一些人穿着涂绘后象征火焰的斗篷，另一些人身上覆盖着恶魔的图像，以及其他象征各种未来折磨的图形。

剃光头曾经是一种惩罚手段。这是古代法国法律对通奸妇女施加的以示忏悔的惩罚的一部分。中国人非常在乎指甲的长度，
89 因此剪指甲可能会被用作刑法上的损形手段。同理，剃须或许是对俄罗斯农民或犹太人的惩罚的一部分。

永久性的损形手段更为有限。仅有的已经使用的以及可能在某些国家使用的方法是适用于头的某些特定部分，但这些惩罚可以被改造得在不破坏受刑之部分本身功能的情况下进行。英国的习惯法规定，对于犯某些罪行的罪犯，必须割去鼻孔或者削去耳朵。第一种惩罚已经被废弃，第二种在上个世纪就已经很少使用。在蒲柏（Pope）和他的同时代作家的著作中，可以看出他们的恶

毒用意在多大程度上因提及这种惩罚而得到满足，这种惩罚在他们那个时代已经用在发表文字诽谤他人的作者身上了。

在俄罗斯，切除或者划开鼻子、眼皮或耳朵曾经很常见，并且不分性别和等级地使用。它们是鞭刑和流放的附属物。但应该注意到，死刑是非常罕见的。

第二节　有关致残，或以剥夺器官功能为目的的惩罚

致残某个器官，就是在不毁坏该器官本身的前提条件下抑制其功能或破坏其使用。

在此，没有必要罗列所有的器官，也没有必要罗列所有可能
致残它们的方法。我们已经看到，诉诸各种各样令人痛苦的惩罚
是没有用的，这样做反倒会有许多不便之处。如果我们遵循报复 90
的法则，那么可能的惩罚事项将与可能的同类犯罪事项相同。

1. 视觉器官。——可通过化学工具或机械方法使其暂时失去功能，比如借助于面罩或绷带。视觉能力也可能被化学手段或机械手段破坏。

在欧洲，没有任何法律判例使用过这种惩罚。在此之前，它在希腊皇帝统治君士坦丁堡时期被实施过，事实上，与其说是惩罚，倒不如说是一种使得王子无法当政的政治手段。其操作程序包括将一块炽热的金属板放在眼睛前。

2. 听觉器官。——这种能力可能因为鼓室的破坏而被破坏。用蜡填塞耳道则可能会导致暂时性耳聋。作为一种法定惩罚，我还

未曾听说有人使用过它。

3. 语言器官。——堵嘴更多是作为对某些罪犯的预防手段，而不是作为一种惩罚手段。比如莱利将军（General Lally）被送去接受惩罚时，嘴里塞着一块布。这种令人反感的预防措施也许只是在他的性格（因为惩罚改造）重新确立后，才使得公众舆论反对其法官的做法。这种手段有时也在军事监狱被使用。当罪犯的罪过在于滥用其言语能力时，它具有相似的优势。

塞口布有时是通过把颌骨固定在一个楔子之间而实施的，这使得罪犯的下巴不能移动；有时是强行把一个球塞入罪犯口中等等。

91 4. 手和脚。——我不想谈论那些可能会使得被惩罚者变得永远残缺的各种方法。如果有必要对手脚实施什么残害，其实轻而易举。

手铐是由金属制成的环，手腕可以穿入这个环中，并和一根金属棒或链条连接在一起。这个装置能够彻底阻碍若干运动，因此甚至可以用来阻碍所有运动。

脚镣也是一种金属环，腿可以被固定在金属环中，根据实施者想要产生的约束种类，能以同样的方式通过链条或金属棒连接在一起。手铐和脚镣经常被同时使用。这两种普遍使用的方法，有时是作为所谓的惩罚，但更常见的是为了防止囚犯逃跑。

颈手枷是一块水平固定在一个支点上的木板，颈手枷在这个支点上可以转动，并且形成了木板的开口处，将罪犯的头和手置于其中以便示众。我认为此处众人的注视是一种法律的意图。尽管这种情况并非不频繁发生，但确有这类罪犯被暴露于民众的愤怒之下，他们因此在毫无防备的情况下被迫受罚，然后惩罚却改变了性质——其严重程度取决于一群性情无常的屠夫（指施暴的民众）。受害者——如此而成就的受害者——浑身布满污秽，脸上伤痕累累，鲜血横流，牙齿崩坏，眼睛浮肿闭合，无法辨认出原貌。而警察，至少在英国，却见惯了这种无序也没有试图加以约束，也许根本就无法约束。一个简单的铁格子，也就是以笼子的形式，周围放置了木枷，反而，至少能阻止各种可能对罪犯身体 92
施加危险攻击的投掷物。

枷锁是一种便携式的刑具，已在许多国家被用于惩罚，尤其在中国得到频繁使用。它由一个在肩膀上水平放置的木制颈圈组成，违法者应当在或长或短的一定时间内无法喘息地佩戴着。

第三节　剔刑

我所理解的剔刑（致残性惩罚），也就是对人体外在的某个具有一定独立活动能力的，或者具有某些特定功能的部分进行摘除，并不必然伴随着丧命。如摘除人的眼睛、舌头、手等。

将割去鼻子和耳朵称为剔刑并不恰当，因为这些器官的功能运行并不取决于其外部，其外部能保护和协助特定功能的运行，但并不发挥这些功能。因此，造成器官彻底的毁损和仅仅破坏器官外在部分的毁损是有区别的。后者只是造成一种损形，可以通过技术手段来使之得到部分修复。

每个人都知道，以前的大多数刑罚系统是多么频繁地实施剔刑。在英格兰几乎没有一种惩罚是不曾被实施过的，即使是在现代化程度足够高的时代也是如此。根据英格兰的普通法，死刑可以减轻为致残之刑。根据亨利八世（Henry Ⅷ）通过的一项法令，在国王居住的宫殿中故意流血的罪行实施者将被处以斩去右手的
93 惩罚。根据伊丽莎白（Elizabeth）通过的一项法令，将绵羊出口的罪犯将被处以截去左手的惩罚。然而，从那时起，所有这些惩罚都被废除了，因此剔刑现在可以被认为已经从大不列颠刑法典中剔除了。

分析 对复合酷刑的审查

简单酷刑的影响是有迹可循的，因为它们的结果在性质上都是相似的，并且会立即产生。所有其他惩罚措施的效果却很难轻易确定，因为它们的后果多种多样，往往具有很大的不确定性，而且常是后果遥远的。简单酷刑必须始终由受到惩罚的一方承担；而所有其他惩罚都缺乏确定性，其后果越遥远，就越不容易被那些缺乏远见和充满排斥感的人所注意到。

围绕一个简单酷刑，可绘制一个圆圈，这个圆圈将围绕惩罚制造的所有损害结果。围绕所有其他惩罚，损害结果在圈子中延伸开来，其程度无法确定，也无法标记出来。它是抽象的，不确定和普遍性的损害，不可能被精确描绘。当惩罚的影响因此不确定时，选择它的理由就较少，因为如此一来，一个惩罚的影响可能与另一惩罚的影响相同。相同的后果往往是由不同的惩罚带来的。因此，必须通过可能性大小来指导对惩罚的选择，并受制于
94 某些惩罚比任何其他惩罚更可能产生某些刑事结果的假设。

除了由此产生的身体上的痛苦之外，影响人的外表的惩罚往

往产生两个不利的影响：一个是身体上的——一个人可能成为令人反感的对象；另一个是道德上的——他可能成为令人蔑视的对象。它们（这些惩罚产生的不利影响）可能会导致受惩罚者失去美观的外貌和良好的声誉。

有一种惩罚的道德影响大于肉体影响，它只是一种标记，其只会产生颜色的变化并在皮肤上留下具有特定性质的印记。但这种标记是某人犯下某种令人不齿的罪行的证明，而蔑视的效果是削弱善意，而正是这种善意原则产生了人们相互提供的所有免费和无偿的服务。但是在我们目前这种持续相互依赖的状态下，它削弱了其他人对我们的善意的同时，本身也带来无限的痛苦。[①]

如果这种印记是由于犯罪而造成的，那么必须赋予它一个特 95
征，这个特征应该清楚地表明产生这种印记的意图，而且不能与伤痕或意外痕迹相混淆。刑罚标记应该以某个确定符号的形式出现——其中最合适，也是最常见的，是罪名的首字母。在罗马社会，诽谤者的前额上会被标记上字母 K。在英格兰，受到挑衅而犯下杀人罪的犯罪者的手上会被标记字母 M（过失杀人罪），小偷的手上则标有字母 T。在法国，苦役犯的标记是由 GAL 三个字母组成的。

① 斯特曼报告了一个事实，证明了上述关于这些惩罚的无限后果的说法。说起一个名叫德斯特拉兹的法国人，他将靛蓝文化引入苏里南，多年来，他在这个殖民地享有广泛的声誉。他说，在德梅拉的一个朋友家里，他患了肩部脓肿。他不愿忍受检查；病情变得更加危险，但他的抵抗力仍然没有改变；最后，他不希望治愈，用一个枪弹结束了自己的生命，当秘密被揭露时，发现他的肩膀上有一个字母 V。参见斯特曼少校（Major Stedman）：《关于远征苏里南改名黑人的叙述》（*Narrative of an Expedition against the Renolted Negroes of Surinam*），第二十七章。

在波兰，人们习惯于给惩罚加上一个象征性的表征：罪行名称的首字母附在绞刑架上。在印度，印度教徒运用了大量滑稽象征的字符。

可能是用同一种方式实施的更为宽容的方法，就是给罪犯穿上特定的衣服作为囚服，但寥寥无几。在德国的哈瑙市，被判去公共工程上劳动赎罪的人以一件只有黑袖子的白上衣以示区分。这是一种权宜之计，其目的是防止罪犯们逃跑。而作为一种耻辱的标志，这也是对惩罚的补充。

出于经济考虑，使身体变形的惩罚不被任何反对意见所影响；剥夺犯罪能力和致残则应当受到反对，如果此二者中任何一种惩罚的效果是阻碍一个人靠自己的劳动谋生，而他又没有足够的收入，要么任其自生自灭，要么他只能靠他人劳动获得的财富勉强度日。如果任其自生自灭，惩罚将不仅仅剥夺其犯罪能力或致残，
96 而是死亡。如果他靠别人的劳动成果来维持生活，那么这种劳动就必须是免费的，即他靠亲戚朋友的救济来维持生活，或者用公共费用来支付其生活费，无论哪种情况都是对公众的一种负担。这种考虑本身可以被视为对此类惩罚方式适用所提出的决定性反对意见，因为此类惩罚方式适用于很常见的罪行，例如盗窃或走私。但是，这种反对意见完全适用于此类惩罚方式，因为这些惩罚方式的效果只是剥夺了个人的谋生手段。

在可免除性方面，它们也有明显的缺陷。这一考量为谨慎使用它们提供了一个额外理由。

在可变性方面，这些惩罚在某种程度上几乎没有缺陷。对于一个既不会读也不会写的人来说，失去眼睛或者手，并不意味着

和一个画家或者作家遭受同样程度的惩罚。然而，无论在哪一种情况下，由于施加有关惩罚所产生的大量恶而造成的痛苦程度有所不同，所有受到惩罚的人都会发现自己或多或少地受到这种不平等的影响，因此，不可能对每种特定情况下产生的惩罚总量作出任何估计：这取决于犯罪者的敏感性和其他无法预见的情况。对于一个懒惰的人来说，失去一只手可能不会被视为一种非常严厉的惩罚，比如，人们为了避免在军队服役而故意使自己伤残的情况并不少见。

就可变性而言，现在已有几类惩罚摆在我们面前，如果综合 97
考虑都不会遭到太多的否定。它们相互之间在程度上有一个从少到多的渐变，贯穿于整个惩罚过程。失去一个手指的痛苦比失去两个手指或整只手的痛苦要少。失去一只手的痛苦比失去一只手臂的痛苦要少。但当这些惩罚被单独考虑时，其相互之间的逐渐变化就消失了。法律规定的特定致残部分既不能增加也不能减少，这样才可以适应犯罪或罪犯的不同情况。这种反对意见再次出现在平等性主题之下。名义上相同的惩罚并不总是相同的实际惩罚。

就儆戒性而言，这种惩罚比简单酷刑更具有这种特性，后一种惩罚并不会自然地伴随任何的长期后果（除了其带来的恶名），它预计会产生的全部痛苦汇聚一堂并立即呈现在旁观者眼前；而另一种惩罚恰恰相反，其后果是持久的，是在所有人的头脑中预估并长期警醒的，在他们眼里，任何受到这种惩罚的人可能会自省，会被唤起对法律本身的认识以及接受法律的规制。然而，为此目的，正如前面所指出的那样，刑罚标记应当是一眼看上去就与任何可能是由于事故造成的标志相区别的标记，即可以保护不幸（所造成的标记）不被归咎于罪行（所造成的标记）。

98 在这类惩罚方式中，所需的下一个特性是惩罚有益于改造。在这方面，如果所讨论的惩罚是暂时的，其本身没有任何区别于其他惩罚方式的地方。它们对改造的有益程度与它们的见识程度一样。正是因伴之而来的恶名，使其在这方面产生了易于区分其不利之处的效果。

当恶名达到一定程度时，往往会产生下述这种特定的不良影响：它往往非常强烈地迫使一个人坚持由自己的恶行所产生的堕落生活。当一个人犯下会被已知的道德约束极其严厉对待的任何罪行时，人们往往认为道德制裁对他没有约束力。人们认为，他的人性已经荡然无存。人们放弃了对他的信任和善意。他发现自己处于这样的境地：他对人类没有任何希望，也没有什么害怕的理由，他已经经历了最糟糕的事情。因此，如果他依靠劳动维持生计，而他的生意需要信任，失去了必要的信任，他就失去了维持生计的必要手段，那么他唯一剩下能度日的方法就是撒谎或掠夺。

从这些研究结果可以看出，对最恶劣的罪行，应当保留劓刑作为惩罚，并作为永久监禁的附随。这一规则的例外可能出现在强奸案件中，根据相似性原则，对此类犯罪，强烈建议采取这种惩罚。

第三章　限制性刑罚——领土限制 99

限制性惩罚是指那些限制个人能力的惩罚，通过使他不再具有令人讨喜的印象或阻止他做想做的事情。这些惩罚剥夺了他在某些享乐和行为方面的自由。

根据实施限制性惩罚的方法，限制性刑罚可以分为两种类型。有些是通过道德约束来起作用，有些则是通过身体约束来起作用。道德上的约束发生在下述情况中：道德约束之所以能阻止人不去实施某些他本想实施的行为，只是出于对严厉惩罚的恐惧；为了有效，作为威胁的惩罚所带来的痛苦程度必须大于他克制自己所带来的简单痛苦的程度。

身体约束的惩罚一般适用于各种行为，但特别适用于自由活动的能力。限制一切个人活动的能力，亦即在一定限度内把他拘束起来，可以称之为领土限制（territorial confinement）。

在这种刑罚中，对于犯罪分子而言，世界被分成两个不同的区域，一个对他开放，另一个不对他开放。

如果他被关押在一个狭窄的空间，四周围着墙，门都上了锁，100
那就是监禁。

如果他被下令限制的地区属于国家的管辖范围，这种惩罚可以被称为贬谪。如果超出了国家的管辖范围，这种惩罚称为流放。

“贬谪”一词似乎意味着，犯罪者被驱逐出他通常居住的地区。这种惩罚可能也包括将他监禁在他通常居住的地区，甚至是将他监禁在他自己家中。因此又可以被称为准监禁。

如果指的是禁止他进入特定地区，这算一种排斥，目前还没有一个正式名称，但可以称为地方封锁。

总之，领土限制是个类属，其中包括五个种类——监禁、准监禁、贬谪、地方封锁和流放。

第四章　监禁 101

监禁所造成的苦难比任何其他可以通过惩罚的方式造成的苦难都要多得多。任何其他的苦难（只有死亡除外）都可能出于两个目的——惩罚和强迫。监禁除了这两个目的之外，还可以用于其他目的。比如，安全监护——当如此使用时，它不能被恰当地称为惩罚。它只是为了确保涉嫌犯罪的个人的坦白，如果他被判定为有罪，他可能要出庭接受为该罪行所设定的惩罚。当监禁被这样使用时，不应该过于苛刻，即不应该超过为确保坦白所必要的限度。否则，就制造了太多不必要的痛苦。

如果打算将监禁作为一种惩罚，可以根据罪行的性质和犯罪者的状况加重或减轻处罚的严厉性。它可能伴随着强迫劳动，其可以对所有人实施；但不应该在不考虑个人的年龄、等级、性别和身体力量的情况下强迫劳动。除了苦役之外，我们还有其他惩罚措施，如——限制饮食、孤独和黑暗，有机会我们会在以后的章节中谈到。

如果是以强迫为目的而加以监禁，出于种种原因，刑罚越严厉越好。

如果监禁持续时间较长，但程度轻微，那么风险就是犯人可 102
能会逐渐适应这种情况，直到最后监禁以某种方式停止对他起作用。这种情况对无力偿债的债务人来说很常见。在我们的许多监狱中，那些有钱购买的人就能得到许多舒适的东西，以至于许多囚犯最终能够很好地适应自己的处境。在这种情况下，监禁在任何角度看来都毫无益处。

我的意思是，监禁在强度上越高，它整体的消耗量就越少。也就是说，强度和持续时间加在一起来看，简而言之，其对承受者就越有利：它将以更慢的速度产生影响。同样数量的痛苦感觉在较温和的监禁下，通过大量的感知能力扩散，或冷漠或愉快；而在较严厉的监禁下，这些感觉会聚集在一起，将以更集中的力量发挥作用并产生更强烈的效果：同样数量的痛苦因此会比任何其他方式持续得更久。此外，这样一来，同样数量的苦难就不会对他未来的生活产生如此有害的影响。在单调乏味的监禁过程中，一个人的智力衰退了，他勤勉的习惯减弱了，他的事业步入其他阶段，许多偶然却可能提供改变命运的方式的机会，他本能够自由地抓住它们，现在却不可挽回地消失了。这些弊端虽然最终可能会被感觉到，但是它们（离现在）太遥远了，因而无法事先对其所想产生的效果做出任何增进，因此可以通过将惩罚的力度放
103 在强度上而不是持续时间上，从而避免这些弊端。

根据人类本性的基本构成，在以下情形，任何人都不会做任何事情来改变他的处境：如果他被禁止行使本能活动的能力，他会在很短的时间内成为各种罪恶的牺牲品，成为产生各种器质性痛苦的行动或各种原因的牺牲品，这些痛苦迟早会发生并使得他以死亡告终。如果在监禁中加上持续时间和忽视，则必然成为死刑。由于随之而来的是各种各样的弊端，个人无法防范，所以其

他人必须采取预防措施来保护他，因此，为了形成一个公正的监禁概念，就必须考虑它（预防措施），不仅仅是其本身，而且要一起考虑不同的模式和后果。随后我们将看到，在同一个名称下可能会施加不同的惩罚。如果一个名字看起来只让人想到在某一特定地点被监禁的单一情况，那么监禁可能包括一切可能的弊端。那些必然随之而来的罪恶从一种程度的严厉到另一种程度的严厉，从一种程度的暴行到另一种程度的暴行，直到最终以最残酷的死亡结束。而这并不是立法者的本意，而是完全由绝对的疏忽所引起的——这种疏忽既容易解释又难以缓和。

我们将把这种情况所造成的刑罚情形分为三类。1. 由于囚犯的状况而产生的必要的不便，构成了监禁的本质。2. 附带的不便，这并不一定发生，但经常伴随着监禁而来。3. 滥用职权带来的不便。 104

I. 消极的弊端，与监禁密不可分

1. 剥夺视觉上的乐趣，这是由城市和乡村事物的差异性导致的。

2. 剥夺需要在较大空间进行娱乐活动的自由，例如骑马或坐马车、打猎、射击等。

3. 剥夺参与可能对身体健康有必要的短途旅行的自由。

4. 剥夺参与公共娱乐的自由。

5. 剥夺享受愉快的社交生活的自由，如亲戚、朋友或熟人等，尽管他们应该被允许去找他。

6. 在某些情况下，剥夺为谋生而从事商业活动的自由，并在任何情况下都减少这种自由。

7. 剥夺行使荣誉或受托公职的自由。

8. 剥夺为自己或子女发展财富、获得赞助人帮助、建立友谊、获得工作岗位或联姻的偶然机会。

虽然这些弊端首先可能纯粹是消极的，也就是说是在剥夺快乐，但显然它们带来了一系列“积极的”的恶，例如损害健康和使个人生存环境变得贫瘠。

105 Ⅱ. 附带的弊端，通常伴随于被监禁者的状况

1. 被迫接受令人不快的饮食限制。缺乏足够的食物来补充营养，这是一个明显的损害，将在另一标题下讨论。

2. 缺乏可供休息的舒适住所：硬质床上用品或者稻草，或者只有光秃秃的地面。人们认为，仅仅是这种艰难困苦就已经产生了效果，在某些情况下导致了疾病，甚至死亡。

3. 缺少光线。白天没有太阳的自然光线，夜间不提供也不允许采用任何人工照明方式。

4. 完全被社会排斥。当一个囚犯不被允许见他的朋友，他的父母，他的妻子，或者他的孩子时，这种弊端就达到了顶峰。

5. 被迫履行与他的同狱犯杂乱地混在一起的义务。①

---

① 这种不便在高级种姓的印度教徒身上可能会带来极其严重的影响；即使是非自愿的，与低等阶层的人或有污点的人交往，也会导致种姓丧失，这在印度教徒中产生的苦难与最初基督教会开除教籍的意图相同——极度的耻辱和完全被社会排斥，但被排斥的是被标记有相同污点的人。有人说，我希望这不是真的，由于某些不幸的疏忽，当孟加拉地位最高的人拉贾·努科马尔（Rajah Nuncomar），因为伪造罪被拘留，后来根据大不列颠的法律受审并被处决时，没有适当地保护他免受这种精神污染。如果这是真的，（那么）在他被证明有罪之前，他遭受的惩罚可能比他后来被判处的还要严重。

6. 缺少用于通信写字的工具。因为犯人所写的一切东西都可
以被合理地提交检查，所以这是一种无用的严厉。如果这种剥夺 106
是正当的，那就只能是在叛国和其他团伙犯罪的案件中。

7. 通过禁止一切必要的消遣而使其被迫无所事事：如画家的画笔、钟表匠的工具、书籍等。这种做法有时实施程度过于严厉，以至于剥夺了囚犯的一切娱乐。

这些不同的弊端，除了简单监禁无法避免的弊端之外，还有许多积极的弊端在刑罚和感化监禁中可能行之有效。我们之后会谈及应该以何种方式使用它们。但是关于第五种弊端，强迫履行与他的同狱犯杂乱地混在一起的义务，它总归是一种弊端，一种不改变监狱制度和建设就无法避免的弊端。

我们着手考虑纯粹滥用权力的弊端：那些只是由于地方法官的疏忽才存在的弊端，但这些弊端必然存在，因为没有采取预防措施来防止它们。在此将给出两份一览表，一个是弊端，另一个是它们的改进办法。

弊端	改进办法	
1. 饥渴带来的痛苦：全身虚弱、死亡	1. 充足的营养	
2. 不同强度的寒冷感：人体循环停止、四肢僵死、死亡	2. 充足的应季衣物、给他们生火	
3. 炎热感：典型性衰弱、死亡	3. 在炎热天气下提供躲避阳光的遮蔽物、新鲜的空气	107
4. 湿热感：发烧和其他身体机能失调、死亡	4. 把每一处地板都用木板、砖块或者石头覆盖起来，新鲜的空气，输送热空气的管道	

（续表）

弊端	改进办法
5. 难闻的气味，腐烂物的堆积：典型性衰弱、由于坏疽而要截肢、恶性伤寒、传染性疾病、死亡	5. 新鲜的空气、更换的衣物、提供水和其他用于清洗的物品、烟熏消毒法、粉刷墙面、药物和医疗帮助
6. 由于害虫叮咬引起的疼痛或者不安：皮肤病、失眠、虚弱、发炎、发烧、死亡	6. 消灭害虫的化学物品、清洁、携带适当工具的工作人员消灭和转移害虫
7. 各种疾病	7. 药品和医学建议
8. 由于粗鲁的行为引起的疼痛感	8. 在休息时间将囚犯分开，至少将男女分开
9. 喧闹的噪声、有伤风化的行为、不雅的谈话	9. 看守者将被指示惩罚那些实施这种行为的人。通过在监狱里公示来向囚犯宣布惩罚
10. 宗教约束造成的罪恶、不遵守宗教约束所规定的仪式	10. 在新教国家，一位牧师去主持礼拜会。在罗马天主教国家，一位神父去主持弥撒并使犯罪者忏悔等①

① 在庞巴尔侯爵（Marquis of Pombal）执政期间，许多被关押在葡萄牙的国家囚犯面临的一个特别痛苦的情况是，他们在多年的时间里被剥夺了忏悔的权利。当这种情况被揭露时，它引起了相当大的公众愤慨。

第五章　监禁费 108

另一种让人在监禁时受苦的方式是以监禁费之名让罪犯交钱。在第一次检查时，若从判决书或监禁令中被推断出来，这种苦难只能归为滥用权力。自然而然，它与监禁的关系和绞刑一样密切。

这种滥用权力与我们古代法学最初的野蛮雏形是同时代的产物。当地方执法官对正义目的的了解甚至不比犯罪者多的时候，他所宣判的罪恶只不过是对他所压制的罪恶的补偿。在那些普遍堕落的时代，地方执法官从对那些有罪或被认为有罪的人中所掠夺的利益几乎与那些被认为是无罪的人所贡献的收益一样多。任何托词都不能掩盖正义面具下的掠夺行为。

这种滥用权力所能表现的所有色彩似乎都来自一种狡辩和不人道的讽刺。“既然你找到了住处，”狱卒对犯人说，“那你就应该像其他房客一样付钱，这再合理不过了。”如果房客是自愿来的，那肯定是恰当的。在这种情况下，唯一缺少的是让其成为公正的要求，而不是残酷的侮辱。 109

不过，我们可以说，狱卒和其他国家公仆一样，必须为他的辛劳感到满足，这点千真万确。又有谁会比造成这种辛劳的人（来补偿）更合适呢？我回答任何人；如果违背最明显的正义原则，那么这个人必须承担一个制度的全部责任，而该制度如果对任一人有利，也将会对所有人有利。我说任何人，是因为没有任何一人从对罪犯的惩罚中获得的明显利益（我这里指的是司法、指定的刑罚，即监禁；而且我指的是减去不便后的明显利益）不超过罪犯。如果不考虑罪犯的特殊情况，这将是有效的。但是当这些因素被纳入考虑范畴内时，它们为上述结论增添了相当大的力量。在二十个罪犯中有十九个人的犯罪原因和动机是完全没有任何方法来偿还他们的合法债务。那么，（二十个人中）可能有一个人恰好能够支付得起（监禁费），但可以肯定的是，在二十个案件中有十九个罪犯没有钱。

习惯的力量是如此强大，以至于在很长一段时间里一等法官和地方执法官中的任何一个人都不会被质疑其智慧或人性，从而感到不适或被记录在案，这进一步纵容了滥用职权的行为。如果这些地方执法官中的任何一人胆敢拒绝发放这项“津贴”，那么
110 狱卒会暂时得不到报酬，并且从此之后，这一负担（狱卒的报酬）就会由那个一开始[1]本应承担的公众来接手了。

到目前为止，从惩罚的角度来看，这种苦难是不合理的，即使并非在所有监狱中，也是在大部分的监狱中，对所有进入监狱的人，其无论是无辜还是有罪都会被无差别地施加。无论如何，它都有可能被实施，即使在不知道他们是否无辜的情况下：因为惩罚是在他们第一次进入时便施加在他们身上的，而这样做只是为了安全拘留。这还不是全部，而且这在人们被证明是无辜的之

① 根据旧法，当一个百户区被判要支付一笔款项时，郡长会抓住他遇到的第一个百户长，并让他支付全部费用。即使这种做法，也比正在讨论的方法更好地减轻了公共负担。

后又会强加于他们身上。甚至这也不是全部。为了增加压迫的手段，因为他们已被证明是无辜的，惩罚又被施加在他们身上。似乎是为了给他们所遭受的不应有的痛苦找一个说辞，囚犯在被宣判无罪释放后，会被处以重罚以作为无罪释放最起码的理由。在一些监狱中，以无罪释放为由对一个被判谋杀罪无罪的人收取的一笔钱相当于一个普通工人维持自己一个季度生活的费用：在那个包括全体绝大多数人的阶级中，十个人中也没有一个人能够在他的一生中拥有这样多的钱财。

111

第六章　对监禁的审查

我们现在继续研究监禁在何种程度上具有许多惩罚所需要的几个特性。

1. 监禁对剥夺犯罪能力具有极大程度的效力。最危险的罪犯，只要继续被关押，就会被剥夺在外作恶的权力；他的残暴倾向可能会持续处于最高点，但他将没有机会实施它们。

2. 就节俭性而言，监狱通常是例外，鉴于其产生的不便无法转换为任何利润。其通常随附的开销是维持被监禁人员的生活所造成的。在这些费用的计算中，不应忘记因停止犯人（入狱之前）获利的工作而造成的损失，这种损失通常会持续到其监禁期之后，因为监禁导致了懒惰的习惯。[①]

3. 就平等性方面而言，监禁是令人反感的。如果我们回顾监禁所带来的一系列匮乏，就会发现这种匮乏是极端不平等的，当一个囚犯生病而另一个囚犯健康时；当一个囚犯是一个家庭的父
112 亲，而另一个没有亲属关系时；当一个囚犯富有并习惯于社会的所有享受，而另一个贫穷且他通常的状况是痛苦的时。

---

① 这种对监禁的反对意见在圆形监狱监禁计划中被精心消除了，其详细情况在第五卷第三章中有描述。

一方可能被剥夺生活资料；另一方可能在这方面几乎不会受到影响。可能有人会说，这种损失不只是暂时的吗？是否可以将其视为构成惩罚一部分的丧失呢？如果某人属于某项职业中的人，则不能中断其工作，否则将面临彻底失业的巨大风险。结果对他来说可能是家破人亡。这是其中一种情况，在此情况下，法官可以适当地将这种惩罚改为另一种惩罚。通常可以用金钱上的惩罚来代替。然而，更多的罪犯没有条件提供这种等价物。因此，有必要诉诸简单酷刑。然而，如果犯罪者同意交换，这些惩罚的罪恶程度不会成为反对的理由。这种同意可能是一个必要条件。

在监禁可能带来的诸多不便中，有一个是特别不公平的。从一个职业作家那里拿走纸和墨水，你就拿走了他的娱乐和营生手段。你也会或多或少地惩罚着其他人，因为他们的业务或娱乐也或多或少需要书信沟通。这种剥夺对受其影响的人来说是非常沉重的，而同时对更多的人而言，这种剥夺却如此微不足道，甚至
不应承认这是一种惩罚。为什么一个接受过文字教育的人比其他人 113
受到更多的惩罚？这种情况更应该成为稍加宽容的理由。教育增强了他的敏感度，受过教育和有教养的人在监禁中比没文化的人和愚者受的苦难更多。

另一方面，尽管监禁的刑罚是不平等的，但应该注意的是，它会对每个人自然产生影响。没有人对自由的剥夺——对他所有习惯的中断，尤其是对他所有社会习惯的中断不敏感。

4. 监禁的期限明显可分。它也很容易受到不同严重程度的影响。

5. 在现行制度下，监禁的儆戒性降到最低限度。在圆形监狱

中，为公众提供的设施增加了其这一效用。

但是，即使看不到囚犯，也可以看到监狱。这种忏悔居所的出现可能会触动人们的想象力并唤醒有益（但往往令人不快）的恐惧。因此，为此目的所使用的建筑物应该具有隐蔽和限制的特征，应该消除所有逃跑的可能性，并应该宣称："这是犯罪者的居所。"

6. 描述的简单性——这个标题下没有什么可解释的。这种惩罚是所有年龄和任何岗位的人都能理解的。禁闭是一种恶，每个人都可以对其形成一个观点，并且可能或多或少地经历过。监禁的名字就能让人立刻想起与之相关的痛苦。

114 让我们在这里停下来看看三种辅助惩罚，在特殊情况下，并且只在有限的时间内，它们可能有效地与痛苦的监禁相结合。这些辅助因素是孤独、黑暗和难以下咽的饮食。它们的显著优点在于它们对改造这一目的的有益性。

这样被命名的三苦有使罪犯悔罪的特殊倾向，这似乎是人类的普遍看法。这个事实似乎得到了相当多的承认。但是原因并不完全显而易见，在那些表现出自己对这一事实深信不疑的人的头脑中似乎也没有得到非常明确的阐述。一个不完美的理论自然而然可能会使人们否认它。"它是什么"，可以说，"那是在犯罪者身上产生对其罪行的厌恶，这种厌恶就是忏悔吗？与之相关联的是罪犯所经历的痛苦。那种痛苦越大，他的厌恶就越多；但是，痛苦是什么样的，或者它来自哪里都不重要。孤独、黑暗和难以下咽的饮食，因此产生的一定程度的痛苦，会让罪犯产生一定程度的厌恶，不过如此。但是鞭打，或任何其他产生更多痛苦的惩罚方式会另其产生更强烈的厌恶。现在，鞭打的痛苦可能会被提升到与这些艰辛所产生的痛苦一样多的程度。那么有什么能够让这些人比受鞭打更容易心生悔意呢？”

答案是，对犯罪的厌恶不仅取决于与之相关的痛苦程度，同 115
样取决于承受者脑海中这两者之间的联系强度。既然孤独、黑暗和难吃的饮食比任何其他类型的苦难都更有助于加强这种联系，那么我认为这可能是令人满意的。

严厉的惩罚，例如在实施鞭笞的时候，没有留出反思的时间。当下的感觉，连同它所伴随的环境就这样吸引了所有的注意力。如果有任何混合在一起的精神情感与身体感觉，那将是对行刑者、法官、检察官或任何在痛苦的产生中所占份额对受刑者来说比其他人多的人的怨恨。痛苦很快就结束了，而一旦结束，受刑者的思绪就会被那些热切地想抹去他所忍受的痛苦回忆的东西所占据。而他周围的所有事物都有助于排斥改造他所依赖的那些有益的反思。的确，一旦痛苦结束，一种新的情绪就会出现，这是一种当承受者想到他的痛苦已经结束时就会感受到的喜悦的情绪。

我们现在考虑的是刑罚相结合所产生的逐渐的和持久的痛苦景象更有利于建立预期效果。通过独处，一个人会从社会激发的友谊或敌意情绪中分离开来，从他们的谈话更容易看到的对象的想法中抽离出来：从他们的活动可能使他遭受不愉快状况的恐惧或他们邀请他共享乐趣而产生的忧虑中抽离出来。通过监禁，他 116
从所有的外部印象中抽离出来，除了那些构成监狱房间的边界或构成家具的少数毫无吸引力的东西，也可以从根据联想原则推测出的任何其他印象所暗示的想法中抽离出来。

因为黑暗，通过消除所有那些即使是被讨论也被预测会在视觉上产生印象的少数对象，他所接受的印象的数量进一步减少了。通过这种方式，受罚者的思想可以说削弱到了一种阴郁的空虚；使他除了自己的内部支撑外一无所有，并且对自己的弱点产生了最生动的感受。

在这种空虚中，施以难吃的饮食的惩罚，并植入缓慢但不断侵蚀的饥饿之苦。同时伴随着它的第一阶段的虚弱，（因为伴随着最后阶段的痉挛是需要时刻防范的）消除了受刑者本来可能存留的任何倾向，即尝试他还未被剥夺的为数不多的活动方式，以使他获得他仍有可能接受的为数不多的影响。同时，这种痛苦和虚弱无论多么令人讨厌，都不会强烈到完全占据他的思想，并完全阻止他走神以寻找其他想法。相反，他将被迫注意在这种百无聊赖的生存环境中出现在他眼前的任何想法。

最自然的事是追溯过去发生在他生活里的事件。他收到不好
117 的通知，他第一次背离了正直，这导致了他的犯罪，也导致了他现在正在接受的惩罚。这一次犯罪，他所有的快乐都被剥夺、收割了，但剩下的就是他所忍受的忧郁痛苦。他将回忆起那些从前属于他的天真和安全的生活，与他现在的悲惨相比，这些日子将在他的想象中以一种更迷人但却是虚幻的光彩呈现。他的忏悔自然会指向他曾经犯过的错误：如果他有妻子、孩子或近亲，他曾经对他们的感情可能会因回忆起他所导致的痛苦而重新恢复。

这种情况的另一个好处是，它特别适合让一个人专心并谦卑地倾听宗教的告诫和劝诫。在这种对所有外在享乐匮乏的状态中，宗教教义被认为更能强烈控制他的思想。他被自己所处的悲惨状

态所压迫；他对那些导致他犯罪的意外或不确定事件的反思越多，就越坚定地相信上帝的存在，而上帝监视着他的行为，并击败了他最精心筹划的圈套。惩罚他的上帝也可能拯救他。从那以后，永恒的极乐或折磨的预示将更加焦急地吸引他的注意力——如果悔过，他将在另一种生活状态下获得幸福的承诺，在永夜区域为有罪之人准备的痛苦的谴责将定住他的目光，而他的目前情况似乎是（这种痛苦的）前奏和预兆。在这样的心态下，能够对宗教 118
的劝告和安慰置若罔闻，这个人必定与普通人迥然不同。在这样的情况下，黑暗也有一种特殊的倾向，其使人们倾向于设想并以某种方式去感觉看不见的东西的存在。不管是什么原因，这个事实是众所周知且无可争议的。当外在的感官受到约束时，想象力就更加活跃，并产生了无数不切实际的东西。在孤独的状态下，幼稚的迷信、鬼魂和幽灵，会再次浮现在脑海中。这本身就构成了不能延长这种惩罚的充分理由，而这种惩罚可能会推翻思想的力量，并产生无法治愈的忧郁。然而，（对这种惩罚的）第一印象总是有益的。

如果在这时，一位有资格利用这些印象的宗教牧师被介绍给因这些印象而羞愧和自我贬低的罪犯，他（宗教牧师）的努力近乎确定地会成功，因为在这种被抛弃的状态下，他（宗教牧师）会被认为是不幸者的朋友以及他特殊的恩人。

这种由孤独、黑暗和难以下咽的饮食组成的惩罚过程，正如已经观察到的一般，当其具体化时，就是一种除了短期外无法使用的过于强烈的惩罚：如果很大程度地延长时间，它几乎必然会导致疯狂、绝望，或者更常见的恼人的冷漠。然而，这并不是为

每种罪行确定适当惩罚期限的恰当场合：它应该根据罪行的性质、罪犯表现出的顽固程度以及他悔改的征兆而有所不同。上述已提
119 及的内容足以表明，所讨论的大量惩罚可以同时发挥最大的优势：它们相辅相成。为了最快地产生预期的效果，甚至可以使给予的食物变得既难吃又少，但是如果更进一步可能就会有危险。对一个年轻健壮的人而言，不断重复的满足感可能会使他对失去所有其他的快乐毫无感觉。

如果任何惩罚本身就可以变得受欢迎，我认为，这种惩罚肯定也会如此。它与家庭纪律有着比其他惩戒更为相似的地方。它必须引导犯罪者承认他罪行的邪恶和判决的正义，这种倾向与一个过于宽容的父亲在将惩罚施加于他的孩子身上时希望他的惩罚具有的倾向相同。没有比这更值得法律来承担的方面了。

单独监禁所产生的影响绝非臆测。它们是根据经验查明了的，并由最好的权威机构报告。

谈到纽盖特监狱的牢房，霍华德先生（Mr. Howard）说，“那些在场的人告诉我，那些在审判中装出一副大胆无畏样子的罪犯，表现得好像对宣告的判决毫不在意，但是当他们被带到这些阴暗、孤独的居所时，他们惊恐万分，痛哭流涕。”

汉威先生（Mr. Hanway）说：“我记得有一个例子，在根据证据对罪犯进行判决的几年前，有个臭名昭著的罪犯不肯认罪。是
120 否应该将他带到媒体面前是一个问题，但狱卒私下建议地方执法官尝试单独监禁。这产生了效果，因为在不到二十四小时的时间里，这个大胆、狡猾的重罪犯选择在法庭上认罪，安静地服从法律，而不是留在孤独而穷途末路的状态中。”

这位先生提到，在克勒肯维尔监狱中，根据治安法官之命，有用作单独监禁的牢房。他说，其中一位地方法官向他保证，“每一个被关在这些单人房间里的人，都在几天之内得到了惊人的改造。”这些房间虽然是单人的，但并不黑暗，也没有人谈论关于饮食的情况。

与单独监禁直接相反的是囚犯的混杂交往。这种情况所产生的痛苦并不是地方法官的直接故意造成的。这是一种公认的恶，但在相当大的程度上仍然存在。显然，政府对此是默许的，而并非没有能力避免这种情况发生。对排除它最大的也是唯一的反对理由是为了实现这一目的而付出的必要安排的花销。而这种做法被推荐是因为其节约的优点。将囚犯关在一间房间里，比为每个人提供单独的房间，甚至将他们分成不同的类别更便宜。[①]

这种囚犯的混杂交往被认为是惩罚的一部分，但是对最大胆 121
和最反常的人没有任何惩罚作用。相反，就他们而言，它减轻了监禁的痛苦——围绕着他们的骚动使他们摆脱处境的痛苦和良心的责备。也因此，对于文雅而感性的囚徒来说，这是一种最严重的恶。它是对监禁惩罚的一种补充，而这显然是不公平的、不具儆戒性的、无益的，它产生各种未知的痛苦，而只有经历过的人才能充分了解其程度。

但是，对被视为一种惩罚的囚犯混杂交往的最大也是决定性的反对意见是，它直接阻挠了对囚犯的改造。其明显趋势是使犯罪者变得更糟，而不是使他变得更好。在不可磨灭的耻辱下产生

① 必须承认，在中心监控计划发明之前，这种困难是非常大的。

的只是棘手的不良影响，而在这种苦难的情况下，可以肯定的是：它消除了受害者心中的羞耻感，换句话说，它产生了对道德约束的威力的麻木。

囚犯混杂交往产生的不良影响，即使是最粗枝大叶的旁观者都会觉得明显。据说，被关在一起的罪犯会被彼此的交往所腐化：这有千百种丰富表达的方式，而且通常都带有丰富的隐喻。"腐败"（corruption）这个词以及构成道德词汇的大部分术语，其本身并不是为了表达任何精确的含义，而是用来表达使用它们的人碰
122 巧对所讨论的做法表示不赞成，而非产生恶意的倾向，这是，或至少应该是腐败的基础。为了对这种腐败本身表现出来的现象形成一个准确的概念，让我们研究一下这种混杂交往行为所产生的有害习惯，以及它在社会中产生损害的方式。

所讨论的混杂交往的不良后果可能包括以下几项：

1. 在有关各方的心目中，它强化了促使实施各种犯罪的动机。

2. 它削弱了倾向于约束他们的考虑因素的力量。

3. 它提高了他们将令人讨厌的习性付诸实践的能力。

犯罪就是这里所讨论的一类行为。如今，犯罪的名称是语词，已经或至少可以找到精确的概念：它们是具有确切描述的罪恶。促使一个人犯罪的动机的名称也是痛苦和快乐的名称。因此，在研究与犯罪者交往的后果时，在上述内容的指引下，我们的视野清晰而明了，不受隐喻和煽情所阻碍。

1. 关于促使人们犯罪的动机。这些是对快乐的期望，它们是犯罪的成果。迄今为止，将人送进监狱的罪行中，大部分都是贪婪的产物。从这种观点来看，出于任何其他动机的犯罪很少，几

乎不需要任何单独的留意。大部分罪犯将属于穷困潦倒的类型。123
在他们当中，少量掠夺的所得是用于购买快乐，这远超过他们普通劳动生产所能购买的东西。比如更多的食物，更柔和的酒，更多更美味的食物，更好的衣服，花销更多的休闲活动。这些事情自然而然地成为囚犯之间的话题，对于那些靠自己的技能或幸运获得享受这些东西的方法的人来说，这是一个乐此不疲的吹嘘话题。这些赘述会提供一种优越感，拥有这种优越感的人出于虚荣的理由，会喜欢向那些不那么幸运的同伴群体中谦逊而钦佩（他们）的人展示和夸大。他们激发了听众的想象力。总之，他们通过各种犯罪来满足他们的贪婪倾向，这些犯罪所提供的手段而带来的快乐设想也随之增加。交往越多，所讲述的事迹就越多。还有什么能比把他们聚集在一起的环境更自然地成为谈话的话题呢。

2. 然而，一方面正如刚才所说的，所有的罪恶倾向都得到了滋养和激发；另一方面，所有倾向于抑制犯罪的考虑因素都被排斥和削弱了。这些考虑因素属于三种制裁中的一种或另一种——政治的、道德的或宗教的制裁。

那些源于政治制裁的，是法律规定的各种刑罚，其中包括他
们实际正在经历、已经经历或将要经历的事情。他们（罪犯）自 124
然会去研究如何尽量减轻这些痛苦。对此，相互的交往将为他们提供许多有力的帮助。出于自尊心，每个人都会努力使自己对痛苦的感觉在别人看来尽可能地轻描淡写：他会低估他的处境中的痛苦境遇；他会夸大任何可能伴随而来的小小安慰，并且如众人所说，他会尽可能地把事情往好的方向去说。因此，最勇敢和最骄傲的人成为其他人的榜样。所有人的感受能力都逐渐上升到同

样的高度：如果他们不坦然地承受他们的不幸，那将是一种耻辱。即使仅仅是出于同情，许多人也会产生一种强大的动机来抚慰受苦的伙伴在痛苦中所遭受的——祝贺他们结束过去的痛苦，减轻他们现在的痛苦，并增强他们对未来可能发生的痛苦的抵御力。可以看出，将任何这种仁慈的情感归于有关类型的人，就是将与他们毫不相干的美德归于他们。但是，假设人只有两类，一类是完全好的，一类是完全坏的，而这是一种庸俗的偏见。使一个人受到法律制裁的罪行，可能使他拥有一千种优良品质，尤其是对他人不幸的同情。日常经验可能会使我们相信这一点，并使我们相信罪犯并不总是十恶不赦的。

由道德制裁衍生的考虑因素，是各种积极与消极的恶，都是从与该人交往的人的恶意中理解的。当一个人仍处于正常社会中
125 时，尽管他的性格可能会受到普遍怀疑，但他将不得不对自己的行为保持警惕，以免使这些怀疑变得确凿无疑，并使自己变得完全可鄙。但是在监狱里，交往是单一的，他们有着自己（独特）的兴趣，与前者相反，受与一般社会所认可的相反习惯和原则所支配。一些习惯和做法在那里（即一般社会）为人厌恶，因为它们不怀好意。但在这里（即监狱内的交往），它们不再是恶意的，因而也不再为人厌恶。盗窃在小偷中并不可恶，因为他们自己（小偷）没有什么可被偷的。对他们来说，自诩正直是徒劳的。因此，他们通过一种心照不宣的惯例贬低这种美德。耐心、无畏、积极、足智多谋和忠诚等可褒可贬的品质，根据它们是否服从于另一个而判断是否有益，它们将被放大以形成对前者的偏见。一个人会因他的耐心而受到赞扬，尽管他的耐心是在等待赃物时付

出的；因为他的无畏（而受到赞扬），尽管表现在攻击一个和平的家庭，或保护自己免受审判长的攻击；因为他的积极（而受到赞扬），虽然是被运用在夺取粗心的旅行者的东西上；因为他的足智多谋（而受到赞扬），虽然表现在利用一些易受骗且富有同情心的捐助者的同情心上；因为他的忠诚（而受到赞扬），尽管这种忠诚用于包庇他那因犯罪行为而被抓捕受伤的同伙。这些品质在这样的社会环境中享有极高的评价，并通过他们的财产（赃物）满足其对同情和掌声的渴望，这是每个人无论处于何种境地都渴望拥有的。

在这样的社会中，被尊崇的正直并不是为了对全体人类有用： 126
它的规则可以在其建立的社会中得到严格遵守，并且无视所有与该社会无关的人的偏见。以掠夺为生的阿拉伯人以对自己部落成员的诚实而著称。因此，盗亦有道，这已成为谚语。[①]

从宗教制裁中衍生的考虑因素是从神明的直接意志中感受到的痛苦，这种痛苦在某种程度上可能是在现在，但主要是在未来的生活中。在基督教，特别是新教之下，这种烦恼总是被认为与所有将人送进监狱的渎职行为有关，几乎没有例外。因此，该制裁提出的考虑因素应被列为倾向于限制人们犯罪的考虑因素。现在，这种制裁的力量与在监狱中产生并具有支配性的局部道德制

① 一个人的品行对整个人类幸福的影响，必须被考虑在内，才能恰当地称之为善良或邪恶，简单而无附加条件。同样的行为，在更广泛的社会中是有害的，因此是或应该是不光彩的，但在包含在前者之内的较小社会中却是有益的，因此受到尊敬。为他的选区争取或辩护一项对国家有害的特权的议员，在他的选区被称为爱国者。那个设计了誓言的人，使学位候选人承诺不在牛津和剑桥以外传播被认为是有用的学术种子，可能在这些大学被认为是一个极具贡献的人物。

裁的力量相反，后者自然会对其施加全部力量来对抗以推翻它。这并不是说监狱是敏锐而严谨的哲学领域。在那里使用的论点将
127 针对激情而非判断。上帝的存在，启示录的权威，不会被理性所对抗。这种制裁的效力将会被规避而不是被反对。注意力将从上帝的不悦转移到它表现出来的不可能上。对牧师的讽刺将与启示的权威相抗衡，敢于否认一方也鄙视另一方的人将会被宣布为勇者。并且（人们）会发现这种论点对这些社会成员具有极大的影响。

3. 监狱中的犯罪分子交往助长他们腐败的第三种也是最后一种方式，是通过提高他们的技能，而这意味着他们将任何可能的恶意倾向付诸实践的能力。

人们已经注意到罪犯的谈话会自然而然地转向他们的犯罪行为。每个作恶者都会自然而然地详细描述在这些“功绩”实施过程中的几件能体现他们“足智多谋”的事来。如果只是出于好奇，这些事实自然会被记下来。但是，作为满足那些在所探讨的情况下有强烈的加强和确认趋势倾向的手段，它们将给人留下更强烈的印象。从整个社会的经验中很快就会收集到大量的观察结果，而社会中的每个特定成员很快就会以整个社会的智慧而变得聪明。因此，监狱通常会且非常恰当地成为恶行的学校。然而，在这些学校里，学者有更强大的动机和更有效的方法来获得在那学习的
128 知识，而不是去获得在更正式的学校里所教授的知识。在正式的学校里，他只受到恐惧的刺激并与自己的意愿作斗争。在这些恶行的学校中，他受到希望的激励，这与他的自然意愿一致。前者授予的知识只由一个人传授，知识的储备来自一个人；而后者，

每个人都对指导其他人做出贡献，知识储备是所有人的共同贡献。在正式的学校里，学者的娱乐活动比学校的专业更吸引人。在这些没有娱乐活动的场合里，所讨论的职业是他目前处境中所允许的少数娱乐中的主要部分。

对于最不道德的人来说，这种混杂交往是有害的。那些初次犯罪、屈服于贫困诱惑或被邪恶榜样误导的人，他们还年轻，还没有受到犯罪的折磨。如果惩罚运用得当，可能会起到令其改过自新的作用。这种交往只会使情况变得更加恶劣。他们将从小偷小摸转向更大的盗窃，直到被判犯有公路抢劫和谋杀罪。这就是监狱中的犯罪分子混杂交往所产生的教育结果。

129 第七章　监禁的基本方案

假设有三种监禁，其严厉程度各不相同。

第一种，针对资不抵债者（破产者）：在鲁莽或奢侈的情况下，以监禁代替清偿来处理。第二种，针对被暂时监禁的犯罪分子。这些可能是普通的不法分子。第三种，针对终身监禁的犯罪分子。这些可能是最具危险性的犯罪分子了。

第一种，让所有无力偿债的人都处于破产者的地位，如被发现则处以死刑或其他重刑。一经发现当然不会被监禁，但在鲁莽或奢侈的情况下会受到监禁。或者一开始就推定其是鲁莽或奢侈的，然后让破产者为自己开脱罪责。在同一监狱中，让这些人像在中间诉讼阶段被逮捕一样被关押。对这类人而言，判决前的监禁是为了强迫支付，判决后的监禁是为了代替清偿。在这里杜绝任何耻辱（刑）。也不要在这里作出任何严格的规定，无论是实际存在的还是表面上的。

例如，第二种监禁既是为了矫正，也是为了儆戒而设计的。因此，实质的和表面上的惩罚应该是同等的。在这里，让劳动和伴随孤独、黑暗和节食的监禁持续于最后一周、两周或一个月的
130 时间。在此施加耻辱刑，但是是暂时性的。它将回应两个目的：第一，作为儆戒，增加表面的惩罚；第二，防止逃跑，以求安全。

第三种监禁是专门用于儆戒的。惩罚的目的被排除了，因为罪犯永远不会再融入社会。在这里，为了与前一种情况相同的目的，我们也要施加耻辱，并且要让这种耻辱永远存在。在这里，让犯罪者的表面状况尽可能悲惨，而真实的状况则尽可能自在。让这位先生随心所欲吧。让这位有艺术细胞的自由民施展他的才华，并且让他成为益处的分享者。让不懂艺术的自由民的劳动量比在临时监狱里的更温和吧。

许多监狱的饮食部分地由私人捐助提供。只有在推测政府存在重大过失的情况下，这种善举才能有作用，它们正是这种推测的有力证明。在这种情况下，一个人对食物的需求根本不会因某个偶然的人的一个偶然的人道主义行为的发生或不发生而改变。无论津贴的适当数目是多少，他都应该得到相同数目的津贴，尽管没有人为此目的专门捐助过。虽然这样的慈善善款如此之多，他也不应该得到更多。如果立法机关能履行这一明显且必要的职责，那么所有这些私人慈善捐助都应该交到公众手中。这样的恢复绝没有违背捐赠者的意愿，而是比他们所希望的更为彻底地执行。

出于同样的原因，应该防止对特定人员、对特定犯罪者的所 131
有随意施舍。做到这一点的方法不是阻止金钱的给予，但至少要防止其被花在食物和酒上。如果不建立一个过于麻烦和羞辱的搜查机制，也不严格执行以达到目的，就无法阻止引入资金。但是像食品和酒类这样体积庞大的物品可能很容易被排除在外。这样一个制度将在很大程度上促进物归原主。目前，在所有贪婪犯罪中，即在所犯的罪行中，20 人中有 19 人都是如此：一个人的罪恶感越大，他制造的恶行越多，他在监狱中过得就越好。在犯罪者被捕时，很少会在他身上发现犯罪的全部赃物。虽然可以在他身上找到，但如果它是金钱形式的，则很难以这样的方式确认以保证不经犯罪人同意而能将其物归原主。通常，如果它没有被花掉，它就会落到犯罪者的某个朋友手中：犯罪同伙，妻子或情妇。这样一来，它就在犯罪者的指示下被处理掉了，要么被放荡不羁肆意挥霍，要么花在请律师来妨碍司法公正的过程中。

因此，当掠夺物对他毫无用处时，就他而言，将其物归原主无需花费太多力气。良心的运作需要得到这样一个制度的有力支持。

132 因此，凡因宣誓指控而被以重罪逮捕的人，在其身上发现的任何东西，都应交由警官扣押。凡是其中有金钱或其他在小范围中有相当大价值的物品，都应加盖地方法官的印章予以封存。法官可以选择自己保管，或者将其交给部长级官员保管，在任何一种情况下，都应向有重罪嫌疑的嫌疑人提供收据。

当所有人在娱乐方面处于平等地位时，对监禁的反对意见是，惩罚往往是不成比例的。富人受到的惩罚比穷人多；或者换句话说，那些习惯于美好生活的人受到的惩罚比那些习惯于艰苦生活的人更多。另一方面，如果允许那些犯贪婪犯罪的人在他们尚未归还赃物的情况下花费任何费用，就是允许他们享受犯罪带来的收益；就是以牺牲他所伤害的人为代价来纵容罪犯。

因此，在这方面对不同罪行应给予适当的不同处理。在已获得犯罪收益的情况下，犯下贪婪罪的人在完全赔偿前应被禁止用（犯罪）获得的金钱获得宽赦的自由。但犯任何其他罪行的人可被允许用金钱换取宽赦的自由。

关于物归原主，需要进一步注意。一个人因一项罪行被捕，又犯过许多其他罪行，这种情况经常发生。因为这个缘故，不应认为他在归还第一次犯罪所得后就有资格获得宽赦。应该限制时 133
间（假设一个月或六个星期），并通知在一定时间内（假设一年）曾受其伤害的任何人反对给予这种宽赦。在这种情况下，寥寥无几的证据应该就足够了。

让我们暂时回到不同类型的监狱中：它们不同的目的应该在它们的外观、内部安排和名称中非常明确地表示出来。

第一种监狱的墙壁应该是白色的，第二种是灰色的，第三种是黑色的。

在最后两种监狱的外面可以有各种各样的形象，象征着被关押在其中的人的假定性格。一只猴子、一只狐狸和一只老虎，代表着淘气、狡猾和贪婪，是所有罪行的根源，它们理所当然地比以前伫立在疯人院前的两尊令人悲伤和感到愚蠢的雕像更适合成为监狱的装饰品。在内部放置两具骷髅，铁门两边各一具：这些物体意外出现的样子可以使人联想到最有益而令人不快的恐怖。因此，监狱将代表死亡的寓所，曾经访问过如此装饰的地方的任何年轻人都会留下最有益（虽然往往令人不快）和最不可磨灭的印象。我深知，对于聪明人来说，这些象征性的形象可能会成为他们嘲笑的对象：在诗歌中这些形象是令人赞赏的，而在现实中却是卑鄙的。然而幸运的是，他们（这些形象）更容易受到嘲笑 134
而不是理性的攻击。

用特征性的教派来区分几种监狱绝非无用的想法。对无力偿债的债务人和因怀疑而被拘留的人来说，正义和人道要求会对他们进行甄别，以免与罪犯混淆，但是他们仍自然面临这种风险。在那里，所有监禁场所都具有相同的名称。如果没有发现这种情绪已经存在，立法者应该把创造它作为他的工作：但事实是，它确实存在，而且正是社会中最有价值的阶层会因区别对待的不足而受到最严重的伤害。

情况和名称的不同提供了加重惩罚的最重要部分之一的另一种方法——表面的惩罚。

第一种监狱可以称为安全监护之家，第二种是悔改之家，第三种是黑监狱。

这些名字中的第一个没有传达任何不当行为的想法；第二个传达但同时也提出了矫正的想法；第三个旨在激发恐惧和厌恶。

为了对被判处临时监禁的罪犯进行矫正，部分惩罚可能包括背诵刑法的某一部分，包括与当事人所受惩罚的罪行有关的部分。它可能会被汇编成教理问答的形式。

135 在普通的重罪和轻罪中，罪犯在受到惩罚后重返社会，重要的是尽可能减轻他承受的耻辱。要做的不是让罪犯声名狼藉，而是让罪行本身声名狼藉。如果他重返社会，在假定他已成功改过自新的情况下，他所受的惩罚不应使他的名誉受到无可挽回的毁坏。那么，为了一般预防，我们的任务是让罪行臭名昭著，同时为了使罪犯改过自新，尽可能地避免犯罪者的耻辱。这两个目的乍一看是相互矛盾的：它们怎么能调和呢？或许困难并不像最初看起来那么大。让犯罪者在为惩罚目的而展示时戴上面具，必要时使用其他可能有助于隐藏人的任何特征的装置。这种装置在儆戒性方面将具有更好的效果。相反，在不增加任何真实惩罚的力量的情况下，甚至可以减少它，它有望大大增加表面惩罚的力量。面具可以根据戴面具者所犯罪行的严重程度按比例调整其悲剧性。这种装置制造的神秘气氛笼罩在现场，将在很大程度上有利于通过它激发的好奇心和恐惧来集中注意力。

第八章　领土限制的其他种类：
136 准监禁、贬谪、流放

准监禁是指将某个人限制在其通常居住地所在的地区。

贬谪是指将一个人从其通常居住地所在的地区驱逐出去，并将其限制在国家的其他地区。

流放是指将一个人驱逐出他通常居住的国家，并禁止他返回该国。

这三种惩罚可能是暂时性的，也可能是永久性的。

贬谪和流放是英国法律所没有的惩罚。正如我们现在有机会观察到的，流放的性质是完全不同的。将天主教徒排除在法院某一地区之外应被视为一种预防措施而非惩罚措施。

的确，在监狱规章范围内生活的人的状况相当准确地符合领土限制的概念，但这种领土限制并不是作为一种惩罚直接施加的。法律所施加的惩罚是监禁，囚犯支付费用后可以减刑。一个人不
137 遵守规则：他被关在监狱里，只要他支付了狱卒所选择或要求的费用，他就有了遵守规则与否的自由。[①] 也就是说，在监狱周围某

① 根据霍华德先生的说法，在英国有六所监狱拥有属于自己的规章制度。在伦敦有两所，分别是弗利特监狱（第 156 页）和国王海滩监狱（第 196 页）；在卡马森有两所（第 422 页和第 468 页）；在康沃尔郡的洛斯特威塞尔有一个（第 386 页）；在纽卡斯尔-泰恩有一个（第 422 页）。

个地区的任何地方都是如此。

几个享有不受逮捕特权的居住区，对于那些利用这些区来逃避逮捕和监禁的罪犯，它们也许被视为领土限制的场所。在这种情况下，一个人会自愿地把严厉的约束变成温和的约束。

在法国，贬谪的事例并不少见。在旧政权下，一个人被命令将自己限制在自己的庄园里，或者离开他的庄园去另一个地方生活。然而，这种惩罚几乎总是被施加在有地位的人身上，而且通常是君主个人不满情绪的专断表达，而不是由普通司法程序施加的常规惩罚。这种惩罚所针对的人通常是一个名誉扫地的部长或者国会议员。整个国会因拒绝提出某一特定法令的主张而被贬谪的情况屡屡发生。然而，在这些案件中，它往往不被用作一种惩罚手段，而被用作一种预防手段——以阻止所谓的阴谋。这种权力的行使让臣子们变得恐惧和软弱。

当一个人被流放到自己国家的管辖区域以外时，他要么拥有整个世界剩下的区域供自己遨游，要么被限制在一个特定的地方。
在第一种情况下，我们可以说它是不确定的；就其目标所在地方 138
面，我们可以说在另一种情况下它是确定的。①

① 在任何立法体系中，明确的流放案例并不是人们能期望经常看到的。在流放中，通常的目标是摆脱罪犯。至于他之后会怎样，通常不加以考虑。如果政府可以选择罪犯应该去往哪个国家，那么不可避免地会决定这种选择的情况自然是暂时性的。实际上，这就是我唯一能想到的英国议会法案的情况，该法案提供了这种性质的惩罚的唯一实例。根据乔治二世二十年的法案，第 46 章，国王有权将参与最近叛乱的人所受的惩罚改为流放到美洲，并且这样处理的人被判处死刑重罪，不仅像通常一样在他们返回大不列颠或爱尔兰的任何地方时，而且如果他们进入法国或西班牙（当时与英国交战的国家）的任何领土时也是如此。

乍一看，似乎确定流放所在地是一个徒劳和不切实际的行动。因为流放是惩罚的一种，如果被有效实施的话，也只能利用人们对未知惩罚的恐惧来实施。一个人要在自己的国家中受到将来才施加的惩罚，就必须仍然在那个国家的权力掌控之下。据推测，这似乎是不可能的。不过，在以下三种情况下，他可能会仍然处于这种（可受惩罚的）状态——

1. 流放只是暂时的。

2. 虽然他的人身不属于他自己国家的管辖范围内，但他的财产或者其他形式的财物仍然在其权力范围之内。

3. 如果他被流放到的这个国家因任何原因而愿意与他自己的国家合作，并且愿意对在流放者本国被认为有罪的人进行惩罚或将违法的人（移）交给本国处罚。

139 领土限制的不便，无论是贬谪还是流放带来的，在很大程度上与单纯的监禁是相同的。在某些方面它们比单纯的监禁更严重，而在另一些方面则不那么严重。

然而，领土限制很可能大相径庭，这是由地方的性质、地区的范围、违法者的情况所引起的，因此几乎不可能达成统一性，也几乎没有普遍正确的关于它的命题。

在贬谪的情况下，欣赏自然和艺术之美，享受朋友和亲人的陪伴，为他们服务和增加自己财富的自由或多或少会受到限制。

行使任何公共权力的自由，以及为了健康或娱乐去旅行的自由都将因此而被完全剥夺。

为生计开展营业的自由根据其性质将或多或少受到限制，至于某些特定的商业或贸易种类，经营它们的机会将因此被完全剥夺。

关于流放，无论是在质量还是种类上，不便之处可能会有天壤之别，因此无法预测这种惩罚方式是否适用于所有案件。

一般说来，与之相伴而生的各种弊端可以归纳为以下几类：

> 与朋友、亲戚和同胞分离； 140
>
> 失去了享受已经习以为常的娱乐或娱乐对象的自由，如公共娱乐，大自然或艺术之美；
>
> 在个人的生活中失去晋升的机会，如在军队或公职中；
>
> 失去了发家致富的机会，扰乱了个人事务，无论是贸易还是其他赚钱的职业。

但是在这种情况下，在知道罪犯的个人情况以及他将被流放的国家之前，几乎没有什么事情是可以肯定的。所有发财致富的机会都可能被完全剥夺，或者或多或少地向坏的方向改变，但是它甚至可能得到改善。一个只熟悉一种复杂的制造业中一个分支的工人，如果被流放到一个没有这种制造业的国家去工作，他就会丧失全部的谋生手段，因为他的谋生手段是依赖于这种制造业的。一个在自己国家从事法律职业的人，如果被流放到一个由不同法律管辖的国家，他会发现自己的知识毫无用处。一个英国国教的牧师如果被流放到一个没有该教派成员的国家，他就会失去从他的职业中获得的谋生手段。

因流放所遭受的痛苦的数量，在某些情况下将取决于个人是否熟悉外语。为此，他应该铭记，在每个国家，绝大多数人除了

141 自己的语言外，不懂其他语言。这在很大程度上取决于一个人所说的语言。一个德国人，或者一个意大利人，仅仅是被流放出自己的州，在这方面不会受到任何影响。因为在其他州，他会发现大多数人说的是完全相同的语言。由于法语在其他欧洲国家的普及，法国人不受影响的程度仅次于德国人或意大利人。一个英国人（美国除外）、一个瑞典人、一个丹麦人和一个俄国人，在这方面会发现自己比欧洲其他国家的居民处境更糟。

一个人置身于他不熟悉语言的人群中，很容易遭受最严重的危害。交流的困难意味着他很难说出自己的全部需要。同样困难的是采取必要的措施，以获取各种快乐，避开各种痛苦。虽然一门语言的基本知识应该掌握到足以达到共同生活的目的，但很少有人能学得如此完美，使他能够毫无顾忌地享受交谈的乐趣。他会觉得自己注定要永远处于低人一等，这必然会干扰和阻碍他从事任何有利可图的工作。

对某些人来说，流放可能会因当地人所属群体的礼仪和风俗习惯而变得令人反感。这里使用的“礼仪”和“风俗习惯”有最大的自由度，被认为包含了舒适生活所依赖的一切环境。它们所
142 涉及的主要对象是饮食、衣着、住宿、娱乐以及一切取决于政府和宗教差异的事物；其至少在一般下层阶级中，对一般人的同情和反感有相当大的影响。

在整个欧洲，特别是在生活水平较高的人群中，礼仪和风俗习惯在某种程度上的一致性普遍存在。但是一个巴布亚人如果被流放出自己的国家，就会变得极其悲惨，特别是在宗教方面。

气候变化是另一个重要情况。这种变化可能是好的，但由于

长期习惯的影响，大多数人很难适应与他们本国不同的气候；被流放人员的不满通常是针对这一原因对其健康造成的伤害。

至于所有这几种因流放而可能产生的弊端，没有一种是确定存在的。它们可能存在，也可能不存在。就严重程度而言，它们往往千变万化，甚至可能出现善凌驾于恶的情况。[①]

从节俭性的角度来看，这几种惩罚似乎都比监禁更合适，至 143
少比目前管理的监禁制度更合适。准监禁和贬谪比流放要节俭得多。

一个人在坐牢时，在任何情况下都必须得到（生活上的）维持。简单的监禁不会给任何靠劳动维持生活的人增加任何便利。它在很多情况下都剥夺了这种便利。通过监禁，一些贪婪的人被完全剥夺了维持他们自己生活的权利。这些必须以牺牲公众利益为代价来维持。因此，一个被监禁的人一般来说是一种负担。他对国家的价值是负的。一般来说，一个自由人就是一种收益，他对国家的价值是正的，因为平均而言，每个人的生产量必须超过他的消费量，否则就不会有公共库存了。被流放的人既不是负担，也不是收益。他对国家的价值是0，因此比一个被监禁的人的价值更大。

在准监禁和贬谪的情况下，一个人的价值似乎可以被认为在任何可指派的程度上等同于或低于一个普通人的价值。在英

① 加利奥（Gallio）被流放到莱斯博斯岛（the isle of Lesbos）后，在罗马收到消息说，他在那里自娱自乐，显然他非常满意；事实上，作为惩罚施加在他身上的，已经证明了对他来说是一种快乐的来源：他们决定让他回到妻子的身边，回到自己的家中，并指示他把自己关在家里，以便对他实施他认为是惩罚的行为。

国，出现这些惩罚方式的唯一例子中，受罚者对公众偿付，而非获得。[①]

144 在确定性方面，没有任何东西能把它们和其他惩罚区分开来。

从平等性的角度来说，它们都是有缺陷的[②]，尤其是后两者，最主要的是最后一个。

被限制在一个小镇的圈子里，在某种程度上几乎对所有人都是一种惩罚，虽然对有些人来说更多一些，而对另一些人来说更少一些。生活在自己（原本生活）的省份之外或生活在自己的国家之外，对许多人来说都是一种非常严厉的惩罚；但对许多人来说，这也不足挂齿。

在这方面，要确切地说明贬谪和流放之间的区别是痴心妄想的。从某种角度来看，流放似乎更具惩罚性。因为在法律、语言、气候和风俗方面，一个人所在的省与本国的另一个省之间的差别，一般说来不像本省与外国之间的差别那么大。然而，在有殖民地的国家中，通常会发生的情况是，在这些方面，有一些省份之间的差异要比部分省份与邻国的其他省份之间的差异更大。例如，一个英国人从多佛到敦刻尔克的变化是多么小，而从这些地方的

① 我指的是英国六所监狱的规则。公众不会以找住处为代价。这些房子是私人的财产，所以他们可以得到一些。于他们而言，在规则之外，除了在同样条件下的房子还能得到什么呢。除了预付租金外，囚犯还要支付放纵费，这笔钱将用于狱卒的工资。

② 年轻的威尼斯贵族被委派到坎迪亚岛（the Isle of Candia）的历史可以说明这种不平等。他对被允许重访家乡的城墙、再次拥抱朋友和年迈的父亲感到绝望，于是又犯下了另一项国家法律不可原谅的罪行，因为他知道自己应该被重新移交到威尼斯接受审判，并被处以死刑。

起点到东印度或西印度群岛的变化又是多么大呢？

在可变性方面，除了在时间上，没有任何一种长期的惩罚比 145
这些更不合格。但就强度而言，尽管它们可能在不同的人身上造成的痛苦程度是如此之深，但它们无论如何都不受裁判官的管制。他无法将惩罚的量确定在任何接近他自己脑海里设定的目标的东西上。

从儆戒性的角度来说，它们都比其他的惩罚方式要差，而流放则比其他两种要好。至于流放，它所具有的那一点儆戒性，在描述的表面上就体现出来了。演说家和诗人的描述在某种程度上使其在纸上也令人生畏。在执行方面，它的本质特征是虚无。如果把他的同胞排除在外，他所遭受的苦难无论多么深重，都不能成为他同胞的儆戒。这是一种惩罚所能达到的最低程度的儆戒性作用，即使受刑者本人也不在观测范围之内。另外两种是基于金钱上的惩罚：受折磨的人受到监视，有时也可能是他的痛苦。但是没有任何情况可以说明后者是从产生它们的惩罚中衍生的。它们不如监禁，因为在那里，最主要的惩罚工具——监狱——一直在他眼前。对于准监禁和贬谪，不存在这样的工具——正如我们所观察到的那样，这些惩罚最初不是由任何物质手段产生的，而仅仅是由道德手段产生的。

从有益于改造的角度来看，这三种惩罚似乎有很大的差异。 146
从这个观点来看，准监禁往往是有害的，贬谪和流放比其他方式更有用，尤其是后者。

1. 准监禁容易产生危害。理由已在“监禁”的标题下列明。我们所说的与监禁有关的特性，我指的是通过积累（如果可以这么说）邪恶物质来败坏罪犯的道德，对此，准监禁只是程度稍轻。在前者的情况下，他们只能彼此为伴；在后者的情况下，可能会有一些有名望的人的混合空间。在前者之下，他们被迫结伴而行；在后者之下，他们可以选择独处。

2. 贬谪往往比其他方式更卓有成效：就像在单独监禁中一样，如果罪犯建立了任何放纵的关系，它就会把他与这些关系分开，而不会像简单的监禁那样，使他建立新的同样性质的关系。他在陌生人中间漂泊不定，无法指望很快就能遇到一群准备与他一起实施任何邪恶计划的同伴。如果他主动提出要求但遭到拒绝，他就会暴露在他们直接的愤怒之中，也许还会受到法律的谴责。如果他碰巧结交的朋友中有像他一样放荡不羁的人，那么他还需要一段时间才能在他们的信任中充分确立自己的地位。

147 如果他继续与人类社会为敌，那只能靠他自己的力量。他可能会发现投身慈善事业或从事诚实的劳动更容易些。他不仅与那些为他提供犯罪手段的对象分离，而且与那些为他提供犯罪动机的对象分离。他在进入新环境中遇到的伙伴要么是诚实的，要么至少在一段时间内会是诚实的，因为他所知的一切都是相反的。与此同时，他可能会听到他们对类似于使他受到惩罚的那些习惯表示的不赞成，可能会配合这种惩罚，并促使他对那些习惯产生一种有益（虽然往往令人不快）的厌恶，这就是所谓的忏悔。

3. 在这方面，流放往往比贬谪更有用。如果罪犯仍处于很容易养成新生活习惯的年龄，并且对良好名声的优势并非无动于衷，如果他所表现出来的性格不为人所知，那么他的流放将更有可能有助于他的改过自新。因为他会发现自己与那些见证了他罪行的人相距遥远，在一个为获得诚实的生计而努力的国家，他不会因为发现自己成为众矢之的而受到阻碍。但是，即使他带着他最初的邪恶倾向去到他被流放的地方，他也找不到同样的工具来实施这些倾向，特别是在这个国家的语言与他自己的语言不同的情况下。外国的法律对他来说也是新的，因此可能会比他自己国家的法律更使他感到恐惧，因为他也许已经习惯于逃避自己本国的法律。而且，即使任何劫掠计划成功，由于没有可靠的关系来处理， 148
从中获得的利益也会变得极其不稳定。考虑到所有这些困难，他就会倾向于把诚实劳动作为唯一可靠的谋生手段。

但是，考虑到上述所有不确定因素，我们会发现将流放作为一种适当的惩罚方式的情况非常少。在所谓的国家犯罪中，有时还可以有效地利用它，以便把罪犯从他的关系网中分离出来，使他远离他那图谋不轨的阴谋。不过，在这种情况下，最好还是留给他一个回国的希望，作为其被流放期间恢复良好表现的激励。

149 # 第九章　简单限制性刑罚

现在已经考虑了限制行动能力的几种惩罚，我们继续考虑那些限制职业选择的惩罚。这些可以被称为简单的限制性惩罚，并包括简单的禁止实施某些行为。

在这种情况下，我们可能会再次提到一个已经解释过的区别，即限制和惩罚之间的区别。《民法典》和《警察法典》充满了限制而非惩罚。某些人被禁止贩卖毒药。旅店老板被禁止在一定时间后继续营业。禁止未通过某些考试的人从事医学或法律职业。

简单的限制性惩罚包括阻止一个人享有一项共同权利或他以前拥有的一项权利。如果禁令涉及一项获利的职业，例如，如果一个旅店老板或一个出租马车车夫被剥夺了执照，那么禁令就充当为一种金钱惩罚，本质上是畸轻畸重和入不敷出的。如果一个人被剥夺了谋生的手段，他仍然必须得到资助。由此，惩罚不仅仅落在个人身上，而且也会落在本来无意影响的其他人身上。

不获利的工作可能具有令人愉快的性质。它们的种类是无限的，但它们有一点共性，这将使得没有必要对它们进行详细的讨
150 论。它们中没有一个或者至少是几乎没有一个，通过对其的剥夺提供了足够的（对罪犯的）恶，使我们能够依靠它的影响。

就快乐方面而言，人的心灵拥有快乐的灵活性——快乐的一

个来源被切断了，就努力开辟另一个，并且总是成功的。一个新习惯很容易就形成了，其口味适应了新的习惯，并适合各种各样的情况。这种思维的延展性和适应环境变化的能力在不同的个体中差异很大。而且不可能事先判断，甚至无法猜测一个旧习惯将保持其统治地位多久，所以剥夺它将继续是一种真正的惩罚。

这不是唯一的反对意见——限制性法律很难执行：它们总是需要一种辅助惩罚，但其效果是不确定的。如果你禁止一个人玩游戏、醉酒、跳舞和音乐创作，就有必要在所有地方任命一名检查员来处理所有这些事情以确保你的禁令得到遵守。总之，这类惩罚都受制于这样的困境：要么对被禁止的对象的依恋非常薄弱，要么非常强烈。如果强烈，禁令将不会被服从；如果薄弱，则无法达到所需的目的。

就儆戒性方面而言，它们同样是有缺陷的。它们所造成的匮乏的性质并非是众所周知的，而如果人们知道，这会对想象力产
生强烈影响：它们产生的痛苦会让人们挥之不去，但完全隐藏在 151
公众视线之外。

这些都是使该类惩罚的适用范围变得如此有限的一些情形：它们的效果太不确定，而且太容易被规避，不允许将其用作一般法律的制裁。诚然，如果法官熟悉（罪犯）个人的性格和情况，可能会很好地利用它们。但是，这种知悉几乎是不可能的。

这种惩罚非常适合家庭治理。没有任何快乐是家长或老师不能用来作为奖励的，通过允许对该奖励的享受，或限制其使用而转化为惩罚的来源。

尽管这种性质的限制，即禁止令人愉快的消遣，本身并不构

成有效的惩罚，但有一种情况下，除了一些其他惩罚之外，它们可能被有效地使用——相似性原则建议使用这些限制。如果在某些公开展览上犯了罪，那么最好在一段时间内禁止违法者参加此类公开展览。

在简单的限制性惩罚中，有一种（惩罚）只有少数例子，而且还没有被命名：我称之为驱逐。它包括对罪犯施加的义务，即立即离开他能遇到受害者的地方的义务。一个人仅现身，就意味着另一个人要离开。如果受伤的一方，西利乌斯进入舞会或音乐厅，公共集会或散步——提丢斯有义务立即离开此地。这种惩罚
152 似乎非常适合于人身侮辱、名誉攻击和诽谤的情况，一言以蔽之，适用于罪犯的存在对受害者一方来说特别令人不快和痛苦的所有罪行中。

在实施这种惩罚时，必须注意，不应赋予受害方将罪犯驱逐出他进行惯常活动场所的权利，也不得将罪犯驱逐出履行任何特定职责而可能需要他到场的地方。因此在许多情况下，有必要在教会、法院、市场和政治集会方面作出例外规定。

在法国议会的法令中可以发现采用这种惩罚方式的事例。举一个例子就足够了。一个名叫奥杰的人以最恶劣的方式侮辱了一位贵族女士，除其他惩罚外，他还被命令在身体刑的痛苦下，立即从这位女士可能在场的任何地方离开。

在《内阁的阴谋》中，可以看到关于蒙巴森夫人（Madame de Montbazon）与孔戴公主（Princess de Condé）之间争吵的叙述，在此过程中，前者对公主犯下了非常严重的侮辱罪。奥地利女王安命令蒙巴森夫人从公主在场的每一个地方离开。

根据英国法律，有各种各样的尽管不是以惩罚的名义但对某 153
些类别的人施加限制的例子。以前，天主教徒不被允许从事法律或医学职业。拒绝按照英国教会的仪式参加圣礼的人被排除在所有公职之外。

法律是这么规定的，实践总是以另外的方式呈现：事实上，很大一部分文职和军人职位都是由从未宣誓过的人担任的，但他们通过支付年度赔偿金以保护自己免受惩罚。就权利而言，由此提供的安全是不稳定的，但近一个世纪以来持续不断的实践几乎没有给有关人员留下任何担心的余地。

这里所说的限制并非旨在惩罚。最初实施这些措施是为了避免危险，人们担心如果把公众信任的岗位交给具有某种宗教信仰的人可能会引起危险。这至少是公开的政治原因，然而，排斥的真正原因是宗教敌意：它们是令人反感的行为。

但这些并不是唯一的动机：自我利益在产生排斥方面有其作用。排除一部分人，你就给另一部分人带来了好处：那些被保留权利的人只需与少数竞争者竞争，他们的收益前景就增加了。这些源自宗教敌意的限制性法律后来被不公正所维持。迫害始于被误导的偏执，在最初的诱因被遗忘很久之后，由于最肮脏的不公
正而持续存在。这是爱尔兰受到迫害的简短历史。为了新教徒的 154
利益，针对天主教徒的限制性法律仍然生效：在八百万居民中，有一百万人被选中授予享有权力或利益的所有职位。在这种状态下，虽然由于迫害法律的延续，特权被置于迫害者的手中，但争取废除特权可能会遇到不小的困难。真正的动机——肮脏的动机——将长期隐藏在宗教的面具下。

虽然可以说，这些限制并非旨在惩罚，而且在制定这项一般法律时没有针对任何特定的个人，但由此产生的区别对受其影响的特定类别的人来说是有害的——必然具有伤害性，因为只能通过假定他们是危险的和不忠诚的才能证明法律的延续是合理的。这些法律构成了公众偏见聚集的核心。立法者通过默许这些短暂的嫉妒使其加强，并使其永久化。它们是一种普遍存在的疾病的残余，治愈后仍会留下深刻而持久的伤疤。

第十章　积极劳役刑 155

积极的惩罚是通过强迫，或者换句话来说，迫使一个人以这种或那种特定方式行事，采取这种或那种特定行为而施加给他的惩罚。

有两种方法可以迫使一个人采取行动，身体的和道德的：第一个作用于他的身体，另一个作用于他的思想以及他的意志力。

可能以身体手段去强迫一个人行事的情形有限，无论是对受刑者还是对其他人来说都得不偿失，因此不值得考虑。

当手段是道德性质的时候，它是通过作用于意志产生效果的。唯一能够立即作用于意志的手段是想法，但并非任何想法而只是快乐或痛苦的想法，如作为意志目标的行为的履行或不履行所产生的想法。

它不可能是一种快乐的想法，因为这种想法作用于意志，所产生的行为是一种惩罚。因此，它必须是一种痛苦的想法——任何痛苦，不管是什么，所以它看起来比放弃执行刑罚的乐趣更大。

显而易见的是，当一种劳动的惩罚被指定时，必须同时指定另一种惩罚。因此，在每一个这样的案件中，至少必然涉及两种不同的惩罚。一个是劳动的惩罚本身，是唯一直接和原始的意图，156
这可能被称为主要或适当的刑罚；另一个是在前者未被服从的情

况下，则被要求协助，并可能被称为辅助惩罚。

从数量上看，这种辅助惩罚可以是任何一种足够多的惩罚。然而，它不应该是同样劳动的类型。因为在这种情况以及在主要惩罚的情况下，受刑者的意志是构成刑罚的必要条件；并且为了确定意志，必须有一些不依赖于意志的事件。因此，有必要采用纯粹被动的惩罚，或那些限制性的惩罚，其手段纯粹是身体上的。

关于这类惩罚，这里要注意的一点是关于手段的选取。在这种惩罚中，惩罚手段与通过它产生的痛苦之间存在着一两个环节。手段首先产生意志，这种意志又产生一种相应的外部行为：这种行为正是产生所讨论的痛苦的直接原因。那么，我们可以看到这种惩罚与其他惩罚具有显著的区别：它是由受难者自己的行为立即产生的，是受难者为了避免更大的惩罚而对自己施加的惩罚。

那么，在积极惩罚的情况下，什么样的行为是会产生痛苦的
157 呢？没有任何比这更具体的描述：这是一个人有意不去做的行为，或者换句话说，无论如何都会令他不快的事。

一种职业是一系列相同类型的行为，或趋向于同一目的的行为。一个职业可能从积极或消极方面来说都是令人不快的。以一种或多或少直接的方式，对一些积极的痛苦有所作为，或者对从事一些更令人愉快的职业有所妨碍。

就其本身而言，一项职业可能是痛苦的、愉快的或无关紧要的。但持续一定时间后，（人们）就会嚷嚷着要求停下（这是人性的一部分），无论哪个职业都会变得不愉快。不仅如此，而且那些最初令人愉快的职业，由于其持续性，也会变得比那些原本无关

紧要的职业更令人不快。[①]

为了使他的职业在总体上是令人愉快的，每个人都必须根据自己的喜好自由地从一个职业转换到另一个职业。因此，如果一个人在一定时间内不得不从事任何职业而没有转换到另一种职业的自由，就会变得令人不快。简而言之，就会成为一种惩罚。

积极的惩罚是多种多样的，就像人们为了生活的各种目的而有机会从事的工作一样。这些通常是无差别地施加给所有罪犯的，就像所有的命令都无差别地被人接受。它们通常包括各种肌肉力量的施加，其中很少或根本不需要灵巧的应用方式。总的来说，158
它们本来就是为了产生收益：除了惩罚本身的预期收益之外，还有附带利益。

在刑罚的劳改方式中，划船是一种非常常见的方式。这是一种主要靠主干力量来完成的练习，几乎没有技巧，并且目前已经实现。一些体积大到足以在任何波涛中航行的船只，即使没有帆的帮助，也可以以这种方式航行。这种职业本身比普通水手更令人不快，因为单调乏味，此外划船者还受到链条的限制。这样的船被称为帆船，划船者被称为帆船上的奴隶。这种惩罚虽然在英国不为人知，但在欧洲大多数海洋国家都在使用，特别是在地中海和亚得里亚海。

在许多国家，犯罪分子被雇用在各种公共工程中，例如清理

① 例如，至少在某些时候，对大多数男人来说，吃葡萄可能是一种令人愉快的职业，而摘葡萄是一种无关紧要的职业。但是，举例来说，两到三个小时后，吃葡萄将变得无法忍受，而采摘它们可能仍然存在，也许这本身几乎就是一个无关紧要的事情。

港口[1]和城镇街道，修建道路，建造和修理防御工事以及在矿井工作。

在矿井工作是俄罗斯和匈牙利采用的一种惩罚。在匈牙利，矿井里是有水银的，这种金属对长时间暴露在其蒸气中的人会产生有损健康的影响，这可能是雇佣罪犯而不是其他人从事这项工作的原因之一。

159 加工麻类植物（以制作麻绳或粗布）是我们济贫院里的少年犯被安置去做的最常见的工作。不分男女，都要服从这项工作。

从公共事务的性质来看，积极惩罚可分为特定的和无差别的惩罚两类。当行为人被迫做这样或那样特定种类的工作时，我称之为特定的惩罚。无差别的惩罚则是行为人听从其他人的指示进行并非特定种类的工作。如果指示他的人拿走了这其中所有的利润，他就被称为雇主。如果利润被其他人获得，他被称为看守者。有些情况具有混合性质，在某些方面奴役是无差别的，而在其他方面是特定的。

在波兰分裂前的华沙，有一个公共劳动救济所，囚犯通常被限制在从事由当地法律或习惯决定的特定工作中。然而，任何符合规则的人都可以向这个劳动救济所申请，只要提供担保并支付一定费用，就可以分配一定数量的罪犯给他，（这些罪犯）在一定时间内从事任何工作。他们所从事的工作通常是些粗活，例如挖沟或铺设院子。根据雇用的犯人的数量，一个士兵或一队士兵被派去看守他们。

① 1776 年，乔治三世第 16 号法令首次规定，雇佣罪犯以清理港口。

俄罗斯也流行这种习俗。[①]

这种特定奴役和无差别的奴役之间的区别可以用两个来自英国法律的例子来说明。 160

一个特定惩罚的例子是，在改善泰晤士河航行条件的过程中，一项法令指示在船上雇用某些罪犯。该法令规定了劳动的种类以及实施劳动的辅助惩罚。

无差别的奴役是我们的法律以流放之名施加的惩罚的一部分。这种奴役的持续时间有时是有限的，但对可能需要的公共事务而言是没有限制和约束的。

所有这些种类的劳动，无论是无差别的还是特定的，都要求从事者处于特定公共事务所在的地点作为附加条件。有些意味着监禁。所有这些都对职业施加了限制，也就是说，让一个人被迫从事与自己本来的职业不相匹配的工作。这种限制在一定程度上是不确定的。因此，把一个人置于任何一种特定的限制之下，在当时就是把他置于一种几乎是普遍的限制之下。因此，一个人因被迫从事任何特定职业而失去的快乐的明确价值等同于他如果没有被强迫从事某一特定职业所能获得的最大快乐的价值。

在审查劳役刑时，我们会发现它拥有我们所期望的惩罚应当具有的特性，总的来说，它比任何其他单一的刑罚都更加完美。 161

1. 它可以转换成利润。事实上，劳动正是利润的来源。毕竟，

---

① 这位神父有特别的理由记住这件事。为了进行一些实验，他需要挖掘土地，于是有幸得到了十几个这样可怜的囚犯的帮助。他给了他们一些钱去买酒，但他们却用这些钱让看守警卫喝醉，然后逃跑了。参见《夏普神父在那个国家的旅行》(*Abbé Chappé's Travels in That Country*)，第一卷，第 149 页。

它在这方面的权力并不像金钱惩罚那样广泛。因为这样惩罚一个人所获得的一切利润，都是由一个人的劳动所能产生的。数量有限，而且从来都不是很充足。另一方面，以金钱的方式惩罚一个人，可能会获得相当于数百人劳动的利润。然而，赞成这种惩罚的不同之处在于：金钱是一种临时资金；而劳动者不会倒下。的确，总的来说，虽然金钱惩罚在特定情况下能更有利可图，但是，考虑到很大一部分人，特别是那些最容易犯下最常发生和最麻烦的罪行的人，除了他们的劳动之外，没有其他值得估算的财产。劳动的惩罚，如果能按照其可能和应该的方式进行管理，可能也会被认为是整体上最有利可图的。

2. 从其对于国家的节俭性角度来看，劳动惩罚本身与其他任何惩罚一样，都不太容易引起反对。就其本身而言，我想说：因为，当其与监禁结合时，如同在公共劳役的情况，其会给公众带
162 来那些我们已经在“监禁”部分提及的费用。然而，这些不应归咎于惩罚的劳动部分。因此，劳动惩罚在这方面相对于简单监禁的优势是显而易见的。但是，这两种惩罚中的前者虽然在思想上与后者是分开的，但在实践中却是不可分割的。监禁可以在没有劳役的情况下维持存在，但强迫劳动不能在没有监禁的情况下维持其存在。与监禁相比，奴役在这方面具有的优势与任何其他惩罚方式相比时就不复存在了。然而，在良好的管理下，这一部分获得的利润足以抵销另一部分产生的费用。因此，总的来说，在经济方面，它比除金钱以外的任何其他惩罚方式都具有优势。

3. 从平等的角度来看，它似乎同样没有异议。至于它所包含的限制，会根据每个人的情况自行调整。因为，就每一个人而言，

它的作用是限制他从事那些对他来说感到最愉快的职业，无论它们是什么。积极的奴役，本身就容易使一个人承受比另一个人更重的压力。一个不习惯于任何一种劳动的人，至少在一段时间内，会比一个习惯于劳动的人遭受更多的痛苦。尽管这种痛苦的种类或程度与所讨论的不同，但是，只要适当地注意个人的情况，这种不便是完全可以避免的。

4. 在可变性方面，虽然它不是自始至终完美无缺的，但就其范围而言，它是完美的。在很有限的范围内，由于它所涉及的耻辱，它无法生存。至少在一个受欧洲礼教支配的国家中是这样。
约瑟夫二世皇帝统治期间最可憎的行为之一是判处高级官员在公 163
共工程中劳役。法国的新教徒谴责，将他们的宗教牧师派到由囚犯划桨的桨帆船上是对自己的人身侮辱。在这方面，它比不上金钱惩罚。除此之外，它可以变化到极致：在强度和持续时间方面也是可变的。

5. 在儆戒性方面，它没有特别的优势，也没有任何缺点。痛苦的象征并不属于它自己：因为区分苦役和自愿劳动只是一种内在的情况——强迫观念在受罚者的头脑中运作。然而，这些象征必然属于与之自然结合的刑罚，我指的是监禁，当然也适用于刑罚。通过某种特殊性来表征受罚者状况的手段是如此明显，以至于这些可能被视为与之自然相关的象征。

6. 就有益于改造方面而言，它优于任何其他惩罚，除了我们已经坚持认为特别适合这一目的的监禁方式。除了将犯罪分子分开之外，还有当他们在一起时为他们找到工作。他们所从事的工作在某种程度上限制了他们的注意力，当下的事情足以占据他们

164 的思想，他们不会被无聊的冲动所刺激，以那种前面已经解释过的方式去寻找那些有可能在他们的头脑中结下堕落的种子的话题：他们不会为了投机的收益，而回忆过去的冒险经历，或者把他们的发明放在未来项目的探索中。这种纪律确实不像其他纪律一样，釜底抽薪地铲除腐败。但它会遏制腐败的发展，并削弱腐败的倾向。与这种纪律的性质有关的另一种情况有助于遏制腐败的进展：为了确保其任务的执行，工人必须接受监督者的监督。这些监督者的存在自然会对他们起到制约作用，并限制他们参与任何犯罪话题的讨论。

关于这种惩罚防止人变得更坏的倾向，就言尽于此吧。除此之外，它还具有使人们变得更好的积极倾向。而且这种倾向比另一种更明显，更不容易出意外。正如已经观察到的那样，人的天性有一种倾向，即配合并适应他碰巧所处的每一种情况。这就是习惯的力量。很少有职业如此令人厌烦，以至于习惯不能及时让它们变得（相对）容易接受。如果那时的劳动，即使是被迫的，最后也会随着时间的推移而减轻很多困难，那么，当劳动的持续时间和方式在某种程度上受到劳动者本人的意志来调节时，劳动会变得多么容易。什么时候耻辱和强迫的痛苦观念被去除，而获益的想法被引入以使劳动变得幸福？总而言之，什么时候劳动者能够自由地、有选择地工作？

165 7. 这种惩罚方式与最常见、最需要有效惩罚的那类罪行——我的意思是，由于贪婪或懒惰的原则而产生的罪行——并不完全缺乏相似性，至少在言辞上是这样的。懒惰的人被迫工作。流浪汉被限制在一个特定的地方。这样施加的限制越是与受罚者的自然倾向相反，等待他的惩罚的前景就越能有效地阻止他放纵自己的邪恶倾向。

8. 关于这种惩罚在这个国家的大众性，人们的偏见并不像所希望的那样对其有利。急切的灵魂太容易被独立之火点燃，有一个词可以形容它，它提出了一个特别令那些以自由为荣的民族讨厌的想法。这个词就是奴隶制。他们说奴隶制对一个英国人来说是一种太有辱人格的惩罚，即使是在废墟中。这种偏见可以通过以下几点来反驳：第一，公共奴役与奴隶制是不同的东西。第二，如果不这样，就没有理由不经审查就否认这种惩罚。如果经过审查，发现它没有在必要的程度上拥有他所希望的一种惩罚方式中的特性，是其拒绝的原因而非碰巧被称的名称：如果它确实拥有这些特性，那么它的任何名称都不能改变其性质。而这些观点在"大众性"一章中得到了更充分的坚持。

概括地讲了这种惩罚之后，让我们停下来考虑一下应该优先考虑的不同种类的劳动。

主要区别是公共劳动和私人劳动。 166

在公共事业中，公开的恶名往往会比工作习惯（这使他们改过自新）更易使个人更加堕落。在伯尔尼，有两类被强迫的劳动者：一类是负责清洁街道和从事其他公共工程的；另一类则负责监狱内部。后者一旦获得自由，就很少会再次落入审判之手。前者刚被释放就会犯下新的罪行。在伯尔尼，这种差异是他们在公共事业中对耻辱的无动于衷所造成的，而这种恶名每天都在重演。在臭名昭著之后，该国可能没有人愿意与他们保持联系或雇用他们。

通常为这种惩罚而选择的粗暴和痛苦的劳动似乎并不合适。

很难衡量个人的力量，也很难区分真实和假装的虚弱。辅助惩罚必须与劳动的困难程度和履行劳动的不情愿程度成比例。检查员所必须具备的权力极易被滥用。依靠他的同情心，甚至依靠他的正义，来从事使人心肠刚硬的工作就暴露了对人性的无知。一旦有必要实施身体刑，负责执行身体刑的个人在他自己看来就会堕落，他会通过滥用他的职权来为自己报仇。

“我们不会向往那些谦逊的人，因为他们能升到高处。”

167 需要付出巨大努力的劳动应该由自由劳动者来做。通过恐惧之力所获得的劳动永远比不上通过对回报的希望所获得的劳动。受限制的劳动总是不如自愿劳动。不仅因为奴隶会尽力隐瞒自己的力量，还因为他需要那种灵魂的能量，而肌肉力量在很大程度上依赖于这种能量，在那些大部分劳动由奴隶完成的州，估算这一原因造成的损失是一个奇怪的计算。这将极大地证明，逐步解放他们将是一项崇高且有益的措施。

除特殊情况外，矿井中的劳动对犯罪分子来说不太合适，部分是由于上述原因，还有部分是由于有贬低这一职业的危险。犯罪和耻辱的观念很快就会与它联系在一起。矿工和罪犯很快就会成为同义词。如果有足够多的犯罪分子在矿井里工作，则不会带来不便，但如果情况恰恰相反，那么可能会缺乏工人。因为那些曾经自愿从事这种劳动的人或那些能自由选择从事这种劳动的人会对这种劳动产生厌恶。

第十一章　死刑 168

死刑可以分为两种类型：第一类，简单的；第二类，折磨性的。

我所说的简单，即如果产生任何身体疼痛，其产生的程度不会超过产生死亡所必需的程度。

我所说的折磨性的，即当任何程度的痛苦产生超过为此目的所必需的程度。

在目前情况下，没有必要试图详尽无遗地说明在没有或尽可能少的附带痛苦的情况下可能产生死亡的所有方式。这项工作几乎是永无止境的，完成它的唯一用途就是提供一个机会，从目录中选出一种模式，它似乎具有所期待的最完美的特性，而无需任何此类过程就可轻而易举地完成。

在英国使用的模式远非最佳模式。在用悬吊绞杀时，仅靠身体的重量很少能够立即产生完全的呼吸阻塞。受刑者独自一人时，会挣扎一段时间。因此，刽子手为了缩短他的痛苦，把自己的重量加在罪犯身上的情况并不少见。对某些人来说，用弓弦勒死可能是一种更严厉的处决方式。部分是由于人们对专制政府的每一
种做法都抱有偏见，部分是由于刽子手在这种情况下比在另一种 169
情况下更积极地执行死刑。然而事实是，它比另一种情况所产生

的痛苦要少得多，因为它肯定要更迅速地完成。通过这种方式，力直接施加在产生障碍所需的方向上。在另一种情况下，力仅倾斜施加，因为两个人那样拉的力量比一个人的要大。

然而，即使是在绞刑中，感官和知觉也会很快终止。从行刑中幸存下来的人的叙述中可以充分看出这一点。在抽搐性挣扎结束之前很长一段时间，情况可能就是这样。因此，受刑者在外表上比在现实中遭受的痛苦更多。

关于斩首，我们有理由假定感官和知觉的终止不是立即发生的：一部分感觉在与大脑分离后相当长的一段时间内可能仍保留在脊髓中。至少从所有的外观来看，不同的动物和昆虫在不同的时间段是这样的，它们的头部与身体分离后仍能继续移动。

第二节　折磨性的死刑*

为了详细讨论主题的这一部分，有必要把各种刑罚的说明编纂成一个目录，在实践中已经有一些例子，除此之外还有想象中提供的其他刑罚。但是执行这种不讨好的任务有什么用呢？我们
170 会更愿意避免任何这样的劳动，因为在更现代的欧洲法典中，这些惩罚已被完全抛弃。在那些尚未被正式废除的地方，它们也早已形同虚设。让我们为这些改进而欣喜，哲学家很少有机会向统治者提出更合理或体面的赞扬。然而，由于这一话题很重要，所以不能让它在完全沉默中被忽略。有关法理学体系已经建立得太

* 原文如此，无第一节。——译者

久了，它有太多的辩护者，它的支持者也有很多大名鼎鼎的人物，以至于在一部专门论述惩罚主题的著作中不可能完全省略它。此外，还可以说明，在这种描述的谴责惩罚方面，理性与人性是一致的，不仅是无用的，而且是与立法者的意图相违背的。

如果研究一下在这种描述中的几种惩罚的特殊性质，以及那些被废除已久的惩罚，例如钉十字架和与野兽关在一起，以及那些在现代欧洲各地使用的惩罚，例如火刑、贯穿刑、撕扯刑和轮刑。从中我们会发现，最痛苦的部分在于它们的持续时间。但是，这种刑罚在本质上并不能产生人们可能期望从它身上得到的有益效果。

当任何特定种类的惩罚受到谴责时，人们对其印象最深刻的部分就是它的强度。它的持续时间给人的印象要弱得多。在普通
执行死刑的方式上稍微增加一点肉体上的痛苦，就会对人的心灵 171
产生强烈的影响。关于其痛苦持续时间的想法几乎完全被对惩罚主要部分的恐惧所占据。

在对惩罚的法律描述中，很少（明显地）看到其持续时间。它未被提及，是因为它本身自然是不确定的：它部分取决于受刑者的体力，部分取决于各种其他意外情况。对于这种惩罚的这一显著和重要的特征，没有办法吸引和固定人们的注意力在它上面：对那些反思的人来说，它不会产生任何印象；在那些不反思的人身上，一切都是徒劳的。

诚然，任何特定惩罚的持续时间都可能由法律规定，可以确定执行几项规定操作时应使用的小时数或分钟数。这显然是一种将注意力集中在惩罚的这一特殊特征上的方式。但即使这种方式

看起来很完美，也不足以产生预期的效果。借助于图片，任何特定种类的惩罚的强度或多或少地都可能被真实地表现出来，但是要表示其持续时间是不可能的。火焰、绞架和所有折磨人的机器，以及奄奄一息的受刑者的抽搐痛苦都可以被描绘出来，但时间无法被描绘。持续两个小时的惩罚与只持续一刻钟的惩罚似乎没有什么不同。在某种程度上，艺术的缺陷可以通过想象来弥补，但
172 即便如此，也对真实情况望尘莫及。

诚然，对旁观者来说，惩罚的持续时间是经过精心策划的，目的是给人留下深刻的印象。但即使在他们身上，经过一定时间之后，惩罚的延长也会失去其效果，取而代之的是一种与所希望产生的情绪完全相反的情绪——对受刑者的怜悯和同情的情绪随即出现。旁观者的内心会对他所目睹的场景产生反感，受苦的人的呼喊将会被听到。肉体上的痛苦将不仅仅局限于罪犯，旁观者也会参与其中：最令人忧郁的意外、昏厥和危险的抽搐将伴随着这些悲惨的表现。这些血腥的处决，以及关于他们的骇人听闻的报道，是人们对法律和执法者产生根深蒂固的反感的真正原因。这种反感倾向于支持有罪者不受惩罚，而使得犯罪的数量增加。

任何政府坚持继续采用如此严厉的惩罚方式，唯一可以给出的理由是：人们的习惯状况如此恶劣，以至于更宽大的惩罚无法约束他们。

是否会有人说，在那些没有上述惩罚的国家，犯罪会更为频繁。事实恰恰相反。最凶残的劫匪恰是出现在这样的法律之下，这很容易被解释。他们受到威胁的命运使他们对他人和自己的感
173 情都变得冷酷无情。他们变成了最恶毒的敌人，他们的每一次野

蛮行为都被视为一种报复。

在这个问题上，就像在许多其他问题上一样，蒙田（Montaigne）（的见解）远远超前于他所生活的时代。他说："在简单死亡之外的一切，在我看来都是残酷的。立法者不应该期望那些不会担心因被斩首和绞死而死亡的罪犯会因害怕暴露在缓慢的火力或拉肢刑具中而受到更有效的震慑。我确实不知道，但他可能会变得更孤注一掷。"①

法国制宪会议废除了折磨性的惩罚。在《拿破仑法典》中，斩首是规定执行死刑的方式。只有在杀害父母和企图杀害君主的情况下，才会在简单的死亡惩罚之外增加砍下罪犯头颅这一特有的痛苦惩罚。

在这个国家，唯一使用折磨性惩罚的罪行是叛国罪。叛国罪的判决包括七种不同的折磨性操作。1. 由马尾拖着，从监狱到行刑地；2.（绳子）吊在脖子上，但不至死；3. 在受刑者还活着的时候把内脏取出并烧了；4. 斩首；5. 车裂；6. 在国王指示的地方公开进行车裂惩罚。这种惩罚模式现在已经不使用了。对贵族阶级适 174
用斩首，对下层阶级适用绞刑。

我希望我们能再次结束这部分主题，但遗憾的是，还有一种折磨人的惩罚方式尚未被提及。这种惩罚方式极其痛苦，比我们迄今为止所说的任何一种方式都更令人痛苦、更可怕，并且仍在使用中。它不是在欧洲使用的，而是在欧洲的殖民地——在我们自己的西印度群岛。

① 参见《蒙田随笔》（*The Essays of Montaigne*）第三卷《懦弱是残忍之母》（Cowardice the mother of cruelty）。

罪犯被一个钩子挂在柱子上，钩子插在他的肩膀下或胸骨下。通过这种方式，受刑者被阻止做任何事情来使自己好过一些，同时禁止所有人在严厉的惩罚下救济他。他一直保持这种状态，即便是暴露在白天的酷热中，那里的太阳几乎是垂直的，大气中几乎没有云；还有夜晚寒冷的露水。他那被撕裂的肉体吸引了许多昆虫，这增加了他的痛苦，在这些复杂的痛苦所产生的发烧下，再加上饥饿和口渴，一切都在最强烈的程度上肆虐，直到他逐渐死亡。

当我们反思这种痛苦的复杂性时，其强度超过了我们所能想象的一切，而且这种痛苦的持续时间不只是许多小时，而是许多天。我们会发现这是迄今为止人类的智慧所设计的最严厉的惩罚。

迄今为止，这种惩罚所针对的人是黑人奴隶，他们的罪行被称为叛乱，因为他们是最弱的。但如果他们是最强的，那将被称为自卫行为。不幸的是，这些人的体质在某些方面比我们的要强
175 健得多，据说他们中的许多人在这些可怕的折磨下仍坚持了十到十二天。

据说，这种惩罚只不过是为了限制那些人，使他们处于奴役状态所必需的。因为他们生活的总基调就是如此悲惨的一幅景象，简单的死亡通常会是一种解脱，而一种不那么痛苦的死亡几乎不会起到限制作用。

这也许是真的。可以肯定的是，一种对人产生任何影响的惩罚，就痛苦和快乐而言，必须与这种生活方式的平均状态成一定的比例。但是，人们不得不注意这将导致什么结果。这些殖民地的奴隶人数与自由人的人数比例为六比一，可能有大约三十万黑

人和五万白人。在这里，总体来看，有三十万人过得生不如死，导致这个结果的原因是为了让五万人过上幸福的生活，而这种生活并不比没有奴隶制的地方的同等数量的人的平均生活水平更好。相反，我们发现当有机会时，人们通常喜欢为此做出改变。另一方面，毫无疑问，这些岛屿上生长的糖和咖啡以及其他美味佳肴极大地增加了欧洲人民的享乐。但是，考虑到所有这些情况，如果仅仅将三十万人维持在一种只能通过这种处决的恐怖才能获得这些东西的状态，那么，是否有任何奢侈或享受的考虑可以抵消这种罪恶呢?

与此同时，毫无疑问的是，这些惩罚的捍卫者为了证明其合 176
理性，夸大了奴隶制的痛苦，以及奴隶的生命价值的微不足道。如果他们真的沦落到如此悲惨的地步，那么即使必要的法律变得如此残暴也不足以限制他们。他们一无所有，（因此）他们会不顾一切后果，他们将进行无休止的叛乱和屠杀。他们会陷入绝望的境地，每天都会产生最可怕的混乱。但是，如果存在对他们来说不是一件无关紧要的事情，那么支持这些法律的唯一借口就会落空。应该让殖民者反思这一点，如果有必要制定这样的法典，那么殖民地就是一种耻辱，是对人类的侮辱；如果没有必要，那么这些法律就是对殖民者本身的耻辱。

177 # 第十二章　对死刑的审查

在进行这项审查时，将执行以下计划。我们将首先考虑死刑的有利特性，然后我们将继续考察它的不利特性。最后，我们将考虑这种惩罚方式所产生的附带的不良影响。与那些更直接和更引人注目的影响相比，这种影响更深远、更不明显，但有时更重要。

如果不是审查过程引导我们将这种惩罚方式与其他惩罚方式进行比较，从而确定哪种方式有资格获得优先权，那么如此承担的任务将是一项极其不讨好和徒劳无益的任务。关于惩罚问题，在这方面应遵守与税收问题相同的规则。抱怨某种特定的税收是不明智的，只会播下不满的种子，仅此而已。要想真正富有建设性，在发现其弊端的同时应当提出另一种税收，其效力相近，且不足较少。

第一节　死刑惩罚的有利特性

178 1. 死刑中最显著的特征，也是它最完美的特征，就是剥夺罪犯造成进一步伤害的能力。无论是犯罪者的暴力还是狡猾，都将不复存在。社会以一种迅速且彻底的方式摆脱了一切恐慌情绪。

2. 它类似于谋杀案件中的罪行，但是它的相似性到此为止。

3. 就同一罪行而言，而且仅在这一方面，它很受欢迎。

4. 在某种程度上，死刑可能比任何其他种类的惩罚都更具儆戒性，而且在那些很少使用死刑的国家，死刑给人留下了深刻而持久的印象。

贝卡里亚认为，任何特定惩罚所产生的印象与其持续时间成正比，而不是与其强度成正比。"我们的感受力，"他注意到，"比起受到强烈但短暂的感情，更容易和永久地受到轻微但反复的攻击的影响。因此，死刑对犯罪的抑制作用不如将一个人关在禁闭状态并从事艰苦劳动，以让他对社会造成的伤害作出一些补偿。"[①]

尽管有这样令人尊敬的权威，但我还是更倾向于相反的观点。这一观点主要基于两点观察：(1)一般来说，死亡被大多数人视为万恶之首，为了避免死亡，他们愿意忍受任何其他痛苦。(2)死亡，几乎普遍地被认为是一种过于严厉的惩罚，作为一种宽恕的措施，人们恳求用任何其他惩罚来代替它。就持续时间而言，痛苦几乎为零。因此，我认为，一定是对于死亡，特别是暴力死亡 179
的痛苦程度的一些混乱和夸大的理解，使得死亡的概念如此可怕。对于更高社会等级的罪犯，贝卡里亚先生认为，我们必须假设程度适中的一种费力的惩罚将比所能设想的最痛苦的死亡给人留下更强烈的印象，这并非没有道理。但是，对于普通人来说，在那些因名誉、感情、享受以及希望而与生活联系在一起的人中，死刑似乎比其他任何方式都更具有儆戒性。

① 参见《论犯罪与刑罚》第十六章。

5. 虽然死刑表面上的痛苦是最多的，但真正的痛苦也许比折磨性惩罚中更大的部分要少。除了持续时间之外，它们还留下了一系列伤害受刑者身体的罪恶，并使其余生伴随着痛苦的并发症。在死刑中，痛苦是短暂的，它是对所有感觉的否定。

如果只考虑最后一刻，刑罚死亡往往比自然死亡更温和，而且绝非邪恶，而是呈现出一种善的平衡。所受的痛苦，必须在临死前的某个阶段去寻求。这种痛苦包括了恐惧。这种恐惧始于犯罪者犯罪的那一刻，当他被逮捕时，恐惧会加倍。在使对他的定罪更加确定的过程的每个阶段，它都在增加，并且在判决和执行之间的间隔期间处于顶峰。

180 赞成死刑的更为坚实的论据是上述考虑共同作用的结果。一方面，对一般人来说，这是所有惩罚中表面上最严重、最令人印象深刻和最具儆戒性的惩罚；另一方面，对于实施最残暴的罪行的可怜人来说，它并不像看起来那样严格。它迅速终止了一个不安、不快乐和不光彩的存在，剥夺了所有真正的价值：呵！这比现行法律还糟糕。[1]

第二节　死刑中缺乏的可取刑罚品质

1. 死刑不能转化为收益，也不能用于赔偿的目的。如果赔偿可以从违法者的劳动中得到，赔偿的根本来源就（因为死刑）被破坏了。

---

① 参见佩特罗尼乌斯（Petronius）:《萨蒂利孔》（*Satyricon*）。

2. 在节俭性方面，它显然是有缺陷的。到目前为止，从财富和实力来看，它不仅不能转化为收益，反而给社会带来了一定的损失。就财富而言，对公众来说，随便哪一个人创造的财富都是国家全部年收入的一部分，这部分财富收入是由国家按其所包含的人数进行分配而来的。同样的计算方式将决定实力的损失。但是，一个被证明犯有某种罪行而被判处死刑的人的价值并不等同于（社会上的）随便一个人。在那些受到这种惩罚的人中，十分之九的人已经摆脱了正常工作的所有习惯。他们是蜂巢里的雄蜂，181
因此对他们来说，死亡并不是一种不合格的惩罚方式，除非是与监禁和苦役相比，通过后面这些方式，他们有机会被改造，从而对社会有一些用处。

3. 平等性是另一点，也是最重要的一点，在这一点上，这种惩罚显然是不够的。对于一个被随意选择的人来说，这通常是一种非常严厉的惩罚，尽管仍然有天壤之别。但是对于一个被排除在最严重的罪犯类别外的人来说，它可能会有更大的变化。对于某些人来说，它就像对随意选择的一个人（施加刑罚）一样（惩罚力度）过重；但对于许多人来说，它几乎是无关紧要的。

死亡的确是一切欢乐的缺失，但同时也是一切痛苦的缺失。当一个人感到自己受到可判处死刑的罪行的诱惑时，他是否犯罪的决心是下列计算的结果：一方面，他列出自己在抵制诱惑、不犯罪的情况下可能享有的显而易见的幸福；另一方面，他列出自己在犯罪的情况下可能享有的明确幸福，考虑到这点在他看来可能受到的惩罚会缩短他幸福的持续时间。

现在，如果在前一种情况下，他似乎没有明显的幸福感，如

果有明显的不幸部分，那就更糟糕了。换句话说，如果可能带给他的明显幸福部分几乎为零，或者如果它看起来是负的，那么构
182 成犯罪收益的快乐就会以一种没有任何东西可以反对的力量作用于他身上。看到其由于死亡而突然停止的可能性将从平衡中或多或少地减去。但无论如何，总会达到某种平衡。

对于许多犯罪分子来说，情况总是如此。他们由于天生懒惰或不被重视而厌恶劳动，或者由于一时冲动，当他们与痛苦斗争时，他们确实认为诚实勤劳所获得的乐趣不值得为之生活；或者他们认为生活不值得维持，没有什么乐趣或快乐，对于处于他们这种处境的人来说，这些乐趣或快感只能通过犯罪得到。

我并不是说这个计算是按照我刚才说的那种形式进行的。我也不是说在计算一方的痛苦和另一方的快乐的总和时，总是要用精确的计算来关照每一项。但是，不管是好是坏，这个计算已经做出了：否则一个人就不能按照他应该做的去行动。

那么，在所有这些不幸经常发生的情况下，显然死刑是毫无益处的。

可以说，其他任何惩罚也不会有用。为了达到其目的，任何其他惩罚必须具有阻止或以其他方式使有关人员将来不再犯同样罪行的效果。如果他因此而受到威慑或丧失行为能力，他就会沦落到这样一种境地：根据这种假设，死亡对他来说总体上是一种值得期望的事件。既然在他的力量范围之内，他将推动这一结果的实现。

183 然而，这个结论并不是必然的。有几个理由可以解释为什么同样的冲动，足以使一个人死于正义之手，却不足以使他亲手置

自己于死地。

首先，将其作为一种惩罚而施加绝不是必然的。其本身就是不确定的，而且他本应该受到的激情的影响会把他的注意力从有利于这一切发生的机会上转移开，使得这一切看起来更加不确定。

其次，激情虽然是确定的，但无论如何，它是遥远的，而他由于没有拥有其激情的对象而遭受的屈辱是现实的。

第三，当一个人不得不用自己的手将死亡强加给自己时，死亡带来的痛苦要比他所做的一切仅是将自己置于另一个人之手或某种物理原因造成的痛苦强加给他时要多得多。要使自己置于这样的境地，只需要一个单一的、突然的念头，也许只需要一个随之而来的行为，在这个过程中，他可以闭上眼睛，不去理会他将承受的痛苦。它到达时刻的距离是不确定的。而一个人死于自己手中，情况则相反。他的决心必须在实现这一事件所必需的整个时期内得到支持。这种方式是可预见的，时间也是即时的。可能有必要的是，即使在一部分痛苦已经产生之后，决心也应该持续下去并给予支持，同时促使他在目标实现之前增加更多的痛苦。

因此，当人们下定决心要死亡时，如果有机会选择死亡，他 184
们通常会选择死在别人的手中而不是自己的手中。因此扫罗（Saul）宁可死在拿他兵器的人手中，提比略·格拉古（Tiberius Gracchus）死在自由民手中，而尼禄皇帝（Emperor Nero）被他的一个仆从杀死。

第四，当一个人被促使在死亡中寻求解脱时，与其说是因为某种狂暴的激情突然爆发，倒不如说是因为他坚信他生活中的痛苦可能比快乐更多。因此，一旦下定决心，就会心满意足，而不会立即付诸实践。因为没有比这更普遍的人类行为准则，即引导一个人暂时满足于力量，而不是立即行动，也许永远不去行动。正是这种感觉常常使奢侈享乐的人变成吝啬鬼。

现在，这也许是那些可能被判处另一种刑罚而非死刑的人的状况。他们时时刻刻都在推迟他们计划的执行时间：有时是因为缺乏手段，有时是因为缺乏兴趣，直到最后发生了一些事情，使他们在头脑中产生了一连串的想法，最后改变了他们的决心。在人类的精神和物质结构中，都存在着一种强烈的性情以能逐渐适应被迫和灾难性的压力。当一条大动脉被切断或者因其他原因受损时，周围较小的动脉就会伸展并承担起向受影响部位输送必要供给的全部责任。失明可以增强感知能力。左手学会执行右手的职责，甚至是双脚的职责。消化道的下半部分已经学会如何履行
185 职责，甚至可以承担胃部运作的功能。

头脑具有同样的灵活性和顺从性，能够适应乍一看似乎无法忍受的情况。一切苦难中，偶尔会有一些缓解，这种缓解通过对比会转化为愉悦。这样的例子不胜枚举：有些人突然从辉煌的巅峰跌落到痛苦的深渊，当旧的快乐源泉已经无法恢复而干涸时，他们的思想逐渐从他们习惯的所有快乐回忆中脱离出来，为自己创造新的快乐源泉。且不必谈其他任何作品，光是劳赞伯爵的《蜘蛛》、比塞特的稻草画、法国战俘精巧的雕刻作品，就足以说明这句话。

4. 可变性是一个优点，在这一点上，死刑比任何其他刑罚都显得更为不足。它只在一种程度上存在，恶的数量既不能增加也

不能减少。在面对大多数最恶毒[1]、最可怕的犯罪分子——那些自称是抢劫犯和强盗的犯罪分子的情况下，它尤其有缺陷。

5. 死刑是无法免除的。[2] 其他种类的折磨性的惩罚，确实也面 186
临着同样的反对，但是，尽管不可撤销，却并非不可挽回，死亡却是无法补救的。

任何一个人，不管对刑事诉讼的关注有多少，都会因一个人的生命所依赖的微不足道的细节而受到震撼。谁会不记得有这样的事例：有个人得以安全是由于发生了某种意外事故从而使他的

① “难道你不知道我们比其他人更容易患上一种疾病吗？”一个在拷问架上的罪犯对他的同伴说，而他的同伴则因痛苦而尖叫。当人们看到在纽盖特（Newgate）被处决的大部分罪犯在被执行绞刑时表现的勇气或残忍的麻木不仁，人们不可能不相信，他们已经习惯于认为这种结束自己生命的方式对他们来说是一种自然死亡，就像是一种意外或不幸。他们不应该因此而放弃自己的职业，就像士兵或水手不会因为担心子弹或船难而放弃他们的职业一样。

② 这里可以适当地注意到，使用死刑作为惩罚会产生一种恶，即它摧毁了一个证据来源。犯罪档案在一定程度上存放在罪犯的心中。在他们死后，他们所拥有的关于自己和他人罪行的所有回忆也会随之消失。他们的死亡对于那些本可以通过他们的证词被揭露的人来说是一种有罪不罚的行为，而无辜者必须继续受到压迫，而且正义永远无法确立，因为必要的证人被剥夺了。

在刑事诉讼进行的同时，被告的同谋会逃跑并藏身。这是一段焦虑和痛苦的时期。正义之剑似乎悬在他们的头上。当他的职业生涯结束时，对他们来说，这是一种庆祝和赦免的行为。他们有了新的安全感，他们可以昂首阔步。死者的忠诚在其同伴中被视为一种美德，并因其年轻弟子的教导而受到他们的欢迎，同时也因其英雄主义而受到赞扬。

在监狱里，这种英雄主义将面临比法庭审讯更危险的考验。如果一个罪犯与其同伴分开，独自一人，他就不再拥有这种将他与同伴联系在一起的荣誉感。只需片刻的忏悔，就能从他身上夺走那些只有他才能做出的发现；如果没有他的忏悔，还有什么比对那些使他失去自由的人复仇更自然的吗？那些虽然与自己同样有罪，但仍继续享受自由的人，他们只需听从自己的利益，并通过一些有用的信息来减轻惩罚的严厉程度。

187 清白无辜被公之于众。在某些审判制度下所产生的风险无疑比在其他审判制度下更大。那些允许酷刑来弥补其他来源的证据不充分的诉讼程序是不公开的，或许可以使用这一表述，四面楚歌。但可以说，是否存在或能否设计出任何刑事诉讼制度，以确保法官不被虚假证据或自己判断的不可靠性所误导？（答案是）没有，在这个科学分支中，绝对安全是一个虽然永远无法达到，但却可以比迄今为止更接近的目标。法官会继续犯错误，证人会作伪证或被欺骗。无论有多少人对同一事实提出证词，都不能确定该事实是否存在；至于那些被认为是无法解释的间接证据，如果假设罪行存在，则可能是意外的选择或者为了产生欺骗而作出的安排。唯一似乎有资格被完全定罪的证据是被告方自愿供认罪行，但这并不经常出现，也不能产生绝对的确定性，因为并不缺乏这种案例，就像在巫术案件里，即使是这种不可能发生的莫须有之罪，仍有人承认自己有罪。

这些并不是从可能的情形中得出的纯粹想象出来的忧虑。每个国家的犯罪记录都提供了这些令人痛心的错误的各种例子。这些例子，由于同时发生了一些非同寻常的事而臭名昭著，不能不
188 引起人们的怀疑，尽管未被确认，但有许多其他无辜的受害者可能已经死亡了。

也不应忘记，证据一词最容易被使用的情况往往是引证的证词最容易受怀疑的情况。莫须有之罪使得人们对罪犯产生反感，或激起与罪犯的立场相对的感情，证人几乎无意识地充当原告的角色。它们是公众呼声的回声。事情慢慢发酵，所有的疑问都被抛在一边。在卡拉斯发生的令人痛心的事件中，正是这种情况的

出现，先引诱了民众，后引诱了法官。

在这些令人沮丧的案件中，人们在没有绝对确定性的情况下，对那些事后才被承认清白的人进行了最暴力的推定，即使这些推定有其自己的借口。它们是偶然的残酷后果，却并不能完全摧毁公众的信心。为了产生这种效果，我们必须能够在这种错误决定中发现贸然、无知和草率的证据，以及顽固和盲目地坚持邪恶形式的证据，还有法官的处境本身容易产生的那些顽固的偏见。作为一个法官，其职责就是处理最恶劣的人性，每天在他眼前都有犯罪者所依赖的虚伪伪装和欺骗，他要不断地设计出揭露欺骗的权宜之计，由此逐渐地不再相信被告是无辜的，并期望发现一个用尽一切手段欺骗他的罪犯。我完全没想到，所有法官的性格都 189
会受到这些偏见的影响。但是，如果考虑的问题是掌握暴力机器者有权判处他人死刑是否合适，那么在把致命的武器交到他们手中之前，不应忘记他们并没有免于人性的弱点，他们的智慧并没有因此增加，他们也没有因此而变得万无一失。

当我们反思当权者可能利用死刑来满足自己的欲望，利用一个容易受到恐吓或腐败的法官来满足其偏好时，使用死刑的危险显得更加引人注目。在这种情况下，披着正义长袍的罪恶即使不能逃脱所有的怀疑，至少也能逃脱证明的可能性。死刑也给检察官和法官带来了其他所有模式都缺乏的优势。我的意思是，更大的不被发现的安全性，通过死亡来扼杀罪犯被发现的危险，至少在罪犯活着的时候，无论他处于什么样的痛苦状态，还是可能会遇到一些幸运的事件，他的无辜可能被证明，他可能会为自己复仇。在公众眼中，司法暗杀通过虚假指控被证实，几乎完全可以肯定那些犯罪者会取得胜利。如果犯罪程度较低，他们本应害怕可能会发生的一切事情，但是受害者的死亡却确保了他们的安全。

如果我们反思那些不常见但随时可能再次发生的事，反思那些陷入无政府状态和暴政的时期，我们就会发现，法律规定的死刑是一种随时准备好的武器，它比任何其他形式的惩罚更容易被
190 滥用。的确，一个专制的政府在立法机关废除（死刑）之后，总是可以重新建立这种惩罚模式。但是引入一种将来会成为新思想的东西，并不容易被忽视。其本质是一个前兆的暴力，但若暴露得太多，警钟将会敲响。暴政在法律的认可下实行，且其没有任何偏离正常司法程序的迹象，当发现人们已经与之和解并习惯于这种惩罚方式的时候，暴政就更容易实施了。阿尔巴公爵（the Duke of Alba）虽然残暴，但如果不是人们普遍认为异端邪说是一种罪行，应该受到死刑的惩罚，他就不敢在低地国家牺牲这么多受害者。比伦（Biren）的残忍程度并不亚于阿尔巴公爵，比伦在西伯利亚沙漠里流放了很多人，他先前曾把他们弄成残疾，这是当时该国使用的最严厉的刑罚。他很少冒险对他们处以极刑，因为当时没有使用死刑。即使是最专横的暴君也不敢违反既定的习俗。因此，我们可以提出一个强有力的理由，利用平静的时期来销毁这些危险的工具，尽管这些工具在覆盖着锈迹的时候不再令人害怕，但在激情招致使用它们时，这些工具便会重新投入使用。

因死刑的不可接受性而引起的异议适用于所有情况，只有完全废除死刑才能消除异议。在这种情况下，必须牢记，保障措施

有两个分支，每一个分支都必须作出规定。这两个分支即：保障 191
防范司法程序中的错误和腐败，以及保障防范犯罪。如果必须以牺牲前者为代价才能够实现后者，就没什么好犹豫的了。关于犯罪，恐怖是从谁那里感受到的？从每一个有能力犯罪的人身上。也就是说，从所有的人那里，在任何时候都可以感受到。然而，司法的错误和腐败都是例外，是偶然和少有的事件。

这种惩罚相当不受欢迎，随着人类越来越开明，他们的态度越来越温和，这种惩罚也越来越少。人们成群结队地去看处决现场，但是这种热情，起初在人类看来可能是非常可耻的，并不是来自于看到人们在死亡的痛苦中所期待的快乐，而是因为一个悲惨的场面激起了强烈激情而产生的快乐。然而，有一种情况似乎确实很受欢迎，而且程度很高，我指的是谋杀案。这种依恋似乎一部分是基于对相似性的喜爱，一部分是基于复仇的原则，还有一部分可能是基于罪犯的品格容易引起的恐惧。血债血偿，人们想象着惩罚所造成的痛苦和罪犯所造成的痛苦是相似的，这一观念让人们受到了鼓舞。

在其他情况下，死刑惩罚是不得人心的，这种不得人心的情况产生了不同的倾向，其都同样违背了正义的目的。受伤害的个
人由于害怕把罪犯送上绞刑架而不起诉他们；公众倾向于帮助罪 192
犯逃跑；证人拒绝提供证词或削弱证词效力；法官倾向于对被告进行宽大处理。所有这些反法律的处置方式都使法律的执行情况变得不确定，而没有考虑到伴随着这种为人称道的阻止死刑执行的行为的，是法律尊严的丧失。

第三节 死刑与可替代死刑的概述与比较

据观察，死刑具有四种可取的特性。

1. 在一个案例中，它与犯罪相似。

2. 在同样的情况下，它是受欢迎的。

3. 它在最大程度上有效地防止同一来源的进一步破坏。

4. 这是一种极具儆戒性的惩罚，比任何其他惩罚方式都更能产生生动的印象。

在适用于谋杀的死刑案件中存在着前两个特性。关于这一类型的犯罪，它们是否足够成为继续使用这一惩罚方式的理由？当然不是：分别考虑这两个特性，其重要性微乎其微。相似性是一个很好的提议，但不是一个很好的理由。如果在其他方面，任何特定的惩罚方式都是符合条件的，相似性就是一个额外的优势；如果在其他方面，任何特定的惩罚方式不符合条件，那么相似性
193 本身就不是一个充分的建议，这种特性的价值微乎其微。因为，即使在谋杀的情况下，也可以设计出其他的惩罚方式，其相似性将足够引人注目。

在大众性方面，同样的意见也适用于这种惩罚方式。任何其他被认为同样或更有效的惩罚方式都会同样或更受欢迎。群众的认可程度自然与惩罚的效果成正比。

第三个原因，即它能有效防止同一来源的进一步破坏，虽然有些似是而非，但并没有更好的根据。有人断言，在谋杀罪中，这是绝对必要的。没有其他办法可以避免这一类犯罪分子带来的

危险。然而，这种断言是言过其实的，在最危险的杀人案件中也可以看出这是毫无根据的。为了利益而暗杀，这是一种不分青红皂白地将每个人的生命都置于危险之中的犯罪行为。即使是这些罪犯也不像疯子那样危险，也不那么难对付。因为前者只有在有利可图的时候才会犯下杀人罪，而且在自身可能安全的情况下才会杀人。这两种情况都不能减少疯子所带来的祸害。然而，人们从来不认为有必要杀死疯子。他们不会被处死，而是被监禁，这种监禁被发现有效地解决了问题。

总之，我只能看到一种情况下死刑是有必要的，而且也只是偶尔发生。在贝卡里亚先生为此所指控的情况下，即叛乱或其他反政府的反叛倾向的情况下，当你通过杀死叛乱的首领以消灭在 194
社会中广泛传播不满情绪的党派，就可能出现这样的情况，即监禁并不能达到安全监护的目的。看守者可能被起义的一方争取过来，或者即使没有被争取到，他们也可能被制服。他们可能出于良心的考虑而被争取到，这几乎是此类案件特有的危险。或者，他们可能因为有利可图的考虑被争取到，这种考虑比其他任何情况都更危险，因为党派的计划可能由共同的财政支持进行。

然而，在政治犯罪中，不应该忽视的是，如果死刑消灭了一个危险的敌人，其后果可能是为一个更强大的继承人提供了机会。“看！”刽子手对一个爱尔兰老人说，他把一个因为叛乱而刚被处死的人流血的脑袋给老人看：“看看你儿子的头。”——“我儿子不止一个头。”他回答。在立法者确定死刑之前，即使在这种情况下，也最好反思一下这一有益的教训。

第四个原因是最有说服力的。死刑的惩罚是儆戒性的，并且极具儆戒性，没有其他惩罚能给人留下如此深刻的印象。

正如我们已经注意到的那样，这种说法对大多数人来说是正确的，但对穷凶极恶的罪犯来说则不是这样。

然而，在我看来，对终身监禁的思考，伴随着艰苦的劳动和偶尔的单独监禁，会在那些最希望产生这种印象的人的头脑中产
195 生更深刻的印象，甚至比死亡本身还要深刻。我们已经注意到，生活对他们的吸引力不如对那些老实而勤劳的人的吸引力。他们的非常规职业使他们不断地把自己的生存置于危险之中，对他们来说几乎是自然而然的，放纵激发了他们残暴而不可估量的勇气。所有使他们对死亡不那么恐惧的情况，也相应地使他们更加厌恶费力的克制。他们习惯性的存在状态越是独立、漂泊，越是敌视稳定和艰苦的事业，他们就越会对被动顺从和艰苦监禁的状态感到恐惧，因为这种生活方式与他们的自然倾向是极为相反的。

如果对这些情况都予以应有的重视，其结果似乎是，立法者滥用死刑更多是由于错误的判断（由于他们所处阶层与社会其他阶层的关系），而不是由于任何应受谴责的原因。那些制定法律的人属于社会的最高阶层，在他们之中，死亡被认为是一种巨大的罪恶，而不光彩的死亡则被认为是最大的罪恶。如果可行的话，就把它限制在那一类人的范围内，也许会产生想要达到的效果；但是如果把它应用到一群堕落和不幸阶层的人身上，就表明他们完全缺乏判断力和反思能力，他们认为生命没有同样的价值，对他们来说，贫穷和艰苦的劳动比死亡更可怕，他们生活里惯有的
196 耻辱使他们对惩罚的耻辱无动于衷。

尽管有这些看来确凿无疑的理由，但如果考虑到死刑在恐怖

情绪上产生的影响，决定保留死刑的惩罚，那么这种惩罚应该限于那些在最大程度上使公众感到震惊的罪行——谋杀，并伴有加重情节，特别是当其造成了大规模杀戮时。在这些情况下，可以在最大程度上安全地使用呈现出最悲惨外观的权宜之计，而无需诉诸复杂的折磨。

第四节　频繁使用死刑的附带的恶果

如果将死刑适用于惩罚违反公众意见的罪行，不仅不能预防犯罪，反而因为人们寄希望于逍遥法外而增加犯罪。这个命题可能看起来自相矛盾，但当我们考虑到死刑不受欢迎所产生的不同影响时，这种自相矛盾就消失了。首先，它放宽了对刑事案件的起诉，其次，它促成了三条恶性原则。1. 它将伪证建立在人性基础上，使伪证显得有价值；2. 它通过不依法处决使法律声名狼藉，从而产生了对法律的蔑视；3. 这使得判决具有任意性且赦免是必要的。

刑事诉讼程序的放宽是不同公职人员的一系列违法行为的结 197
果，而这些公职人员的合作对于法律的执行是必要的。每个人都轻微地改变其受命的部分，以便削弱或打破束缚他的法律链条，用自己的意志[①]代替立法者的意志。但是所有这些导致刑事诉讼程序不确定性的原因都是对犯罪者的诸多鼓励。

① 老贝利（Old Bailey）法院的一位法官对纳尔斯法官（Judge Nares）说："请注意那个穿着蓝色外套的陪审员。""你看见他了吗？""是的。""好吧，今天不会有死亡的判决。"事实也证实了这一观察结果。

第三卷

剥夺刑或没收刑

第一章　剥夺刑分析 198

我们现在来到两大惩罚部分的最后一个——剥夺刑，或没收。

“没收”（或“剥夺”，forfeiture）[①] 这个词语依附于财产，无财产即无没收。

财产或是物质性的，或是想象性的——当它是一个真实存在 199
的实体（如房子、田地）时，它是物质性的；当它是一个虚拟实体（如官职、尊严、权利）时，它是想象性的。

处理此类情况的困难立刻显现出来。真实存在的实体都有一个共同的类属，即物质。虚拟实体没有这样的共同类属，只能根据它们和真实物体的关系将其纳入方法中。

---

① 我们所有的观念最终都来源于感官，因此我们几乎所有用于表达智力观念的名词，似乎最终都是从提供感官观念的对象的名称中派生出来的：也就是说，这些对象属于三种真实实体类别中的一个或多个。以至于，无论我们是否意识到，我们几乎在任何场合都难以避免使用隐喻来表达自己。这在语法的形而上学部分是一个非常重要的发现，我们似乎应该感谢达朗贝尔先生。参见他的《杂集》，第一卷。“没收”这个词的含义与感官观念的联系似乎是这样的：“没收”这个词要么是直接出现的，要么是通过古法语，来自现代拉丁语的“forisfacere”。“Foris”的意思是户外或家外；“facere”是制造或使成为。那么，这里的设想是，当一个人拥有任何物体时，它就像在门内一样，在他的房子里。因此，任何行为，由于某种法律的实施，其后果是导致该物体不再由他占有，就会产生使它仿佛在他的门外，而不再在他的房子里的效果。

财产，无论它们的性质如何，无论是真实的还是虚拟的，都是有价值的，只要它们是愉悦和安全的手段；否则没收它们就永不可能是一种惩罚。通过具体说明虚拟财产利益源于何人或何物，就可以尽一切努力对这些财产以及没收它们的惩罚性后果有一个系统的认识。[①]

200 因此，为了研究几种适当的没收，有必要研究几种类型的财产。但是，在这个问题上，由于目前只是附带出现，没有必要特别详细坚持。

财产要么只来自物，要么只来自人，或者源于人和物。前两种可被称为简单财产，后一种则为复合财产。

源于物的财产可能包括：1. 在货币方面：这些可被称为金钱性的；2. 在其他普遍事物方面。前者可被称为金钱性的，后者则可被称为准金钱性的。因此，货币的没收可被称为金钱性没收，没收源于其他物的财产被称为准金钱性没收。准金钱没收可进行多种区分和细分，但由于决定这些区分的随环境而定，在惩罚方式方面没有区别，因此讨论这种细节在目前情况下是不必要的。

源于人的财产，包括这些人提供的服务。服务可被分为可要求的和不可要求的。我所说的可要求的是，一个人可能因为不提

① 在某些情况下，尽管很少见，但没收（剥夺）也适用于身体刑。因此，死刑被称为剥夺生命；肢解、肢体或身体部位的剥夺。它还加上“自由”一词，适用于限制性类别的身体刑，如监禁和准监禁。其他监禁方式需要对其作进一步补充：表示外国驱逐，剥夺在该国领土任何部分居住的自由；表示国内驱逐，剥夺在其居住地居住的自由。具体限制的无限多样性也可以用“剥夺自由”这一短语来表达，还有许多不同的补充：剥夺实施这种或那种行动的自由，剥夺辩护的自由等。

供服务而被处罚（即政治制裁）；不可要求的是，一个人不能因不提供服务而被处罚，或者说，除了道德和宗教外没有任何其他制裁。[1] 获得可要求服务的能力通常被称为权力，即对人的权力；获 201
得不可要求[2] 的服务的能力或机会很大程度上取决于声誉。因此导致两种更进一步的没收：权力的没收和声誉的没收。

声誉可被分为自然的和人为的，我所说的人为的是指等级或尊严赋予的声誉。

信誉是一种特殊的声誉：诚实的声誉。因此我们又有两种从属于声誉的没收方式：等级或尊严的没收；信誉的没收。

至于复合财产和与之相关的没收，它们的种类过多以至于难以用任何系统的方法整理，我们能做的只是列举它们。因此，一般只能说，它们中的每个组成部分都源于我们已经提到的两类对象，即几种简单财产没收类型的来源。

然而，它们似乎无需赘言就可以被归入条件（conditions）的范畴，首先可将条件分为普遍的和特殊的。

普遍条件或关系模式，可被分为先天或后天的。我所说的先 202
天条件指的是某人天生就必然拥有的条件，即由于他自己或与之有亲属关系的其他人出生而获得的条件。如儿子、女儿、父亲、

① 不可要求的服务，但通过这些辅助制裁的力量，对应着所谓的不完全权利。无论一个人对于服务拥有何种权利，如果服务提供方不提供服务而不受法律惩罚，那么这种权利就是所谓的自然法学者所称的不完全权利；提供此类服务的义务，就是不完全义务。

② 那些完全无法强制要求的服务，例如严格意义上的无偿服务则完全取决于善意。取决于提供服务的一方对接受服务的一方的善意。这种善意在很大程度上取决于接受善意的一方的声誉。

母亲、兄弟、姐妹等由不同程度的血缘关系构成的几种关系模式。与这样或那样的人处于的这些关系都可能是各种优势的来源。很明显，这些条件本身无法被没收。然而，一个人可能在某些情况下丧失了它们，并且伴随它们还丧失了许多优势。

后天条件首先可分为政治和宗教的，政治的又可进一步分为国内和公共的。国内条件可被分为家庭和职业的。家庭条件有如下几项：第一和第二，婚姻，或者说成为一个人的丈夫或妻子；第三和第四，成为一个人的监护人或被监护人；第五和第六，成为一个人的主人或佣人。

我所说的公共政治条件，是指属于任何非宗教原因而建立的自发的人类社团的状况。

我所说的宗教条件，指的是属于任何为参加宗教仪式而设立的社团或教派的状况。

在可能被称为特殊的条件之下，有几种似乎应该被包含在如下条件里。这些条件由第一项——官职，或者第二项——社团特权构成。行使官职的权利是一项提供某些服务的专属权利。

由官职组成的条件可按照复合财产的数量来排列，由于它们往往包含以下三种简单财产，即一定的权力份额、一定的等级、
203 一定的工资，或金钱或准金钱财产范畴下的一定的小费或其他报酬。

根据不同国家或政府等级或权力的多样性，官职几乎有无穷的种类，名称也极其多样。因此，这个部分很容易进行各种划分和细分，但在目前情况下，无需考虑这些。

社团可分为政治和宗教的。宗教社团里可能包含在信奉罗马

天主教的国家建立的各种修道院。

至于政治团体，作为这些团体成员的人所附的财产目录是如此之多，以至于在目前情况下，没有任何其他理由需要，或者确实可以给出说明，除了上面列举的很少的简单财产之外，但也可能包含于其中。[①]

除了上述财产外，其他人的价值还可附加于宗教或团体成员的条件，其价值在于其似乎赋予享受未来生活乐趣的某种机会，甚至超过作为同一宗教的普通教授的条件或特权所赋予的享受同 204
样快乐的机会。

作为上述财产清单的附录，可以添加两类由意外情况构成的特殊财产，以不同方式适用于该清单中的每一项。这些是分别适用于这些财产的合法获取能力和法律保护，从而防止一个人在获得这些东西后失去它们。这些抽象的财产构成了如此多样的没收的对象：法律能力和法律保护的丧失；丧失任何财产的法律行为能力，剥夺一个人可能获得财产的任何机会；法律保护的剥夺[②]，使其在特定情况下失去保护。

① 在使用这样一笔金钱、一块土地的财产中受益的或受信托的份额：在这样或那样的权力或信托机构中的份额；免除这样或那样的税收或其他公共负担；这样或那样的职业的专属特权。

② 另一种观点认为，剥夺保护也可被视为剥夺这些司法部长的服务，司法部长的职责是在有关财产的占有中为个人提供保护。

205 第二章　道德制裁刑

这类惩罚不允许有任何区别，无论看起来多么矛盾，除了它们的极端多样性之外别无其他原因。一个人遭受道德制裁的方式是通过失去他原本应得到社会其他成员对他的尊敬和爱实现的，因为他生活中的一些事可能导致他不得不这样做。现在，他们对他的善意在很大程度上取决于对他怀有的尊敬，或者取决于对他的爱，抑或是二者都有。此外，这种善意的表现方式是，通过怀有这种情感的人施以善意，避免其对接受此情感的一方施加恶行（或者说，提供不可要求的服务）；相反的情感，即恶意，相应地，其表现方式，是让前者克制行善，如果其已经上升到某一程度，则使他在与自身安全相一致的情况下向后者施加恶行。

现在，从一个人对另一个人做的善事中，可能会获得各种各样的财产，通过它们，甚至可以马上产生各种愉悦。另一方面，由于一个人可能期望从另一人那里得到帮助但被拒绝了，可能产
206 生各种痛苦或死亡本身；它们可能更多地来自积极的恶意行为，并将其添加到其他消极的恶意行为中。既然我已经成为你恶意的对象，你可能会倾向于拒绝做善事帮我，或者你会对我做什么恶行呢？很明显，这不是一个或其他特定种类的善行或恶行，而是任何种类的善与恶，只要有时机，都应与你恶意的力量成比例，

并符合你自己的安全。这种考虑将使我们的工作在涉及从属于所讨论的几种惩罚方式或惩罚种类的基础上变得简短。

同样的考虑也会使它在第二种情况下同样简短，即相对于上述所讨论的一种或多种惩罚方式可能产生的恶。这些一定已经被发觉了，可能是各种各样的恶：所有属于政治制裁的惩罚都有可能产生各种不同的恶，通过所谓的恰当的惩罚产生的恶。总而言之，即人性所要承担的各种各样的恶。

但是，尽管属于道德制裁的惩罚不允许任何可以相互分离的分类，但仍有两个不同的部分，可以说，从此发源的任何惩罚所产生的恶，在任何犯罪的情况下，都可被分开。一种（作为另一种的基础，可能首先被提到，尽管就时间而言是最后一个）由犯罪者的恶行导致的恶意而可能发生在其身上的、视情况而定的恶组成；另一种是由对上述未清算的罪恶集合产生的疑虑为基础的直接的痛苦或焦虑、痛苦的羞耻感组成。这是最后一种与道德制裁相关的特殊方式，不能由政治产生，除非那些管理道德制裁的 207
人能对道德产生影响。因此，为了区别，它可被称为道德制裁的典型的恶。在每个被发现的犯罪行为中，都或多或少地会出现这种情况，除非是那些天性无情残忍的人，如果有这样的人，对他们而言，所有的羞耻感和一切对后果的预见都彻底消失了。上面提到的其他可能被称为偶然的恶。

这些偶然的恶，（正如我们已经暗示的）由于它们的极端不确定性，就质量而言，不允许任何确定的变化；然而在数量上，他们确实承认—— 1. 强度；2. 范围——所造成的一些区别。这种区别不应被忽视，因为我们将有机会经常将它适用于实践中。

这两种恶，无论如何区分，都是相互混杂和加剧的。我做了一个不道德的行为，我被发现了，我也意识到了这点。现在，在我有机会利用我认识的熟人来帮助我之前，在我碰巧遭遇被拒绝帮助而痛苦之前，总之，在我经历了道德制裁对我的罪行附加的任何偶然的恶前，我已经或多或少地预见，并且或多或少地理解那些善意产生的善行的丧失，我感到羞愧的痛苦、耻辱的痛苦。
208 简而言之，作为对我不当行为的惩罚，我经历了道德制裁的典型的恶。这种羞耻感在我的举止上留下了有罪的印记。在这种情况下，我要么出于绝望，回避我的熟人，要么阻碍他们。如果我避开他们，我就已经通过这个方式使自己不能拥有他们的帮助；如果我阻碍他们，从我脸上清晰可见的罪恶感会引起他们的反感并增添他们的厌恶：他们要么明确拒绝我的请求，要么更常见地，用冷漠的行为暗示他们的拒绝。这种反应给羞耻心以新的刺痛或者（我大胆地使用系统性语言来说），我对偶然的恶所做的实验为这种制裁的典型的恶增添力量。

我们已经暗示了积极和消极恶行之间的区别，对于前者，甚至在少数情况下也对后者，设定限制是政府官员的职责，也是其工作的大部分。然而，这些限制可能被意外违反，因为几乎没有法律在被制定之后不会被意外地违反。因此，这一来源可能产生的恶仍然是不确定和无限的。但是可能为此制定的法律在其运作中是十分确定的，尽管如此，那些恶仍然是不确定、无限的。因为拒绝行善事和在特定情况下，这种拒绝可能导致的痛苦结果之间的联系是不确定和不可预见的。因此，没有任何法律能够在每一种情况下对这些苦难做出安全的规定，而不至于颠覆所有的自

由和财产，从而产生更大的痛苦。你给我一先令购买食物，或者 209
带我到二十英里外去看医生，可能会在关键时刻使我免遭疾病。但是，除非有需要的人自己决定，否则没有任何法律能够充分准确地描述这种情况。任何法律都不得强迫你为确定需要此类帮助的每个人提供金钱或送他一程，除非在剥夺了你的自由和一切财产的情况下。

无论消极的恶意行为是怎样的，积极的恶意行为不仅可能是受限的，而且在很多情形下可能且通常还是被禁止的。在任何稳定的政府状态下，个人的不满都不允许上升到如此高的程度以致不加选择地通过任何直接造成痛苦发生的方式发泄自己，而政府官员也许认为这种方式是个权宜之计。然而，无论罪犯的行为多么罪大恶极，多么不道德，都不允许一般人根据自己的权利对其进行殴打、致残，或者致死的惩罚。积极恶意行为可大体分为在行动中表现自己，以及在话语中表现自己。现在，可以这样说，以直接方式制造积极恶意行为的自由主要被限定在言论领域[①]：即使是这项权利，通常也会受到一系列限制。但仅停留在言语上的
恶意，如果仅限于此，则不会产生任何恶。当它们存在时，最终 210
是通过让他人对同一人产生不满，并通过另一种行为表现出来。如果将那些在行动中表现出来的积极的恶意排除在外，最终剩下的一切都可按消极的恶意解决。其中，在一般情况下，犯罪人需要担心的只是那些不合法的行为。

① 我意识到，这里所说的直接和间接恶意行为之间的区别远远不够明确。但是，如果不深入探讨犯罪学理论庞大而复杂的主题，就不可能做到这一点。

甚至这也不是一个可轻视的、微不足道的痛苦来源。由于处于社会中的人们相互依赖，源于上述源头产生的惩罚，即使被所有这些限制制约，也可能且确实会频繁上升到一个极高的程度。它不容逃避：它从四面八方袭来；他看不出它什么时候结束，也看不出对其影响的限制。失去他一心追求的主要乐趣和收入来源并不罕见：它可能剥夺他希望从朋友和赞助人身上获得的全部收益和快乐，其会使他与他的熟人之间相隔甚远，这可能会让他的生活充满一连串的令人扫兴和粗暴拒绝的琐事。这使他了无乐趣，孤苦伶仃，他每一个快乐的源泉都干涸枯竭，他的生命之流荡漾着沮丧和苦恼。

如果我们确实仔细探讨了政治制裁与道德制裁之间性质的区别，就会得出结论，被认为是源于道德制裁产生的恶中，我把它们归类为偶然的恶，有些更可能是由于其中一种制裁的行动而受
211 到惩罚，而有些则是因另一项制裁的行动引起的。但至于恶的种类，这就是我们所能弄清的所有区分了。因为没有一种恶会通过这些力量的其中一种施加在一个人的身上，但也可能通过其他力量的行动施加于他身上。

例如，可能由一位政府官员发明的精心设计和人为的折磨，以及一个人遭受最难以想象的大自然独立力量的折磨，甚至是他人无端的怨恨，都是他可能偶然从后者来源所能受到的折磨。可能缺少一个人提供的证据，并且是恶意不提供，我可能注定要受到法官的这些折磨；或者，如果类似的折磨应当是反对者越权的暴力造成的，它们可以首先被归因于反对者的报复；但是另一方面，我承担了一些陌生人的不尊重与恶意，这些人有能力拯救我，

但由于我行为中某些真实的或他们误以为的不道德事例，使得他们对我十分愤怒，宁愿看我遭受痛苦也不愿向我提供帮助。

另一方面，全部的恶都取决于道德制裁，即不仅是偶然的恶，也包括构成典型的恶的耻辱感，在很多情况下都可能经由政府官员而将厄运降临到一个人的身上。这是我们认为在各种场合都不可避免地有必要加以说明的，也是我们在以后还需要特别加以详述的。

因此，正是这两种制裁都以这种方式造就了类似的恶，才能 212
显现出这两种制裁之间唯一具有典型性的明显区别。关于政治制裁的惩罚之种类、程度、时间、场所，以及适用它的人，都是可指定的。关于道德制裁，这些特征都是不可指定的。

当我说可指定时，必须理解我说的是与犯罪行为发生时间相一致或发生后的某个特定时间。就在那个时候，对于政治惩罚，即关于个人惩罚和没收，许多细节，甚至有时是全部细节，都是可指定可预见的。在犯罪时，假设偷窃正在发生，可以预见的是，会用某种工具实施鞭刑，不多也不少，鞭刑会因此（如果被发现的话）持续很多天或周，在这样一个地点，由一个实行者来施加。反之亦然，当他们受到惩罚时，惩罚将是这种犯罪的后果。当惩罚施加的器质性痛苦结束后，就政治制裁而言，对这一罪行的所有惩罚通常就都结束了。但对于构成道德制裁的实质和基础的恶行，无论是消极的还是积极的，没有人能说清楚它们将是什么，它们会使一个人遭受什么具体的恶行，它们何时开始、何时结束，它们会在何处表现自己，也没有人能够知道谁会施加（这些恶行）。反之亦然，当它们真正被施加时，当某个邻居将我拒之 213

门外，而我饿得憔悴或冷得颤栗时，我经常能确切地知道我所犯的不道德行为在此时是他不友善的原因。总之，确定性是政治制裁的优点，不确定性是那些道德制裁的本质。

在谈到属于这种制裁的惩罚所使用的命名法时，有一两个词也许能够派上用场。在这种情况之下可使用的表达非常多样：许多虚拟实体在容易受影响的不同方面，为了代表所讨论的基本思想被创造。这些虚拟实体的名字迥异，它们需要不同的词语组合以使之产生意义。其重合之处并不存在于这些名称各自分别使用的意义，而在于某些句子或命题之间，它们可以分别在其中承担一部分。在这些词语中可能包括声誉、荣誉、品格、美名、不敬、羞辱、恶名、耻辱、丢脸、厌恶，以及蔑视。当谈到一个人遭受道德制裁的惩罚时，根据场合使用下列任何一种表达方式可能或多或少是便利的，我们可以说，他已经丧失了他的声誉、他的荣誉、他的品格、他的美名，他的名声已经被玷污了；他的名声、他的品格、他的声誉有了污点；他蒙受耻辱，他变得千夫所指，
214 他陷入了大量耻辱的泥沼，他落到了蒙受耻辱、不被尊重、名誉扫地的境地；他招致了邻居、公众的恶意、厌恶和蔑视；他成为一个令人厌恶或轻视的家伙。详细研究这些表达的清单是词典编纂者而非法官的工作。那些显示出来的目录可能已经充分向读者宣传在许多其他表达可能存在的意义上的相似之处，无论它们听起来如何不同。

迄今为止，我们讨论的是属于道德制裁的惩罚，其独立存在，不附和于政治，也不受政治影响。在这种情况下，给定的方向和行动的力量完全取决于其最终所属的人，而不受政府官员的协助

和控制。在这种情况下，它在政治社会形成前，在以政府官员为首的人为机构建立前就已经发挥作用。在此状态下，通过与各种被禁止或推荐的行为模式之间的联系，它产生了一系列虚拟的规则，这至少是一些道德家在谈论自然法则时所考虑的。在此情况下，在其仅凭自身产生规则之前，它是一个动力引擎，政府的官员是其见证者。无论其应用方向是什么，无论是用于阻碍还是促进他的措施，它在过去、现在抑或是将来都一定是一个强大的动 215
力引擎。难怪他那时想方设法使其为他服务。当政府官员如此布置并开始工作时，它就成为被我们所称的政治制裁的庞大机器系统中的一部分。现在我们可以讨论在法学系统中的政治惩罚的性质了，它通常被说成是声名狼藉和声誉尽失的。

第二节　道德制裁刑的优劣*

我们现在将继续研究属于道德制裁本身的惩罚，其与任何地方法官使用它来增加或引导其设计效果无关。

如前所述，这类惩罚不允许有区别。它们包括各种恶：产生的恶意以各种方式表现出来，既无法被计算又无法预见。它们允许没有精确的描述。因为只有当效果是确定的时，惩罚才能被描述。它们是类似于犯罪，还是奢侈的，或是过分的？这些问题还难以下定论。

我们的观察将由三个方面组成：它们的可分性、平等性和儆

* 原文如此，无第一节。——译者

戒性。

1. 这些惩罚可以进行细微的划分：它们具有所有可能的程度，从单纯的指责到（使其）恶名昭彰，从暂时的停止善意到主动和
216 永久的恶意。但这些程度完全取决于偶然情况，无法通过预测来判断。金钱的或长期的惩罚，例如监禁，很容易被精准判定；取决于道德制裁的惩罚则不然。在经受它们之前，对它们的评定必然是极其不准确的。在强度方面，它们可能不如大多数政治制裁，它们更多的是由快乐的剥夺组成而非主动的罪行。这构成了它们的主要缺陷，刑法的制定正是为了弥补这种缺陷。

惩罚的影响被减弱的情况之一是它们的运作地点。你是否发现自己受到与你经常交往之人的蔑视？要想使自己摆脱它，你需要做的是变更住所。这种惩罚可以简化为让一个人选择是继续暴露于这种蔑视造成的不便中，还是对自己施加流放之惩罚，这种惩罚可能不是永久的。他没有放弃回来的希望，随着时间的消逝，他犯罪的记忆会被抹去，公众的愤恨也会得到平息。

2. 在平等性方面，这些惩罚实际上比乍看起来可能表现出的更有缺陷。在生活中，每个人都有自己的朋友圈和熟人圈。成为这个社会轻视或厌恶的对象，对其本人和他人都是一种极大的不
217 幸。这是最初可能展现在脑海中的结果，在某种程度上的确是正确的。然而，通过对这个问题更深入的探索，就会发现，这类惩罚的强度具有极大的差异，这种差异取决于在生活条件、财富、教育、年龄、性别和其他因素中的状况。属于这种制裁产生的偶然的恶是千变万化的：羞耻心取决于敏感性。

女性，尤其是在文明国家中，比男性更加关注和容易受到羞

耻感的影响。从她们最早的婴儿期开始，甚至在她们能够理解羞耻的内涵之前，对她们的教育中最重要的分支之一就是向她们灌输庄重和矜持的准则。不久后，她们就会发现这种对她们美德的守护同时也是她们力量的来源。此外，她们的身体比男人更加虚弱，更具有依赖性，更需要保护；改变社会或离开住所对她们而言也更加艰难。

一般来说，在很小的时候，对道德制裁的敏感性并不特别灵敏；在老年时，就变得更加迟钝了。贪婪，是唯一随年龄递增的情感，它可以抑制一切羞耻感。

虚弱的身体状态、病态的应激性、任何身体缺陷、天生或意外导致的虚弱都会像其他灾难一样加重羞耻的痛苦。

财富本身独立于教育和地位，有一种削弱这些因素的影响力的趋势。一个富人有能力改变他的住所，建立新的联系，结交新的熟人，并通过金钱来购买他人通过善意才能获得的快乐。人们 218
有一种尊重财富本身的倾向，向它的所有者提供无偿的服务，给予其外表上的礼貌和尊敬。

地位是一种能增强人们对所有影响荣誉的印象的敏感性的条件，但荣誉和道德的规则并不总是在相同范围内计算。然而，有较高地位的人一般比地位较低的人更容易受到舆论的影响。

职业和习惯性工作对来源于地位的惩罚产生实质性影响。在某些社会阶层中，荣誉是至高的，任何受其影响的情况都会产生比其他任何种类的耻辱更深刻的影响。在军人中，勇气是一种不可或缺的资质：即使是对懦弱最轻微程度的怀疑也会使他们遭受永久的侮辱。因此，在这一点上，那些在其他方面不受道德制裁影响的人也会有这种敏感的情绪。

社会的中间阶层是品德最高尚的，在他们中间最能体现荣誉原则与功用原则相一致这一点：也正是在这个阶级，丧失尊严所造成的不便最为明显，声誉受损所造成的不利影响是最严重的。

在比较贫穷的阶级中，在靠日常劳动生存的人中，对荣誉的敏感性通常不那么敏锐。一个临时工，如果他很勤奋，即使他的
219 品格存在瑕疵，也不会失去工作。他的同伴是与他一同劳动的伙伴，而不是一同享乐的：从他们无偿的服务中，他没有什么期望，也没有什么要求。他的需要仅限于生活必需品。他的妻子和孩子服从于他，而且不敢拒绝。行使家庭权力的快感填补了短暂的劳动间隙。

3. 道德制裁产生的惩罚最大的缺陷就是缺少儆戒性。在这方面，它们的效果弱于任何政治制裁产生的惩罚。当一个人遭受声誉损失时，全世界可能都不知道，或者至少知道这一点的可能只局限于那些执行刑罚的人，以及他的朋友和熟人的最接近的圈子。但这些人只是他痛苦的一小部分见证人。他们感觉到他受到冷漠或轻蔑的对待——他们观察到他找不到保护和信任，但这些观察都是暂时的。被这些冷漠或厌恶的迹象伤害的个人会回避其耻辱的制造者和见证者的陪伴，他沦落到了孤独的境地，在那里他暗自受苦。他越不高兴，他的惩罚的旁观者就越少。

与道德制裁有关的惩罚对改造是有利的。当一个人因违反了现行的道德规则而遭受痛苦时，他只能将他受到的恶归因于其真正原因。他越容易感到羞耻，就越害怕增加羞耻感。他要么变得
220 更加谨慎以避免被发现，要么更小心地保全面子，或者他将来会

服从那些法律以使自己免受不遵守法律的苦楚。除了少数案件外，公众舆论并非不能改变。当人们对过错的记忆未被新的失败更新时，人们相互间需要宽容，以及轻率和轻松地忘记而非原谅过错。

另一方面，对于既未上诉也未赦免的可耻行为，耻辱惩罚是一种挫折，而不是改过自新的动力。没有人会轻易放过失去的尊严。

这些劣势在一定程度上得到了弥补，这种制裁从其行动的确定性中获得了政治制裁往往缺乏的某种程度的力量。任何犯罪行为都不会逍遥法外——对违反荣誉法则的任何罪行会引起所有保卫者的注意。政治法庭受制于常规程序，在没有证明的情况下不能宣布判决，且证明往往是存在缺陷的。民众法庭拥有更多自由的权力，它的判决可能是不公正的，但不会因此拖延，判决结果可能被随意撤销。审判和执行同步进行，没有拖延或追赶的必要。随处都有人准备好审判和执行判决。这个法庭总是倾向于严厉的一面，它的法官对作出严厉决定时的虚荣心和爱表现非常感兴趣，他们看起来越严厉，就越容易得到他人的尊重以恭维自己。他们似乎认为，对一个人的掠夺会形成另一个人的财富。因此，虽然 221
道德制裁产生的惩罚是不确定的，而且在大多数情况下，当单独估计时，它们无足轻重，但根据操作的确定性、频繁重现及其积累，以及有权施加它们的人数上，它们拥有一定程度的力量，任何人，无论他的性格、条件或能力如何，都不能轻视。

道德制裁所行使的权力因文明程度的不同而有所差异。

在文明社会中，有许多享乐的来源，也存在许多只能从相互尊重的考虑中才能得到满足的需要。因此，失去声誉的人会在所有这些方面都遭受长期痛苦。

这一制裁的行使也因不同情况受到支持或限制。在一个民选政府之下，它被抬升到最高地位；在一个专制政府下，它几乎化为乌有。

方便的通信和通过报纸等方式随时传递信息，扩大了这个法庭的范围，并增加了个人对舆论帝国的服从。

道德制裁的决定越是一致，其力量就越大。它的决定在许多不同的教派或政党之间是大相径庭的，无论是宗教的还是政治的，它们都会相互矛盾。而美德和邪恶不会使用共同的衡量标准。那些使自己蒙羞的人将找到避难所，一个教派或政党的逃兵将加入另一个教派或政党。

第三章　剥夺声誉 222

我们现在来思考耻辱惩罚或剥夺声誉。[1] 对于这种惩罚的性质，我们已有机会讨论，按照其起源的道德制裁来处理。在这个地方 223
我们还要做的就是说明政府官员用来改变其方向和增强其力量的

① 虽然耻辱（infamy）更为常见，但剥夺声誉（forfeiture of reputation）是两者中更为方便的表达方式。耻辱是一个术语，当适用于所讨论的惩罚程度除非常严重之外的情况时，似乎显得有些强迫，而剥夺声誉这一短语适用于不同程度的情况。因为声誉的数量被视为可以划分为尽可能多的批次或等级，只要有理由。

语言的变化和结构把一个人的声誉，就像他的身份一样，建立在他的财产的基础上，人们在考虑和谈论这个问题时，仿佛它是一个同样确定的数量，好像一个人可能在一次打击中丧失他的全部声誉，如同他可能丧失他的全部财产一样。但是，尽管在后一种情况下是可能的，但在前一种情况下是不可能的，现在可以通过追踪这些虚拟的占有对象到它们各自来源的真实对象上看出。一个人的财产来自事物：来自对可移动或不可移动的事物的确定分配；或者，如果其任何部分直接来自于人，则它来自少数人的服务，而这些人（通常是每个人应得的服务）是确定的和肯定的。但是一个人的声誉是直接从人身上获得的：来自人的服务；出于任何人的任何服务：出于尽可能多的人的服务，无论他们选择向他提供任何服务。这是一种政府官员可能永远无法通过任何一次行动，甚至任何数量的任何类型的行动来确定是否会耗尽的存量，更不用说通过任何模糊和无力的行动了，因为人们通常认为，通过这些行动，罪犯会被剥夺声誉，也就是说，受到耻辱的惩罚。

如果有的话，那就是理查三世（Richard III）在简·肖尔案（Jane Shore）中指控的那种惩罚，如果要依赖粗俗的传统，那就是：直接禁止所有人向罪犯提供任何形式的服务。但换言之，这只是对饥饿的惩罚。同样的惩罚有时也在其他国家遭到谴责，这些国家在严格执行惩罚的同时，也不得不这样做。

多种手段。

在方向上，他影响这种惩罚的方式非常简单：就是把该惩罚与任意一种行为联系起来，通过禁止该行为的实施，使之构成一种犯罪。

在力量上，他可能通过各种方式影响它。

实现这一点的方法首先可以分为立法的和执行的。第一，它可以通过不受任何干涉的简单立法方式来实现，在普通惩罚的情况下，执行权是必要的：在这种情况中，就每个人而言，法律将法官和执行人的职责交给每个人。第二，但在这种情况下，就像在任何其他情况下一样，法律可以按照普通程序的方法来执行，授权法官仿照原先的法官，或者依照成文法的条文来引导和激发
224 整个社会的愤恨。通过立法机关的简单立法，法律可以通过以下方式对任何行为方式附加一定程度的声誉丧失：

1. 通过简单地禁止任何行为方式，尽管也没有使用政治惩罚来执行禁令。这是政府官员在实施若干制裁措施方面发挥的最低程度作用。我们看到，道德制裁力的最轻微的运用与政治力量的行使也是分不开的。在这种情况下，有几句话可以用来说明是什么原因导致前一种力量的一部分成为另一种力量的附属。

2. 如果没有政治惩罚的谴责，社会就会在这种情况下发现更强有力或额外的理由将他们的轻视并入惩罚的分支。因为它对立法者一定是显而易见的，就像对于每个人，没有规则能够在缺乏遵守规则的动机的情况下产生任何效果。因此，他不附加任何其他惩罚自然被理解为对整个社会的默示警告，让他们自己来执行

法律。在这种情况下，他所做的就是为了引导道德制裁的方向，并信任其自然力量能执行他的法律。

3. 如果条例附有明确的劝告，要求遵守该条例，或者如果条款中带有劝诫的意味，那么结果是差不多的，这是他对他所颁布的条例的效用之说明的另一个更明确的宣言。他越是急切地[①]希望条例被服从，他就越认为任何不服从条例的人的行为是有害的（这显示），或者至少他越坚信，在某种程度上不遵守它会对社会 225
有害。

5.* 第五种权宜之计，是通过更明确的方式要求道德制裁来执行政治条例，即直接对违反条例的人加以谴责，无论他是谁。这种谴责可能直接指向犯罪者，或者间接地，通过直接指向犯罪行为（来指向犯罪者）。[②]

6. 第六种权宜之计是通过转移，或者至少在一项罪行中努力移植，丧失声誉的判定也会自然出现在其他犯罪行为中。这样的方法是通过把上述可憎的行为看做是另一种人们已经习惯于授予

① 这种焦虑可能不仅仅是因为法律的假定效用，而是在某种程度上由于人们的假定不服从倾向而产生的。

* 原文如此，无“4”。——译者

② 在直接适用于罪行的定罪条款中，瓦莱里安法的“不名誉行为”可以作为一个例子。“瓦莱里安法规定，如果有人希望被鞭打或斩首挑衅，如果有人违反这些规定，除了增加‘不名誉行为’之外，没有其他额外的附加。”参见 Livy, 1. 10, ch. 9。

希腊和罗马的法律提供了几个例子，对于不同的罪行，罪犯被判为耻辱。因此，根据安妮女王九年法案第 14 条第 5 款，如果按照该法令起诉，那么在比赛中的失败将被宣布为耻辱。参见 Vide etiam stat. Ed. 6。

其更高程度的丧失名声之行为[①]的证据来施加影响。显然，可以尝试这样做并取得成功前景的情况必然是有限的。为了证明这一推
226 断，无论多么浅显，这两种犯罪行为间必须存在某种表面的联系。但任何细微的联系，无论多么轻微，通常都足够了。在这种情况下，人们一般在证据方面并不很困难。被人认为是精明的虚荣心，坐在审判席上进行谴责的自豪感，希望以轻松的进度在美德的分数上获得一定程度的声誉。喜欢标新立异和自相矛盾，倾向夸大其词，尤其是夸大不利的一面，这是立法者的第二个目标。

政府官员仅通过行使立法权对道德制裁施加影响的方式就说到这里，我们现在谈谈他需要行政部门协助的情形。

在可归入本类别的所有权宜之计中，最不严重的是公示，即公开犯罪事实，同时附有罪犯的名字。主要是在程度上，这种措施往往会增加天然的耻辱感。尽管同样可以认为其在强度方面也
227 有所贡献，因为它使人们对犯罪者的犯罪行为有了确定性的看法。即使是这种看似温和的程序，但也可能根据对事实的不同程度的宣传而产生不同程度的严重性。它可能在很少人能够或任何人都能够查询的书面文书中登记。它可以通过公告、喇叭声和鼓声来

① 在这方面，我们有一个例子来自洛克里亚（Locrian）立法者扎莱库斯（Zaleucus）的某些法律。“不要让一个自由妇女在夜间离开城市，除非她去向她的情人卖淫。不要让她佩戴华丽的饰品或穿金线交织的衣物，除非她是一个妓女。”据权威来源，狄奥多罗斯·西库卢斯（Diodorus Siculus）声称，这些法律被保存了下来。参见 Princ. of Pen. Law, c. 26。

这无异于说，如果他知道一个女人在他所说的不合时宜的时间独自出国，立法者应该理所当然地认为这就是她所做的事情。如果她穿的衣服特别是妓女的服装，他就应该理所当然地认为她属于这种人。

通知。自印刷技术发明以来，它以不可消除的符号被记录下来，并在整个国家流通。[①] 显然，这种权宜之计所反映的名誉丧失在强度上必须是或多或少的，因为该犯罪行为本身或多或少就被认为是名声不好的。

被宣布的法律对可能有机会成为犯罪者的不特定的人作出的一般性谴责，一经定罪，在行政机关的帮助下，可以深入到任何个别罪犯身上并亲自加以谴责。这可以通过一种或多或少公开的方式完成，或者以固定的文字形式，或者更自由地由法官发表发言。[②]

但是，施加耻辱的最严重的权宜之计包括适用一些政治惩罚，这种政治惩罚通过影响人类想象力获得产生这种效果的能力。这使我们探究不同的施加耻辱的措施，这些措施自然伴随于几种惩 228
罚方式。在这个探究过程中，我们将找理由用特殊的耻辱称谓以区分某种惩罚和其他惩罚。

我们已经谈到过，某种程度的耻辱和声誉丧失是每一种政治惩罚所必然伴随的结果。但有些惩罚比其他的更具有耻辱性。[③] 因此，很明显，这些是唯一可以用这个名称来适当说明的。

---

① 在某些针对警察的罪行中，例如，在以短重出售面包的情况下，如果犯罪程度看起来相当严重，法官通常会威胁犯罪者，如果再次被定罪，他将在报纸上被公开刊登。这种惩罚似乎被视为比法令规定的罚款更为严厉。

② 当惩罚是死刑或酌情判刑时，我们在英国通常会以这样一番发言作为开场白。

③ 意识到这种情况，罗马律师区分了犯罪事实和犯罪法律：犯罪造成的自然耻辱和通过法律惩罚手段产生的人为耻辱。参见海内修斯（Heineccius）:《民事法律要素》(*Elementa Juris Civilis*)，第三卷，第 399 页，但其解释并不十分准确。

在查阅了惩罚清单后，我们会发现，这种反映极大程度耻辱的性质几乎完全局限于那些以身体刑为名的惩罚。金钱惩罚是最常见的惩罚，与其他惩罚相比，它带来的耻辱要少，除非是准金钱惩罚。在这方面，像其他大多数惩罚一样，几乎等同于金钱惩罚。其次是几种监禁模式。其中，如果有什么区别的话，在这方面，准监禁和地方封锁似乎是最温和的，其次是流放，监禁是最严重的。具体的限制和积极惩罚中，它们种类如此多样，以至于很难给出一个解释说明情况。总体上，它们似乎以那些在这方面
229 最温和的惩罚为基础，除非通过类比，它们被设计成用一种特殊的方式反映和加重①了罪行的耻辱。对其他类型的剥夺刑惩罚都可以予以同样的说明。

关于死刑以外的身体刑，并未被认为是带有非常严重程度的耻辱的惩罚。然而，它的程度与这些惩罚所带来的身体痛苦或不便不成比例。相反，如果有什么不同，似乎惩罚带来的这些或任何其他类型的不便越少，它带来的耻辱的量就越大。原因可能是，既然惩罚显然是为了以某种方式产生痛苦而被设计，那么它以其他方式产生的痛苦越少，似乎就越能说明它是为此目的而存在的。因此，关于那些被认为是包含着最高程度耻辱的惩罚，人们几乎找不到它们所造成的任何其他痛苦。这是几种暂时性剥夺犯罪能力的情形，例如足枷、颈手枷和枷刑；还有几种暂时和永久的缺陷，比如耻辱的穿着和烙印。相应地，这些惩罚方式都被认为是

① 例如，请求赦免的义务，积极惩罚的实例，如禁止从事罪犯欺诈性工作，限制性惩罚的实例，如禁止出现在受伤一方面前，流动监禁的实例。

或多或少造成耻辱的多种方式。身体刑造成的耻辱，可能是肉体 230
上的耻辱或者是恶名。

根据为了产生耻辱而选择的身体刑是暂时的还是永久的，可以将耻辱本身分为暂时性的和不可磨灭的。因此，足枷、颈手枷和枷刑所产生的耻辱只是暂时的；不可磨灭的耻辱所产生的却是永久的。这并不是说，任何形式的耻辱，无论是怎么造成的，都有可能成为永久的。因为犯罪的想法，或者由此产生的惩罚的想法，很可能会在人的一生中或多或少地历历在目，但当它由一种不可磨灭的耻辱产生时，只要这个印记仍然存在，无论在他身上发生了什么，无论他去哪里，活了多久，他身上都带有他犯罪的证据。

剔刑和更严重的简单酷刑，刺青、损形和剥夺犯罪能力，都同样伴随着严重的耻辱。也就是说，这些行为所产生的效果都是通过惩罚的方式产生的。但是，关于后三种类型下的许多惩罚，从表面看，其效果都是偶然产生的，因此产生耻辱影响的确定性就会更低。这些惩罚产生的耻辱，在持续时间上，是暂时性和永
久性的混合性质。在执行时，它在这方面与颈手枷、足枷、鞭笞， 231
或者其他任何种类的简单酷刑是一样的：在这之后它比任何这些惩罚产生的结果都严重，因为可见的后果仍然持续。然而，它并不像污名化产生的后果那么严重，因为它本身并不像令人感到屈辱的惩罚一样，让陌生人可以一目了然犯罪者的罪行。

与肉体耻辱几乎类似的是另外两种耻辱，因为它们的影响完全来自肉体耻辱之影响，所以它们可能会被称为准肉体耻辱。这种惩罚并非是针对某个人的身体，而是针对某个对象而施加的，

根据联想原则，这个对象的概念在想象中产生了一种暗示性的效果，即惩罚的想法实际上适用于身体本身。这种惩罚是通过象征或标志的影响运作的，因此它可能被称为象征性或标志性的肉体耻辱。[①] 另一种是通过确实适用于肉体的惩罚施加的，但（发生在）
232 它不再受到惩罚的影响之后，我的意思是直到死亡之后，这可能被称作死后发生的或者死后的肉体耻辱。[②]

剥夺声誉的名下有一种非常特殊的剥夺类型，即剥夺信誉。也就是说，实际上，使一个人丧失大部分声誉，这取决于人们对他真实性的看法。这种惩罚的效果（只要它可以生效）导致人们对犯罪者恶意相向，这种恶意是他们自然倾向于对一个看起来不能完全信赖的人所显露的。

这种惩罚是帝国试图由政府官员对道德制裁行使权力的一个显著例子，而且并非没有成功。向该制裁的执行者，即全体公众提出申请，不要给予一般犯罪者那么多的不尊重，也不要对一些被发现犯有特定罪行的罪犯给予太多的不尊重，但他们倾向于

---

① 在古代波斯人中，在某些情况下，当罪犯级别很高时，人们习惯于鞭打他的衣服，而不是鞭打他自己。关于这一点，还可以提到法国和欧洲大陆其他国家盛行的处决罪犯肖像的习俗。对肖像施加的虚假惩罚是，我猜想，通常情况下，同样的罪行也会使这个人本人受到同样的惩罚。我认为，在罪犯即将到案的情况下，通常也不会使用这种惩罚。

在葡萄牙，一些与企图杀害已故国王有关的人受到了这样的惩罚。

② 根据普通法，英国因叛国罪而使用的部分惩罚可能会提到这一点。即取出并焚烧内脏，切掉头部，将身体分成四等分，由国王随意处置。根据英国的一项法令，在谋杀案中，法官有权命令（在罪犯被绞死后）公开解剖尸体，并有权命令将其吊死在铁链上，正如这句话所说：这是通过将尸体悬挂在铁架上的绞刑架上来实现的。

把他未被证明有罪的另一项罪行的一部分附加在他实际上被证明有罪的罪行上，除非意外，否则这一罪行与他实际被证明的罪行无关。

实施这种惩罚的方法也同样引人注目。它不是通过对罪犯加 233
以任何限制或其他惩罚所造成的，而是通过对他人的限制，对法官，或者（根据情况需要）对任何人施加任何形式的不便。法官不得审问他，或者不得允许他以任何理由作为证人接受审问，并不得在任何此类情况下关注任何声称包含其书面证言的文书。那些可能需要他的证据来保护自身生命、自由或者财产的当事人，或者可能需要它来保证惩罚，并使自己免于其他也许更残忍、不道德的侵犯的公众，都被排除在这种利益之外。

据我所知，在任何情况中，都没有能绝对清楚地表明一个人被施以这种特殊类型的剥夺的例子。在其被采纳的所有案例中，实施这一规则所引入的限制不是不可能，但其施加的目的可能只是改进证据规则，并且指导法官在对提交给他的事实问题作出决定时防止误判。

尽管如此，可以肯定的是，在英国法律中，它在许多情况下被附于与犯罪者的真实性或虚伪性没有任何关系的犯罪之下。[①]

在这方面，还必须提到剥夺等级的惩罚，或者称作降级。为 234
了理解这种对耻辱性惩罚的修改，声誉必须分为自然的或普通的，

① 例如，叛国罪，或在争夺王位的比赛中依附于不成功的一方；在报复、突然争吵或决斗过程中，经同意而实施的谋杀；强奸和性欲不正常的其他行为。然而，这似乎与其说源于设计，不如说源于普通法作者的疏忽。这是以重罪为名将各种性质的罪行混为一谈所产生的许多荒谬和恶作剧的后果之一。

以及人为的或特别的。我所说的声誉和善意的自然的部分，是指每个人凭借自己的个人行为和表现而取得的东西。我所说的这些财产的特别的部分，与个人行为无关，是由政府官员的设计和安排所授予的。

这种人为的声誉通常与职位或工作相联系，但有时它是独立存在的。例如，在英国，绅士、爵士、骑士、男爵这类等级以及由学术学位产生的等级。

等级可以通过习俗或权威来授予。当源于习俗时，它附属于家庭或职业。当源于权威时，它附属于个人。然而，无论其是否由权威授予，如果不完全剥夺其声誉，权威都有能力削弱属于它的声誉。法官降低一个男人绅士等级的宣判，不能导致他在出身上失去一个作为绅士的父亲，但可能会使他失去以前因此原因

235（他的等级）而获得的或多或少的尊敬。

至于实施降级的模式，任何可能用于表达法官意愿的程序都可能被实施，无论是否拥有肉体耻辱，犯罪者不再被认为拥有上述等级。

降级确实与给它的定义完全相符，当它被称为剥夺等级时，应该剥夺一个人确切数量的声誉，从而剥夺善行，并因此剥夺他的等级所带来的快乐。然而，由于这些数量难以被测量，甚至无法以任何可接受的精度进行估计，降级的惩罚永远无法准确回答这样的定义。很可能一个人一旦具有一定等级，就永远无法被完全剥夺声誉、尊重和通常属于那个等级的帮助，人类的想象过于顽固以至于无法立即和完全服从权力的命令。一个经历过等级降级的人的状况在总体上通常比他从未拥有时更糟糕，因为一般来

说，不曾拥有过相比拥有后失去还没那么糟糕。更准确地说，似乎这种惩罚产生的道德制裁的特有痛苦，一般来说远比那些相当于无法扣除犯罪中的偶然收益的处罚要好得多。

完全丧失声誉的说法是很常见的，一些法学家谈到这样的丧 236
失时，仿佛是很容易发生的，并且屡见不鲜。但是这种观念与这个术语的任何精确观念都互不相容。为了理解这一点，有必要在观念中设想一个等于零的平均值或者声誉的平均数量，由此可以计算良好声誉的程度。另一方面可以预估坏名声的程度。这种平均数量的声誉或善意帮助是指社会中特定的成员可能被认为拥有的，他没有等级，也无美德或过失，如果可以想象出这样一个人，或者更确切地说，他的美德和过失近乎相等。所有高于这个平均数量的可能被称为良好声誉，所有低于它的则为坏名声。因此，从某种意义上说，声誉的完全丧失应当只包含良好声誉的完全丧失，正如所定义的那样。现在，根据对这件事的论述，声誉的完全丧失是非常可能的，而且的确也是非常频繁的。然而很明显，这并不是法学家们，的确也不是普通人在论及声誉的完全丧失时所考虑的。因为这只是等同于把犯罪者降低到一个具有普通美德和声誉的人相同的水平，而不会使他的声誉降低到一个有着普通美德和条件的人的声誉所能达到的最低水平，就像一个在道德上或政治上稍有过失的人所能达到的那样。如果可以这样说的话，
他们所考虑的是一定程度的坏名声的获得，他们用一种混乱的方 237
式看待其数量，似乎它是确定的，并且包含了一个人可能获取的所有坏名声。但很明显，它永远无法做到，至少在他们适用的情况下难以做到。因为他们在谈论这样的事情时，就好像它可能而

且通常是单一犯罪事件的影响。例如，抢劫或普通谋杀。很明显，这是永远不可能的，除非有人坚称，例如，弑父行为不会使一个人比以前在仅仅犯下抢劫或普通谋杀之后受到更恶劣的对待。很明显，坏名声和好名声的最大值是无限的，在这个意义上，在现实生活的范畴中不存在完全丧失声誉的情形。

第二节 对简单耻辱惩罚的审查[*]

施加耻辱惩罚是对民众法庭提出的呼吁——邀请人们对犯罪者予以蔑视，收回对他们的尊敬。这是（用比喻的语言来说）对人民提出的一项法案，因为他们认为应当对其施加如此多的恶意。如果他们对他的看法比原本更不友善，那草案就会兑现；如果他们不这样做，草案就会被反对，指控往往倾向于指向起草者。耻辱惩罚就像那些容易反冲的引擎，并且经常伤害那些不当使用它们的人。

但是，如果管理得当，有什么重要服务是他们不能提供的呢？立法者通过求助和相信道德制裁，增加其力量和影响范围。
238 当他宣布丧失荣誉被视为一种最严重的惩罚时，他在每个人眼中都赋予了荣誉一种额外价值。[①]

1. 这种惩罚本身并非没有宽泛的特性：从法官慈父般的训诫到高度耻辱，它在一定程度上是可变的。伴随着或多或少对各种

* 原文如此，无第一节。——译者

① 参见《立法条约》，第三卷，第 17 章。

羞辱和耻辱情况的宣传，立法者可以根据罪行的恶性程度，并根据年龄、等级、性别和职业等各种情况来调整惩罚。为此目的，生活中的每个国家机构都将提供它所特有的便利，特别是军队。

在可变性方面，这种惩罚比其他任何惩罚模式都具有优势。这种品质在一种惩罚方式中是可取的，它可以使其与其所涉及的每一种罪行都承担适当的比例。对于完全由法律规定的各种其他惩罚，其比例必须由法律规定。但是这种惩罚模式有一种陷入自身比例的趋势。政府官员宣布——由人们执行。人们，即有许多被认为合适的人：他们执行惩罚，也就是说，按照他们认为合适的任何比例执行。对犯罪者的恶意程度一般与他的罪行的恶意程度成比例。然而，它并不像身体刑那样能够普遍适用于一切犯罪。239
在许多情况下，犯罪可能产生真正的危害。但人们，这种惩罚的执行者，并不能察觉这种危害。关于这部分问题，我们稍后有机会进一步阐述。

2. 就儆戒性而言，这种惩罚模式是无法被超越的。无论一个人因其罪行的公布而遭受什么痛苦，无论是由于降级还是因不光彩的曝光而遭受痛苦。很明显，在立法者的制裁下，他的人格蒙受了耻辱。

3. 就节约性、节俭性而言，它足够有优势了。我想，针对随不法行为产生的恶意而言，所受伤害至少应与最终的恶行成正比，就像其他任何惩罚模式一样。

4. 在大众性方面，（这种惩罚方式）同样无法超越。当人们对一个人所做的一切不过是告诉他们，在法律允许的范围内，他们自己可以随心所欲地惩罚他，此时他们自己既是法官，又是执行者，人们又能有什么理由反对一个人受到这样的惩罚呢？

5. 他们是可免除的。一个错误的判决可能被撤销。（在这种情况下，）释罪判决会比定罪判决遭致更大的恶名。如此他品格上的污点不仅会被完全抹除，而且这个所谓的罪犯，由于他遭受的不公正迫害，将会成为普遍同情对象，特别是对于那些帮助实施惩罚的人而言。

240 更重要的是，即使是公正地被施加惩罚，被施加者由于他将受到的刺激而紧张起来，可能会努力恢复他失去的尊敬并且获得新的荣誉以掩盖他的耻辱。在军队中，整支部队在被长官蔑视后，都以杰出的英勇行为来弥补他们的罪行，并获得了最高荣誉标记。

耻辱的身体刑并不拥有这种优势，它留下的污点是不可磨灭的，除非受惩罚者本人移居国外，否则他失去的声誉是不可挽回的。

如此陈述了属于这类惩罚的特性后，我们开始注意到在它们的实施中产生的它们所特有的一个难题。立法者不能随心所欲地给任何特定种类的犯罪附加上他所希望附加给它的程度的耻辱。有一些类别的罪行的确对国家有害，例如贿选和走私，对于其惩罚，立法者无法使大部分人都参与到对其的惩罚当中。在其他方面，大众的观点与立法机关的观点直接相反：他们摇摆不定，中立或太软弱以至于无法达到其目的。决斗的情况可以作为一个例子。

“到目前为止，”卢梭说，“监察官不引导公众舆论，而是追随公众舆论。当监察法庭背离公众舆论时，它的决定是徒劳无功的。”[①]

就这样吧，但接下来会发生什么呢？难道立法者是要成为最恶劣和错误的大众观点的奴隶吗？不，这就像是船只在被岩礁包 241
围时停止掌舵。他最大的困难在于调和公众舆论，在错误时纠正它，并使其偏向于最有利于人们对他的命令产生服从的方向。

立法者在很大程度上掌握了引导公众舆论的卓越手段。他通过被赋予的权力下达指示时，无论他何时下达指示，远比从单独的个人那里所传来的指示更有分量。一般来说，公众认为政府比任何个人都更完全地掌握必要的信息来源。人们还推测，在大多数情况下，政府的利益与人们的利益是一致的，并且不易受个人利益的影响。而个人利益很容易左右个人的意见，如果事情进展不顺利，负责的代理人就会受到公众的批评。如果顺利，他们就会拥有信誉和好处。这些人的观点通常左摇右摆，这是他们信心的基础。

立法者为了消除在他看来是恶意的偏见时，总有办法将斧头砍向恶意的根源以消除它。他可以建立一些制度，在不灌输与公众认可的观点直接抵触的学说的情况下，可以间接攻击它们。他可以在它们下面埋一个地雷而不是放置一个炮台攻击它们，其效果是绝对可靠的。

立法者不仅拥有政治权力，而且拥有道德权力。道德权力通常是通过体谅、尊敬、信任等词来表达的。通过这些手段产生最 242

① 参见《社会契约论》，第四卷，第七章。

重要的效果的例子并不少见。

很明显，对社会上习惯于表示不满的任何罪行的定罪必然会导致一定程度的耻辱。因此，在没有任何地方法官明确指定的情况下，光是定罪（而尚未执行）就足以带来耻辱，甚至光是侦查就足以如此。因此，地方法官能够产生额外程度耻辱的唯一方式，我指的是纯粹和简单的耻辱，是通过采取特别措施来公开罪行。通过这种方式，地方法官只是在一定程度上增加了因犯罪行为造成的实际耻辱部分。

就强度而言，只有在一种情况下可以使法律对简单的耻辱施加任何影响。这就是通过授予所讨论的行为一些令人厌恶的称谓，一些旨在表达对使用它的人的恶意或蔑视的绰号。因此，古罗马的立法学家（在李维的一篇文章中，被《惩罚原理》的作者引用）在描述了一种特别的犯罪模式后，除了补充这些词语和不当事实以外，并没有对其进行更多的惩罚。在这里，立法者开始唱起了抨击的歌曲，期待人们将会齐声跟随。违法者将会受到谩骂，立法者开始并投掷第一块石头。

243 然而，当立法者的目的是调和公众舆论时，特别是当该舆论与他所要确立的观点相反时，他必须向他们说明自己的理由。

我希望不会在理性之名下看到那些立法上含糊不清和过分流露的情感，那些繁复冗杂的格言，来嘲弄人们的洞察力，贬低立法机关的尊严，这些都充斥于我们法律法规的序言中，使其蒙受耻辱。“然而它被发现是不便的——尽管巨大的伤害已经出现了”——似乎立法者应当禁止一种他不认为是“不便”和“恶意”的做法是可忍受的，如果他没有说那么多的话，人们就不会对他所希望的事给予信任，即希望大家相信他是这样想的。

那么，立法者应该用什么理由来支持和证明一个责备性的称谓呢？它们应该可以用来表明上述所讨论的行为被认为可能造成特定方式的损害。通过这些方式，指出这种做法和其他做法间的相似之处，这种做法更明显，但也许不是更强烈有害的。对此，人们已经倾向于加以否定。如果要给出理由，应当简明扼要以便指导，充满活力以便于打动人心，简短以便于记忆。

下面以走私的情况为例，无论谁与走私者打交道，都会使他声名狼藉。购买走私商品的人骗取了公众的关税价值。他使公共财政[①]蒙受的损失就像是从国库盗取同样数额的钱一样。诈取公共资金的人骗取了社会中的每一个人的财产。 244

正如立法者可以将责备之手施加在违背法律目的的人身上一样，他也可以从有助于其发展的人那里收回。这就是告密者，人们的短视和偏见加上法律自身的煽动，都对其投以最不应当的憎恨。告密者的法律可以以下列方式开头：

这是坏人的诡计，他们企图使那些通过执行法律来约束他们罪行的人受到蔑视。如果法律是公正的，正如其应该是公正的那样，告密者不是任何人的敌人，而只是那个与其他人为敌的人

① 我说的是公共资金，不是简单地说公共本身。说教者的陈腐诡辩与立法者的笔触相去甚远，其内容在于给一种不良行为冠以另一种更高级别不良行为的名称和指责，在人们的头脑中混淆了邪恶和美德的特征。立法者不应沾染任何虚假的污点，也不应想办法促进功用和真理的事业，而只有暴政和强权才需要这种手段。我上面所说的一切都是严格而简单的真实。但是，如果说对公众的盗窃和对个人的盗窃一样有害，那是不对的。从这一点来看，没有任何恐慌，损失分担的越多，每个人承担的就越轻。

（注：指犯罪人）的敌人。一个人爱他的国家，他就会积极地把那些违反法律破坏国家繁荣的人绳之以法。

人们会注意到，在法律的这个新部分——在与道德制裁的错误所作的斗争中——戏剧家和立法者都有工作，或者说，政治家应该
245 在法学家的所有信息中添加一些编剧的精神。古代的立法者们这样写道，他们谈论着古希腊重要而迷人的语言，诗歌被请来帮助法律的制定。从没有人想过用野蛮的语言向人们表达，这使我们的成文法典蒙羞，立法者的意志淹没在文字的海洋中。习惯于哥特式的陈腐语句、无用的重复、不完整的说明、没完没了的句子，他可能只是因为不理解而引起恐惧，但无法赢得尊重。也许令人惊讶的是，为什么我们的生命和财产的裁决人并未使他们自己穿上怪诞和卑鄙的服饰以自娱自乐，却不能有尊严和精确地清晰表达自己。如果以这种语言装饰，即便是最好的法律也会被毁得面目全非。

一个优雅而受人尊敬的作家说：“在一个温和而有德行的政府中，羞耻的观念将遵循法律的手段。”

是的，正如他的手段不会被用来抵消和激发人们坚定的情感。他继续说：“无论任何种类的惩罚，如果被指出是臭名昭著的，都会产生耻辱的影响。”诚然，无论立法者指定什么作为标志来表明他已将他的不认可附加到任何特定的行为模式中，都会产生这种效果。这将使人们明白，他希望被大家认为是不赞成这种行为方式的。在大多数情况下，他的确不赞成。但是，无论立法者声称不赞成什么，人们同样也不会赞成，我怀疑，这程度有些过了。

246 我们可以把他的注意力引到一个犯罪的例子上，我敢相信（除了一切偏见）一直以来，在一个温和而有德行的政府的统治

下，都是法律规定刑罚，地方法官努力通过通常给予受罚者耻辱标记的惩罚来制造耻辱。但如果没有法律，就没有法官，没有惩罚，在这个国家仍会产生耻辱。我的意思是诽谤国家。

目前法律规定的诽谤罪是：宣扬关于任何一个人的任何其不喜欢的事情，这就是一般的诽谤罪。诽谤国家罪是指公开掌权者任何不喜欢的事情。

诽谤要么是犯罪性的，要么是辱骂性的。我所说的犯罪性的，是指指控一个人犯有特定行为（由时间和地点决定），该行为的数量相当于法律规定的应受到法律惩罚的量。我所说的辱骂性的，只是辱骂，是指在不指控一个人任何具体事实的情况下，诽谤者对被诽谤方的一般行为或特征所作的或多或少具有强迫性的否认。这就是所有那些含糊其辞的指责绰号，骗子、傻瓜、无赖、邪恶的浪子、被遗弃的人等等，以及所有那些在一行文字或一卷文字的范围中暗示同样的事的作品。因此，犯罪性诽谤是一回事，辱骂性诽谤则是另一回事。法律不知道这些术语，但它承认它们在这里要表达的区别。

在这两者中，我们可以观察到，犯罪性诽谤可以有另一个有 247
限和明确的定义，辱骂性的诽谤则只认可上述定义。

现在是这样，对于针对普通人的纯粹辱骂性诽谤，法律不会允许一个人受到所谓有利于当事人的行为的惩罚，除非在特殊情况下，而这里并非是可以详述的地方。但是通过监禁，或者为了国家的利益，通过所谓的起诉，或者更具体地说，通过所谓的控告，可以使他受到任意性的惩罚（因为没有制定规则来指导自由裁量权），我所说的任意性是凭着法官的想象而使其受到惩罚。针对个人的犯罪性诽谤，如果诽谤者能证明他的指控是真实的，法律就不会让他受到惩罚。但是，针对当权者的诽谤，无论是犯罪性的还是辱骂性的，无论是真实的或是虚假的，无论是适度的或是过度的，都会使一个人在任何场合受到没有区别的惩罚。如果诽谤是真的，那就更糟了；法官们想用悖论来混淆推理，却毫不犹豫冒着这种极其荒谬的风险。古代的法官们很久以前就提出了这个问题，继任法官都遵守了这一原则。现在那些必然察觉到这一点的法官，似乎被权威的不可抵抗的力量压倒、承认了它，它的胜利持续到此时。

在这种情况下，无论公正或不公正地指责当权者行为的人，都是诽谤者：越是公正，越是严重的诽谤。但是，如果指责当权者的行为，而且大家认为这个指责是公正的，这个国家的人们就永远不会认为他是一个声名狼藉的人。律师可能会争辩，陪审团可能会定罪。但即使是那些陪审团，甚至那些律师，在他们内心
248 深处，都不会把他看做是臭名昭著的。①

由此得出的实际结论是，立法者从不应用他的措施直接反对大众舆论，以努力抹去那些被讨论的行为上的耻辱污点，该有耻辱污点的行为与最邪恶的动机一样，容易产生于最善良的人，并因此逃避普遍的谴责。

然而同样正确的是，在一类非常广泛的情况下，事实并非如

① 1758年，谢贝亚（Shebbeare）博士因对辉格党执政时期的国王进行诽谤而受到嘲笑。他得意洋洋地站着。人们用掌声款待他。另一次，书商威廉姆斯（J. Williams）因发表诽谤乔治三世陛下的言论而受到嘲笑，当时的政府被控托利主义（Toryism）：人民为他收藏书籍。还有一次，伦敦市长贝克福德（W. Beckford）以前所未有的冒犯方式即席回应了国王的演讲：市民们在市政厅竖起了他的雕像。我认为，当时羞耻感并没有随法律而产生。

此，一个针对人们的理解和情感的论点如果应用得当，会产生相当可观的效果，就像针对他们恐惧的论点一样。如果立法者认为这个实践值得一试，他就可能会根据正直和智慧的观点来做一些事，而不是（让人们）因为畏惧他的权力而被迫做事。当他创造政治制裁时，他也可以指引道德。即使是这个国家的人们，也并不会因为看到强大的权力而倾向于妄想获得渊博的知识。寥寥几句，比如一个好的立法者的心，如果法律的实质与之不相违背， 249
也能毫不费力地使人们对他的仁爱之心产生好感。

这不是说我们现在的这个时代，在人们认为主要是关于政府管理问题的那些国家里，立法者应期望对道德制裁拥有完全相同的影响，就像希腊和意大利这种小国在社会初生时期的立法者所能发挥的影响那样。造成这种差异的最显著原因是，在君主制政府中，一个人获得职位的关键是出身，而非任何个人资格。颁布法律的人很少被认为是法律的制定者。制定法律是一回事，用权杖触碰它们是另一回事。

凯瑟琳和古斯塔夫的统治，被认为（正）是如此做的。其他的王子要么公开统治，要么对人民闭关自守——就像秘密统治一样。

在像我们这样的混合政府中，统治者是一个机构，他没有个人品格。他只是在他的作品中向人们展示自己，这是人们所知道的关于他的一切。毫无疑问，通过这些作品，他可以让人对其品格有些了解。但是，由于他的品格是以虚构和无形方式存在的，因此不能指望他的品格会给人们的想象留下多么强烈的印象，就仿佛他们已经要把这个或那个人的观点联系起来。

在希腊的城邦，立法事务的基础截然不同。扎拉卡斯、梭伦、利库古斯，在各自的城邦都是最受欢迎的人。他们获得头衔的原因别无其他，正是由于他们的受欢迎程度。他们既是哲学家、道
250 德家，又是立法者，他们的法律既有指示性又有强制性，既有说教的作用又有命令的作用。在他们被赋予引导政治方向的手段前，人们的尊重已经使其掌握道德制裁权。一个城邦的成员生活得像一个家庭。他们为全体人民制定法律，而全体人民对他们的了解程度要比对通常由其所代表的郡的人民选出的议员的了解多得多。

在那些日子里，人们似乎比现在更受舆论支配。他们所认识并尊敬的这个或那个人的话，会比现在更能打动他们。这并不是说他们的激情，就像看上去的那样，更屈从于理性，而是他们的理性更容易屈从于单一的某个人的理性。从外国学到的一点知识或这种知识的表象会使一个人比其他人更有优势，这是现在的学问所无法给予的优势。“武断之言”是对毕达哥拉斯准则的盲目顺从之前就兴起的一种表达：它并不是古希腊那些假装利用其思维能力的人的不良思维方式。[1]

---

① 请允许我在这里用一个现代的例子来说明古代立法者所拥有的权力，这个例子来源于一些人可能认为是微不足道的主题，当然也是出自一位微不足道的人。这位议员是一位司仪。多年来，纳什（通常被称为 Beau Nash）在舆论的权威下，在巴斯（Bath）监管着公司在赛季期间在该地集会的行为：执掌仲裁者和董事，负责与该地习俗和礼仪有关的所有方面，是舞会、音乐会等活动顺序的安排者。他
251 是如何工作的呢？“让这样的事情发生吧，”巴斯议会的议员说，“不要做这样的事。”“让这样的集会在这样的日子举行：它在这样的一个时间开始，在这样的一个时间结束。”撇开物体的极端差异不谈，这些时尚的条例和传给我们的古代法律之间的相似性是惊人的。那里没有所谓恰当的惩罚。集会的公司信任他的谨慎以及在需要规范的问题上的经验。把一定数量的道德制裁的权力交给了他，公众随时准备对违反他规则的人发出反对声音，而看似最弱的法律，却得到了最严格的遵守。

第四章 金钱没收 252

我们现在来考虑几种没收。首先，是以金钱和准金钱命名的没收种类：金钱没收，以及可兑换为金钱之物的没收。

当一个人因司法判决被迫向另一个人支付金钱时，金钱没收就发生了，或者在某些情况下被称为罚款。

至于法律施加这种惩罚所采取的方法，是如下这些：

1. 最简单的办法是从犯罪者的实际财产中取走一笔与上述数量相当的金钱，并将其转移到要接受它的人的实体财产中。之后，如果他再次干涉这样被拿走的钱，他可能就会像他干涉了他从未有过的金钱一样受到惩罚。只有当人们知道犯罪者有这样一笔钱并且钱款在何处时，才能采取这种方法，但这种情况很少发生。

2. 下一个也是更常见的权宜之计是拿走他实际拥有的一定数量的其他实体财产，如果出售，可能会产生上述款项，因此将它们出售，就会像上述那样交出所得的钱款。

3. 另一种权宜之计是利用强制性手段来迫使他拿出这笔钱。253
这些手段是：第一，一旦他做了规定里的事，就立即对他进行惩罚；第二，以一些未来的惩罚威胁他，如果他在规定的时间前未完成要求，则在某个时间对其施以惩罚。

4. 第四种权宜之计是剥夺他的财产，无论是金钱还是其他财产，或者，尽管具有这些财产的合法权利，或者在某种意义上它们的所有权属于他，但实际占有属于他人。由于这种法律权利的存在，以及上述财物存放的地点是一种只有通过手段才能知道的
254 情况，因此有必要强制他提供必要的信息。

在这四种权宜之计中，第一和第二种通常结合在一起，并不加区分地适用于同一场合。奉命行事的官员如果找到的钱足够了，就拿走钱；如果没有，就拿走其他财物弥补不足。在以后，第一种可以被认为包含于第二种。

在英国，第二和第三种自古以来就一直在实践中，然而，这并不是不加区分的，而是根据对金钱施加惩罚的名称来区别。当这种惩罚被称为罚款时，第三种方法被专门采用；当它被称为损害赔偿时，第二种和第三种方法一起被采用，虽然没有完全发挥作用，但在某些特定限制下过于特殊以至于无法被坚持实施。

第四种是相对较晚的发明。它最初是通过一项破产法适用于商人的，后来又通过破产法扩大适用到一般人，他们支付金钱的义务被冠以债务之名。在许多情况下，这种义务是为了惩罚而施加的。

第二节　对金钱没收的审查*

1. 至于这种惩罚产生的恶，都可以归于被剥夺如此多金钱所造成的贫困的痛苦。①

* 原文如此，无第一节。——译者

① 贫困的痛苦可能是由于在当下没有任何一种快乐的想法而产生的痛苦。因此，贫困的痛苦可以被分解成与之相应的各种快乐，也可以从缺乏中衍生出来。

2. 金钱没收和劳役一样，具有可转化为利润的显著优势。

在这种情况下，利润的数量不受限制。这就是它独特的优势，这使它特别契合补偿的目的。

3. 在平等性方面，它也同样有利。任何惩罚都不能比对不同人进行不同惩罚更公平了，因此，它的数量与犯罪者承受能力成比例。对于金钱（即一笔给定的金钱总额与一个人资本总额的比率），我们已经证明它是衡量一个人所能承受痛苦或获取愉悦的最准确标准。两个人如果失去一部分（假设十分之一）各自的财产，被剥夺的愉悦在形式上可能非常不同，但这并没有什么阻碍。255
然而，一方面考虑到数量，另一方面考虑到实际预期和可能的负担，它们可能是相同的，它们相同地就像任何测量规则都能使用的任何两个量一样。一个人的主要乐趣就是从他的金钱中获得的，这是唯一可以评估的部分。我们不得不遵循的假设是，人们用各自的资本能够购买的快乐的数量是各自相等的。我们可以料想到，这个假设确实是非常不受控的和不准确的，因为一个人的资本数量容易不断波动，而且有充分理由认为，一个富人在总体上往往比穷人更幸福。然而，对于上述所讨论的目的，它毕竟比任何其他的一般假设都更接近真理。

4. 在可变性方面，显然，只要它如此延伸，这种惩罚方式也是不可超越的。它从等级的最底层开始。在这方面，它比身体刑有很大的优势，身体刑总会伴随着一定程度的耻辱。而在金钱惩罚的情况下，除了犯罪所必须附带的耻辱外，不会产生其他的耻辱。

5. 在节约性、节俭性方面，金钱惩罚，特别是其相对数量较

大时，很容易产生一个缺点，其弊端在某种程度上与可转换为利润的优势相平衡。和犯罪者一样，其他无辜者也可能遭受痛苦，
256 也就是说，任何被包含在他的家属圈里的人。这种痛苦不仅仅是基于对他的痛苦的同情所产生的伤痛，如果是这样的话，就没有理由以更特别的方式将其称为属于目前的惩罚方式。这是一种原始的痛苦，是由于意识到他们自己可能会因为他们的委托人的贫困而蒙受损失。这种恶不仅仅是一种消极的恶，其在于，如果不是因为他的贫穷，他们就会拥有舒适（生活）。如果是这样的话，在这种情况下，没有什么理由比同情的痛苦更值得考虑了。因为，无论它是什么，它都是平衡的，更确切地说，正是由于那些人的快乐才平衡的，无论他们是谁，金钱都是为他们的利益而使用的。使用这笔钱带来的快乐不因运作而增加或减少，它只是换了个人。因此，这种惩罚所特有的痛苦，并不比那些期望的破灭所产生的失望的痛苦多或少，这些期望是有关各方一直以来习惯于继续参与其委托人财富的变化趋势，在某种程度上与他们习惯参与的程度成比例。

6. 就儆戒性而言，它没有什么特别值得夸耀之处。在执行时，没有产生什么壮观的场面：在这个账户上转移一笔钱与普通付款并无区别。它没有提供任何属于大多数身体刑的象征性帮助。从
257 表面的描述看，它所具有的儆戒性与其数量成比例，也就是说，被没收的数量与其所影响的人的资金成比例。

然而，它在一种情况下有极大缺陷。这就是当它以费用的形式出现时，从法律的表面看，没有任何东西可以让人对最终的惩

罚数额有一个充分的了解。

7. 在可免除性方面，它在很大程度上是有利的。在其他任何惩罚方式下，都不能以同等便利对不公正的判决予以赔偿。

8. 在大众性方面，这种惩罚超越了其他一切惩罚。这是唯一没有人反对或怀疑的结果。

在数量方面，财产没收容易受到不同种类的影响，这些种类可能对其效果有相当大的影响。

成文法或普通法所施加的没收金额可以是自由裁量或不确定的。或者如果是确定的，它可以是限定范围的或固定金额的。在任何一种情况下，它都可以直接确定或通过参考来确定。在后一种情况下，关于它所确定的标准，如果试图为其种类设定任何界限，显然都是徒劳的。为此目的，最常选中的条件是：1. 犯罪的收益；2. 犯罪标的物的价值；3. 损害的数额；4. 罪犯的财产。

在英国，这种惩罚在不同情况下有不同名称，这与惩罚的性 258
质（即痛苦）无关，本质上也与惩罚的施加方式无关。它们仅从对惩罚结果的处理方式的意外情况中产生。

当这个结果被交给国王或他的继承人时，立法机关保留无限的惩罚权，在法官确定其金额后，它被称为罚款。

当受到立法机关的限制后，又由法官决定时，无论如何适用，用来表示它的名称通常是没收的一般术语。

当立法机关对其数额不设限制，并且将其提供给犯罪的受害方时，这种惩罚被称为损害赔偿。在这种情况下，金额问题的解决通常由陪审团负责。

第三节 准金钱没收

我所说的准金钱没收是指没收任何种类的非货币但具有可以交换成货币的性质的财产。

对不同种类的财产的列举，与其说是一部关于刑罚的著作，不如说更像是一篇关于民法的论述。有多少种类的财产，就有多少种类的没收。

我们对金钱惩罚的观察一般也可以适用于准金钱惩罚。施加它们产生的恶可以根据损失的金钱价值来估算，但对于具有情感价值的物品则是一个例外。同等的金钱并不代表这些物品带来的
259 任何快乐。在同一家庭中，由父亲传给儿子的祖传土地、房屋的丧失不应以这些土地或房屋的售卖价格来估算。

这种惩罚通常比金钱惩罚更具儆戒性。例如，没收庄园的土地，更明显地具有惩罚的特征，比同等价值或者更多的罚款更能吸引人的注意。财产占有的事实是整个地区众所周知的，对这个事实的记忆被千百种情况唤起过上千次，并且代代相传。

这些考虑为没收土地财产的使用开辟了广阔的思考范围，特别是在那些被称为叛乱或内战的模棱两可的犯罪中。它们使那些本该被抹去的记忆永存。当我们谈到错位的惩罚时（第四卷），我们将再次谈到这个问题。

第五章　剥夺条件 260

当所考虑的财产由一个真实的有形实体组成时，像房屋或土地，则它以最简单和最容易理解的形式呈现出来。但当其性质是无形的时，只能用抽象术语去界定它，并且为了解释这些术语，有必要求助于那些真实实体以获取这些虚拟实体的名称和含义。为了解释生活中任何特定条件的性质，例如丈夫的条件，有必要说明法律赋予他的权利，即对其个人、财产和一个存在个体的服务的权利——他所娶的女人。为了解释等级的性质，有必要解释它所赋予的权利——以特定方式、在特定场合使用某种头衔的独有特权，简而言之，享受与上述特定等级相关的荣誉。到目前为止，其效果是由法律的运行而产生的。至于作为其价值来源的荣誉本身，则取决于道德制裁。然而，它是一种财产。一个被赋予一定等级的人有权从普通人那里获取不可强求的服务，即尊敬，并且这些服务通常会根据其等级地位而提供给他。

关于职位、公职，我们可以指出拥有权力的人支配着他的下 261
属，获得依附于权力的薪酬，以及拥有它们可能带来的不可强求的服务，也就是说，普通人认为应该为一个身居官位的人提供服务的倾向所产生的利益。

通过同样的程序，我们可以解释所有权利的性质，例如，在议会选举中的投票权。每个拥有这一权利的人都有投票的特权，他可以通过投票影响被赋予某种特定权力的人选。在目前的情况下，这种利益的价值主要在于赋予选举人对候选人及其朋友一定的权力。诚实和独立地行使这种权利是获取声誉的一种方式。慷慨和仁慈之人也从中获得了志同道合的愉悦，这种愉悦是建立在公众幸福的前景上的，也就是说，建立在选择一个品德高尚和开明的候选人可能对公共福利产生的影响之上的。

生活条件、权利、特权的价值，被解释为包含权力、利益和声誉，也就是说，愉悦来源于对这些东西的占有。我们拥有必要的要素来估计损失它们所产生的恶，换言之，由于其被没收所引起的惩罚的严重性。

对财产易受影响的所有变化和财产可能面临的一切没收种类
262 进行分析将是一项几乎无止境的工作。我们在这里举几个示例就够了。

第一节 婚姻条件

丈夫因经历这种剥夺所带来的不幸包括失去了属于它的快乐。

1. 作为婚姻制度主要目标的快乐可以分为：第一，感官上的快乐；第二，从令人愉快之物中感知到的快乐，这种快乐部分取决于感官，部分取决于想象。

2. 由丈夫权威下那些不可强求的服务带来的无数小乐趣。尽管种类繁多，但它们可能都是在拥有财产的快乐下产生的。

3. 使用妻子的财产所带来的愉悦。这些与之前的论述属于同一情况。

4. 如果妻子拥有单独的财产，并自己保留这些财产的处置权，快乐来自于拥有她的这部分财产的希望。期望的快乐建立在占有的快乐上。

5. 产生于被爱的想法的愉悦。这种感情产生了许多不可强迫的服务，这些服务具有自然流露的魅力，就像那些友谊的结果一样。这些快乐可以被称为道德制裁的快乐。

6. 丈夫因妻子的良好名誉而产生的快乐，并且像来自其他来 263
源的荣誉一样，有一种使他获得普通人的敬重与善意的自然倾向。这也可以被称为道德制裁产生的快乐。

7. 目睹妻子幸福的喜悦，尤其是丈夫在其中起最重要作用的那部分。这是仁爱或善意的快乐。

8. 在他成为其中一员的家庭中得到的几项不可强求的服务所带来的愉悦。这可以被称为是道德制裁的快乐。

9. 权力的愉悦，一般认为，由于他对奖惩基金的排他控制，与任何可能对其进行的特定使用无关。这可以被称为是想象的愉悦。

10. 由父亲的身份所带来的愉悦。在考虑剥夺父亲条件所带来的恶时，我们有必要注意到这一点。

同样的目录，只需稍作变化，正如读者将不难发现的，它也适用于妻子的状况。

冷静地分析和归类这种性质的感觉的任务可能显得很乏味，但如果我们要估计失去这种条件所带来的恶的数量，这项工作就显得尤为必要。

第二节　父系条件

264 剥夺父亲的条件导致的恶大多可以归咎为失去了以下快乐：

1. 源于想象他自己的存在会在他孩子的存在中得以延续的快乐。这是一种想象的快乐。

2. 源于在孩子未成年时期，在他的指示下得到在某种状态下可以享受的服务的快乐，这是一种权力的愉悦。

3. 源于在不减少孩子的独有财产的前提下使用财产的快乐。这是一种有两个来源的快乐，一个是父亲，另一个是监护人（目前的）。

4. 源于（子女对父母）孝顺的快乐。这是道德制裁的快乐。

5. 源于孩子的良好声誉对其产生影响的快乐。这也是道德制裁的快乐。

6. 源于增加孩子幸福的快乐。这是一种仁慈或亲善的快乐。

7. 源于他希望他的儿子长大后，在世界上可能形成的关系中得到一些不可强求的服务的快乐。这种快乐是道德制裁的快乐。

8. 从父权情感中产生的快乐。这是一种想象的愉悦。

9. 在某些情况下，快乐来自拥有孩子可能已经获得的全部或部分所有物之期望，或在他死亡时实际占有该财产。在一种情况下，期望的快乐建立在拥有财富的快乐的基础上，另一种情况下则来自对财富的实际占有。

第三节　孩子的条件 265

属于儿童条件的快乐：

1. 源于使用双亲提供的可要求的服务的快乐。

2. 源于有权使用属于父亲的某些财产所带来的快乐。

3. 源于被他（父亲）所爱的信念中得到的快乐。

4. 源于父亲的良好名誉反映在孩子身上的快乐。

5. 目睹父亲幸福和促进父亲幸福的快乐：这是一种伴随着感激之情而变得更加强烈的快乐。

6. 由于父亲的关系，以及他可能拥有的在他们手中的某些服务的权利的快乐。

7. 源于希望继承他父亲的全部或部分财产的快乐，或者如果他去世，则是源于对占有财产的快乐。

第四节　来自受托人条件的愉悦

源于受托人条件而产生的快乐如下：

1. 源于希望为相关的个人利益的幸福做贡献的快乐。这是一种仁慈或友善的快乐。

2. 源于希望从相关个人的感激中获得不可强求的服务的快乐。这是一种道德制裁的快乐。

3. 建立在希望从被委托使用信托财产而受益的人手中获得不 266

可强求的服务的快乐。这也是一种道德制裁的快乐。

4. 在不同人对他管理信托财产的能力和正直可能已有所了解的情况下，基于希望分享不同人的尊重、善意、不可强求的服务之上的快乐。这也是一种道德制裁的快乐。

5. 当履行这一职责有薪水时，这是来自金钱收益的快乐。

对剥夺条件的分析

众所周知，分别属于这些条件的快乐很容易消失，而且无论如何都会被一系列相应的痛苦所抵消。这些痛苦如此明显，以至于没必要坚持。因此，任何此类条件下的数值可能是正，也可能是负的。简单地说，一个人可能因此变得更好，也可能因此变得更糟。当值为正的情况下，它将由扣除几种痛苦后几种快乐的数值总和而组成；当为负时，即为扣除快乐后的痛苦数值总和。因此，当任何此类条件的数值恰好为负时，将一个人排斥在这种条件之外的判决并非惩罚，而是奖励。

关于上述几种条件中共同的快乐或益处，显而易见，尽管这几种条件下的每一种情况中，快乐在名义上都是相同的，但在价值上可能大相径庭。因此，为处于这种关系中的另一个人的幸福作出贡献的快乐，是父母以及监护人的身份所附带的。然而，在父亲而非监护人的情况下更确定、更清晰。然而，如果我们在这
267 些明显的细节上作出进一步的探讨，就会把我们从政治的主题转向道德主题。

现在，让我们继续考虑可以产生没收的几种方式，或者根据情况，以没收中的任何部分作为惩罚手段。

婚姻条件下的优势可以被司法判决所削弱，宣告犯罪者不再是，或者不再将其视为当事人的丈夫或妻子。

这种判决的结果不会完全破坏这种条件下的优势，而是使其变得不稳定。

如果在这种判决被宣告后他们同居或者疑似同居，则这个女人被视为妾。当已知这种联系存在时，它在一些国家受到道德制裁的惩罚，而在另一些国家受到道德和政治制裁的惩罚。[①] 通过合法离婚，一个男人也被剥夺了全部或部分不可强迫的服务，这些服务来自于他对其妻子财产的权利，特别是源于同居的服务，这 268
将使他依赖于其妻子在遗嘱上对她有绝对处置权的那部分财产的处置分配。

关于从父亲的关系中获得的快乐，法律确实不能剥夺一个人与这种条件有关的快乐，但它可能会使人非常痛苦。例如，通过一个追溯性的判决，宣布那些离婚判决后出生的孩子是非婚生子女，对于公众舆论来说，惩罚将更加确定，因为公众舆论不会支持降低在宗教上的合法婚姻内出生的孩子的身份，而不会对离婚后出生的孩子施以同样的宽容。

在案件性质允许的范围内，父亲和子女的条件可以以相同方式被司法判决所减损，宣布犯罪者不是或不再被视为上述人的父

① 根据康涅狄格州（北美）的法律，“如果离婚的男女再次以夫妻身份同居，他们将作为通奸者受到惩罚”，并且“通奸的惩罚是在前额上烙印字母 A 的任意鞭打，并在衣服外面的脖子上系上系带，以便看得见。在助手或治安法官面前发现未系缰绳的人，根据提供的信息和证据，他可以命令鞭打他们，鞭打不超过三十条”。参见斯威夫特：《康涅狄格州法律》，第二卷，第 328 页。

亲或孩子。

对于父亲，此类判决的某些影响是将剥夺他对其子女的所有法律权力；就子女而言，这将剥夺他对父亲财产的继承权或代管权。

至于从这些关系中可产生的其他优势，根据有关当事人的感受，判决可能会产生效果，也可能不会产生任何效果。它的实施将取决于父子间更直接的联系，以及一般公众。

269 至于监护人的职务和其他具有信托性质的职务，判决将适用于这些职务的全部范围。法律对一切行为的禁止，使其所产生的一切优势无效。

乍一看，法官有权破坏基于先天产生的关系，这是不寻常的。可以看到，这是一个事件——一个已经发生的事件，任何人类法庭怎么能有权力使已经发生的事情不发生呢？这是不可能实现的，但法官可能有能力说服人们相信某一事件的发生方式与它实际发生的方式不同。的确，对于当事人自身和对事实有直接了解的人来说，法官在实现这一目的上的权力是毫无价值的，但对于广大公众来说，这样被认可的主张才是最具重要分量的。然而，运用这种能力的主要障碍是，将此作为刑事文书的声明，从表面上看，其本身就带有错误的标示。这是一个无法逃避的困境。如果犯罪者不是上述人的父亲，则宣布犯罪者不是他父亲并非是惩罚；如果是他的父亲，则该宣告是错误的。

然而，作为一种惩罚方式，减去上述若干条件所附加的任何权利的想法并不像最初想象的一样不切实际。如果并非同样的事物，那么非常接近这种做法的也已经在使用中了。

这一目标可以以两种方式实现：一种是视情况而定，努力使人 270
们相信犯罪者与被视为父亲或儿子的人不存在父子关系；另一种是努力使人们相信，由于不遵守某些法律，其后代是没有合法身份的。

与此类似的还有一个著名的且被许多书写过的论据——血统的堕落，或者，换句话说，遗传血统的完善。剥去一切伪装，最直接的目的是阻止一个人继承那些若没有宣布这种惩罚他便会做的事。但是，通过这种表达的帮助，我们竭力做到的是使人们相信上述人的血统经历了真正的改变，这是惩罚的一部分。

另一个论据是，至少在表述上，人们对事情的支配是通过野蛮的格言来描述的，即私生子不是任何人的儿子。这种格言有一种倾向，即剥夺一个人与父母的所有联系，尽管这是用语言表达的。然而，它并未被用作一种惩罚。

与前一个相反，另一个论据是另一条法律格言，即丈夫是妻子所生孩子的父亲，一条经常对明显谎言给予认可的格言。然而，根据最近的判决，这一规则的严厉程度有所放宽，现在可以确定的是，尽管婚姻被视为父子关系的推定证据，但也可能被不可能发生任何关系的证据推翻。

在法国，已经采用了一种惩罚方式，确实，这种惩罚方式没
有破坏出身事实的任何假象，而通过对当事人施加改名的义务以 271
尽可能努力消除血统的一切痕迹。[1]

同样的惩罚措施也被葡萄牙采用。[2]

---

① 这是在达米安（Damiens）和拉瓦亚克（Ravaillac）的案件中完成的。

② 在某些人被判企图杀害国王的案件中。

这种包括剥夺信誉的惩罚，是企图对人们的意见实行专制控制的另一个同样显著的例子。作为对许多罪行的惩罚的一部分，其并不意味着缺乏真实性，一旦被宣告有罪，犯罪者就已经失去了所有可信度。这种惩罚的明显标志是不允许此人之后在审判庭上出庭作证。

至少在一定程度上，婚姻条件的丧失往往是监禁的后果之一，特别是在监禁与刑事劳动结合时。这部分惩罚没有被正式宣告，但也并非没有实际存在。人们从来没有以明确的方式声明过一个人被剥夺了这种条件，但如果他实际上被排除在对婚姻的主要享受之外，这种条件与属于婚姻的快乐分离显然只不过是一个名称。根据监禁状况的不同，剥夺是暂时的或永久的。

第五节 自由的条件

自由是一种消极概念（义务的免除），由此可见失去自由是一种积极概念。失去作为自由人的条件就是成为奴隶。然而，奴隶
272 或奴隶制这个词，没有任何非常明确的含义来指定这种条件，因为它存在于不同国家。有些国家是否有奴隶制是未知的。在实行奴隶制的国家，奴隶制以不同的形式和程度存在。根据犯罪者可能被归入的类别，奴役的痛苦会有所不同。

奴隶可以分为两类——他们可能属于政府，也可能属于个人。

公共奴隶的条件，由确定工作性质与强度的规定、可能强制执行工作的强制性惩罚所决定，与被判处终身从事刑事劳动的人

没有区别。如果没有这样的规定，它与私人奴隶制几乎如出一辙。一个不受任何此类规定保护的公共奴隶，被置于监督者的专制控制之下，监督者有义务为了公共利益使他从事某种职业。这种权力虽然专制，但并不延伸到（受刑人）从出生到死亡的全过程。这种状况与私人奴隶制近似。例如，一个受雇于属于王室的种植园的黑人，其处境并不比与私人处于相同关系时更优越，后者并非他的监督者，而是为此目的而雇佣的代理人。

形成奴隶制条件的正确概念最现成的方法是，首先将其视为绝对和无限制的。在这种情况下，入口会暴露在每一种可能的恶面前。当时明确指定的惩罚——剥夺自由，只不过是根据雇主的性格或多或少地暴露于遭受各种恶的风险。也就是说，所有不同 273
惩罚方式所带来的一切恶。要对这种情况形成一个准确的概念，所需要的就是观察所有可能的各种惩罚。相对于处于主人地位的个人而言，奴隶被完全剥夺了所有法律保护。[①]

这就是奴隶制在其最简单形式下的性质，这是完全剥夺自由的性质。行使这一权力可能被施加的不同限制使奴役状态或多或少显得温和。

这里还有两种产生于上述情况的恶。

1. 对于奴隶而言，其有遭受一切可能的恶的风险，除了明确禁止主人施加的；2. 建立在对这些痛苦的忧虑之上的持续性痛苦。

① 这样的条件对罪犯来说太苛刻了：它是为无辜的人保留的。

第六节 政治自由的条件

对于一个需要用一卷书来说明的主题，我只需说一句话。

政治自由的丧失是由环境的变化造成的，不仅是任何特定的个人，而且是整个社会的变化。自由的丧失是管理机构重新分配
274 权力的结果。这种分配使得人们的选择或他们的措施不那么依赖于被统治者的意志。权力的重新分配完全取决于服从新分配的相应倾向。当那些被要求服从的人具有更优越的体力时，很明显，指挥权只有在得到服从的情况下才能行使。由于这种服从的倾向可能是由统治阶级的某个人的行为所产生的，因此可能，而且经常有人说，一个人破坏了整个国家的宪法自由。然而，如果继续对这些事件进行分析，就会发现，这种自由只能被人们自己摧毁。

第六章　剥夺法律保护 275

没收的种类繁多而广泛，我们现在要注意的是最后一种，是法律对一个人享受占有物所给予的保护，无论其是什么。这与没收财产本身不完全是一回事。在其中一些情况下，法律通过剥夺他的财产本身，通过确定和实际的手段使他不能再享用这些财产。在其他情况下，法律并没有完全剥夺被剥夺者享受财产的身体能力，而是会在他试图享用财产的情况下惩罚他。在其余情况下，法律没有使用任何一种强制性方法。然而，它实施一种行为，通过该行为，享受有关物品所依赖的各方根据预先确立的原则，倾向于结束这种情形。因此，在这种情况下，它同样是惩罚的创造者。这就是政治制裁的没收所产生的情形：不是通过它自己的直接力量，而是通过它给予的动机，如果可以这样说，是对道德和宗教制裁的动机。

在剥夺保护的情形下，法律并不如此积极地参与。法律所能做的只有这些。它只是部分或完全地撤销了它用来保护所有者对这几种财产的享用的惩罚。如果每个人都不打扰他享用任何这类 276
财产，那么法律本身并没有促使他们如此做。但是，如果任何人出于自己的想法选择打扰他，法律本身也不会妨碍他们。简而言之，剥夺保护与使司法大臣丧失作用一样，也即，使那些以保护社会的若干成员享有各自权利为职责的人丧失作用。

剥夺保护与剥夺能力之间的区别在于，对于后者，法律采取了必要的措施来阻止一个人获得财产；在前者中，法律不采取任何妨碍来防止他失去财产。当考虑到被剥夺法律保护的个人时，这种惩罚可被称为法庭障碍，它构成公民权剥夺的人为复杂惩罚的一部分。对该问题的讨论将在其后继续进行。

第四卷

关于惩罚的正确位置，抑或是，错位的惩罚

277 这里所说的错位的惩罚并不是另一个地方所说的无根据的惩罚。

将“无根据”应用于主体惩罚的情况，是指在该情况下，假设在此案件中没有任何犯罪行为，通过结合最终惩罚，立法机构应该增加任何犯罪的（这种）性质。

将“错位”的说法应用于同一主体，目前正在考虑的情况——是存在犯罪的情况，即如上所述的适合转化为犯罪的行为——一个适合于相应惩罚的行为，在此情况下惩罚是相应的。

到目前为止，一切都是正确的。但这种情形的错误之处在于，人们发现，就同一罪行而言，惩罚被发现附加在一个错误的人
278 身上。有些人，一个或多个，就同一罪行而言，他们不应该被施加以任何惩罚，但却被施加了某种其他的惩罚，而这本是可以避免的。

如果通过任命立法者或法官（如在所有不成文法或法官制定法律的情况下）来代替立法者，对没有参与犯罪的人进行惩罚时，可以说是错位的，（惩罚）被施加在了一个不恰当的地方。

在这种情况下，如果与非罪犯一起，没有罪犯受到惩罚，那么错位的惩罚可能是替代性的，正如在实践中所说的那样；如果在相反的情况下，则是溢出性的惩罚——即（惩罚）流向一个错误的渠道。

惩罚自然应该是反思的结果，但无论它是替代性的还是溢出

性的，如果发现有这样一种情况，即施加惩罚的结果与其说是反思和思考的结果，不如说是缺乏思考的结果，（这样的例子很多，但都很广泛）在这种情况下，它可以被称为随机惩罚。

惩罚（错位的，特别是处于溢出状态的惩罚），可能是不可避免的，也可能是可以避免的。

首先，溢出是不可避免的情况。在另一种情况的其他著作中，为了其他目的，这种情况已经被提出了，即在“影响敏感性的环境”标题下。[①]

无论是以惩罚的方式和目的，还是以任何其他方式和目 279
的，都不能让一个人被迫受苦，但与他有关系的人，如果他有的话——以同情的方式，或以利益的方式，（理解为涉及自己的利益）都要和他一起承受痛苦。因为只有在某些罕见的意外情况下，才能找到一个在上述两种（任何）方式中都没有任何关系的人。因此，在不可避免的情况下，如果将其溢出的确定性或可能性视为不施加惩罚的充分理由，那么，只有在相应的罕见意外情况下，才能采取任何措施来预防任何形式的犯罪行为。其结果将是对犯罪和其他各种犯罪的普遍有罪不罚，并随之导致社会本身的毁灭。

只要它是错位的，而且并非不可避免的，那么，惩罚是不必遵守的，就被惩罚的人而言，它是毫无根据的。因此，它被弃若敝屣，它消耗了那么多的恶，并且没有充分发挥其作用——改造，威慑，剥夺犯罪能力——它对任何一个适当的惩罚目的都没有任何贡献。与其说是对伤害的报复性满足，不如说是对任何精神上

① 参见《道德与立法原理导论》。

或多或少有些错乱的人而言，它与效用相抵触，与人道和正义背道而驰。

它与所有这些都是相抵触的，但它不抵触的是英国法律，包括成文和不成文的法律。因为在这两种制度下，都可以找到这样的例子——在程度和数量上都是令人愤慨的例子。

在这种情况下，当使用“不可避免”这个形容词时，必须理解像“没有重大不便”一词所表达的某种限制性条款。因为，就
280 可能性而言，惩罚，即在这方面施加痛苦，作为立法者和法官的一种意志行为，以避免在这种情况下像在其他任何情况下一样施加这种惩罚，在任何时候，不仅在这种情况下，而且是在任何情况下，始终都在其各自的权力范围内。只要有一个简单的条件，即看到政府以及社会本身随之灭亡，你便可以完全避免被施以惩罚。

考虑到这一必要且明显的限制，在回答对于错位的惩罚立法者应实施什么行为这一问题时，可以毫不费力地提出两个简单的主张。

1. 在不可避免的情况下，可以采用错位的惩罚。

2. 在可以避免的情况下，在任何情况下都不应该使用错位的惩罚。

不幸的是，没有一个既定的法律体系不存在错误地使用错位惩罚的情况。

首先，在不可避免地使用惩罚手段的情况下，如果不以其他形式引入一定数量的恶，那么在与惩罚抵扣之后，整体上会留下一些多余的恶行无法抵扣。

现在，我们在功用原则的基础上来讨论这个问题，不管惩罚多么错位，它不仅可以而且应该被引入。对于接受这一原则并作为其一贯的准则的人来说，如果说在这样的情况下惩罚不应该被 281
引入，那就等同于措辞上自相矛盾了。

但是，一位反对者说，只要对无罪者施加惩罚，这样的行为就违反了最重要、最基本和普遍承认的正义原则之一。

回答是——这是那些在实质上不断被提及，但实际上在任何地方都无处可寻的原则之一，因此，用这些原则来反对任何以确定的文字形式表达出来的、被认为是无从挑剔的规则都是不恰当的。

在不带来重大不便的情况下，施加惩罚是可以避免的，对于无辜的人来说，这种惩罚是违背功用原则的。应当承认的是：在有罪的情况下也是如此。

在没有带来重大不便的情况下，这种惩罚是不可避免的，在任何情况下都不违背功用原则。对有罪者而言没有违背，对无辜者来说也不违背。

那么，在哪些情况下可以避免对无辜者实施惩罚呢？在什么情况下它是不可避免的呢？

回答：无论在什么情况下，惩罚本身在有关案件中并不是不适当的，你有权对有过失的惩罚实施与惩罚目的相称的大量惩罚（假设它真的实际实施）——也就是说，在不诉诸无辜者的情况下，
对无辜者实施惩罚所产生的恶，不管是什么，都是可以避免的。 282

现在事实是，我们会发现，（除了那些因同情或特殊和偶然的利益而溢出和过度延伸到无辜者身上的痛苦之外）只要案件的性

质准许区分谁是无辜的和谁是有罪的，对无辜者施加的痛苦都是可以避免的。

以某种方式定义惩罚，甚至不需要作出上述的限制。说要赋予它惩罚的性质，所施加的所有痛苦必须是直接故意的。也就是说，要么是间接故意的，要么是最终故意的，在这种情况下，由于与罪犯的关系而不可避免地落在第三人（妻子或丈夫、孩子、亲属、被抚养人、朋友或债权人等等）身上的那部分痛苦不是惩罚，其不属于惩罚的范畴。

然而，这不过是一个文字问题。你可以采取任何恶行，无论它是什么，它叫什么。若说它是惩罚，如果不可避免，避免产生它的理由就不会那么强烈；若说它不是惩罚，如果可以避免，避免产生它的理由就不会那么无力。

第一章　自然溢出性惩罚——相关规则

对于属于派生或自然溢出性惩罚，以下似乎是可以规定的 283
规则。

1. 考虑到所涉及的刑罚属于派生性或溢出性的惩罚——即惩罚从有罪者身上过度延伸到无罪者身上——其本身永远不能构成足够的理由来避免施加这种惩罚。

因为，如果这是一个充分的理由，那么在任何情况下都不能以立法的方式指定刑罚。

2. 只要不属于这一名称的惩罚能够达到足够的数量而不增加属于这一名称的任何惩罚，换句话说，只要适当的固定惩罚能够达到足够的数量而不增加派生的或溢出性的惩罚，立法者就不应该指定此类增加，即规定或授权。

3. 在不影响其余部分的充分性的情况下，只要实际施加的惩罚能够清除派生的或溢出性的惩罚（由那些既没有参与犯罪也没有获取犯罪利益的人承担的惩罚或痛苦），那这种清除应该始终进行。

4. 考虑到法官即将实施的任何惩罚所带来的痛苦，这种派生的痛苦应该始终被包括在内：首先，包括其本质和本身的内容方面；其次，当痛苦被施加在犯罪者的无辜亲属身上时，其可能会

284 以同情的形式在犯罪者心中产生痛苦。

5. 因此，对于有这种关系的犯罪者，为了使实际的惩罚量能够不大于没有这种关系的相同犯罪程度的犯罪者，名义上（刑罚量）可以是——只要能够足够精确地进行推理，就应该是——相应减少这么多。

6. 为了在这个问题上做出任何可能需要的考虑，请按以下步骤进行。首先，在假设犯罪者（与任何人都）没有任何关系的情况下，请先自行决定什么是充分的惩罚。然后，调查他是否有诸如此类的任何关系，如果他有的话，继续着手进行可能需要的减免，这一点可能是必需的。

7. 出于这种目的，法官的观点不能绝对局限于关系本身，即表面的和可见的迹象，还有本身的和不可见的同情的推定证据，即犯罪者有妻子，有孩子，有其他依赖的人的事实。有关同情程度的自然存在，通常依附于我们所讨论关系的类别，诚然，这种关系的存在本身就可以作为初步证据或推定证据被接受。在没有相反证据的情况下，此类证据可被视为决定性的。

但是，假设已经提供了任何这样的相反证据，或者能够在没有重大不便的情况下收集到这样的证据，那么上述的推定证据就不应该被视为决定性的证据而加以利用。

285 例如，如果由于他的虐待行为而使他的妻子与他分离，那么，仅仅因为他有妻子就对他减轻惩罚是不对的。如果由于他的虐待、遗弃，或疏于照顾，他的孩子已经被一些亲戚、密友，或一些公共机构收养并照顾，那么，仅仅因为他有孩子就像上述所说的一样对他减轻惩罚也是不对的。

8. 惩罚的本质是提取和提供适用于赔偿目的的任何数量的物质，立法者和法官分别在各自的领域内行事，对于那些他们为了避免产生不必要的错位惩罚所采取的谨慎措施而言，不必局限于消极措施。

例如，如果根据指定惩罚的一般性质，如监禁、流放或死亡，或者为了有关的目的，通过特别指定，可以在犯罪者的命运和他的无罪亲属的命运之间进行分离，那么，根据犯罪者的经济能力并在一定程度上为他无罪的亲属作出一些安排可能是正确的。

9. 换句话说，只要能做到不将罪犯所遭受的痛苦降到太低，他的任何声称自己无罪的亲属都将免受这种错位的惩罚，如果不这样做，优先公共资金利益的偏向就会使得对他施加的惩罚过度延伸到他无辜的亲人身上。

这条规则可以毫无保留、毫无困难地完全适用于普通债权人，适用于那些与欠债人的关系纯粹是利益关系而不伴有诸如妻子和
子女或其他近亲那样的关系的人。例如，特别准确地说，为了惩 286
罚的目的，从欠债者口袋里掏出来的钱不应该倒入公共财政，除非在满足了债权人提出的或能够提出的所有公正和善意的要求之后还有剩余款项有待处理。

第二章　表面上明显，但并非真正错位的惩罚

有一类情况中，一种惩罚表面上可能是错位的，实际上却并非是错位的。违法行为是由在权力掌控下的 A 实施的，惩罚被施加于权力所属的 B 身上。换言之，上位者要对下位者负责。

这些情况可以归纳为以下几个方面：

丈夫对妻子的责任；

父亲对子女的责任；

监护人对被监护人的责任；

精神病患者的看守人对精神病患者的责任；

狱卒对囚犯的责任；

警长对狱卒的责任；

军队指挥官对下属的责任；

主人对他的仆人的责任。

287 在所有这些情况下，虽然表面上看惩罚可能是错位的，但事实上，惩罚是施加在拥有权力的人身上的，不是考虑他本人是否有罪，而是考虑到他对下属的选择不当或缺乏关注而造成的过失。从他的角度来说，这是一种消极的侵犯行为，包括没有采取适当

的预防措施来防止他的下属所犯的积极罪行。

根据我们的法律，如果有任何囚犯在狱卒看管下逃跑，警长将受到惩罚。警长并不直接看管犯人，他的其他职责与此并不一致。仅仅从这一情况来看，就没有理由认为他有任何共犯嫌疑。但狱卒是由他指定的，法律的目的是让他在选择时谨慎行事。狱卒本人是直接责任人，但由于囚犯的安全监护是最重要的问题，对警长的惩罚很大程度上是可取的，而且在某些情况下，惩罚的数额由法官酌情决定。

上级对其下属的行为所承担的责任不仅基于上述原因，还基于其他同样重要的原因，这些原因在另一部著作中得到了更具体的阐述。[①]

① 参见《立法条约》，第二卷，第 362 页。

第三章　错位的惩罚——种类

在以下两种情况下，惩罚是错位的：1. 犯罪者本人根本没有受
到惩罚，而是由其他人代替他。2. 犯罪者本人受到惩罚，而其他
288 无罪的人也根据法律的明确规定受到了惩罚。

如果犯罪者本人没有受到惩罚，而是由其他一些人代替他，这种惩罚可称为替代性惩罚。因此，在一个人自杀的情况下，他当然被排除在对人的惩罚范围外，但他的妻子、孩子或他的家属却遭受了痛苦。

当犯罪者和其他人之间的社会关系从犯罪者身上转移到他人身上时，就可以说是转移性的惩罚。因此，在我们的法律中，在许多情况下，孩子和其他后代会因为他们的父母和其他祖先的犯罪行为而与他们的父母一起受到惩罚。

如果一大批人同时受到惩罚，假设在这批人中会有一个或多个犯罪者，这可以实施集体惩罚。因此，在我们的法律中，公司在一些情况下会因为公司共同成员的违法行为而受到惩罚。

最后，如果与犯罪者一起受到惩罚的人是一个对他来说完全陌生的人，在这种情况下，就该陌生人而言，惩罚可以是随机惩罚。因此，根据我们的法律，如果一个人在违法者秘密实施犯罪行为后从他手中购买了土地，那么这个人将失去他的钱和土地。

在犯罪者众多的情况下，有时会采用抽签的方式进行惩罚，但是像那种大批士兵是不适用的。那些被要求抽签的士兵都应该 289
是犯罪者。因此，在这种情况下，只是对个人的惩罚，而没有其他类型的惩罚。这不是随机的惩罚，而是随机的赦免。

在替代性惩罚中，我们看到是第三人被单独惩罚，正如此话所说。在转移性惩罚中，第三人是指因是犯罪者的亲属而受到惩罚的人。在集体惩罚中，第三人主体庞大，变化莫测，因为很可能犯罪者就在这群人中。在随机惩罚中，一个单一的第三人肯定不是犯罪者，而且与犯罪者没有任何关系。

第四章　替代性惩罚

惩罚的错位程度是很明显的，在其被冠以替代之名的情况下：对任何参与犯罪行为的人不施加惩罚，但在同样情况下，却对这个和那个没有参与任何犯罪行为的人施加惩罚。

在詹姆斯一世（James I）统治时期，有一位凯内尔姆·迪格比爵士（Sir Kenelm Digby），他不仅很有素质，而且还精通医学。伤口的包扎是诸多伴随着痛苦和麻烦的手术中的一项。通过凯内尔姆爵士发明的一种粉末，这种不便得以避免。除了这种粉末外，他治疗最严重的伤口所需要的只是一点从伤口流出的血。在这些血液中加入适量的药粉，伤口就会愈合得非常彻底。病人的在场（对于凯内尔姆爵士而言）并不比对于我们现在的庸医来说更重要。当药粉和血液的混合物放在凯内尔姆爵士的架子上（发挥治
290 疗作用）时，病人可能在其他地方。

与发明这种交感药粉的治疗学完全相同的是产生替代性惩罚的政治，作者正是以此来命名的。

我正准备展示这种惩罚方式的荒谬性和危害性，但它能达到什么目的？一个简单的陈述，即一个人因另一个人的罪行而受到惩罚，其目的是能给人留下比逻辑和修辞更强烈的印象。一个如此不切实际的错误是不可能发生的，除非是由于思想混乱，或者

由于完全忽略了假设发生的不可能性。

在英国法律中，唯一可以看到的一个明显且具有易察觉替代性的错位惩罚的例子是对自杀的惩罚。也许可以说，这个人本身已经受到了案件所允许的所有惩罚。他的身体曾被木桩刺穿，他仍然被耻辱地埋葬，对他来说，一切可以做的事情都完成了。但这还不够，作为对这种犯罪行为的进一步制约，有必要唤起人们对他的妻子和孩子可能因他的死亡而遭受痛苦的思考。但这一计策的效果显然是微不足道的。他认为，他继续活着将遭受的痛苦的前景对他的影响要大于他们（他的家人）在他死后将遭受的痛苦。他更关心自己的幸福而非别人的幸福。在他心中，自私胜过 291
了社会情感。但是没收财产的惩罚，也就是对那些亲属和朋友的惩罚，在假设社会情感在他心中凌驾于自私、他对他们（他的亲友）的痛苦比自己的痛苦更有感触时，这种惩罚可以对阻止他的计划产生效果。但他的行为证明情况并非如此。

这还不是全部，它不仅对它所宣称的目的毫无价值，而且极其残忍。当一个家庭因此被剥夺了主心骨时，法律就会在此时介入，剥夺他们的生活手段。

对这个问题的回答可能是，有某种财产在这种情况下没有被没收，法律没有被执行，陪审团通过认定自杀者是精神病患者来逃避法律，此外，国王有权免除没收这些财产，并将父亲的财产留给孤儿寡母。

不可否认，这就是陪审团和君主的处置方式，但这是在刑法典中保留一项被视为可以永远逃避责任的法律的理由吗？它是通过什么方式来逃避的呢？通过作伪证，通过十二个人的宣誓，声称自杀者精神错乱了，即使在与案件有关的所有情况都显示出深思熟虑和坚定决心的情况下。其结果是，每一个身价不菲的自杀者都会被宣布为精神失常。只有那些在穷人中最贫穷的人，在进行了与加图（Cato）相同的计算并在同一方面找到平衡后，才会采取相应的行动，他们的健全心智会被发现，他们的妻子和孩子会
292 成为严格法律名副其实的受害者。治疗这些残暴的荒谬行为的方法是作伪证。作伪证是一种赎罪，它以牺牲宗教信仰为代价，防止对人类的暴行。

在谈到替代性惩罚时，为了避免因被归为该项责任而可能产生的混乱，可能有必要提到一个属于国际法主题的案例：战争中的报复行为。无辜的人受到外国最严厉的惩罚——监禁，甚至死刑，而罪行真正的始作俑者并不在该国的管辖范围内。为防止造成战争规则所不允许的伤害，行使这一权力是有必要的。

这并不是严格意义上的替代性惩罚。对臣民施加的报复，对君主本人也会产生影响，要么是对他们的痛苦感到怜悯或是担心，如果他选择忍耐、屈服，就会疏远他的人民的感情。这在交战的军队之间尤其有用。荣誉是战争法的主要约束，但报复的力量是非常必要的辅助手段。在这些情况下，人道所要求的是，在符合预期效果的情况下，对无辜者施加的痛苦应尽可能少且应是可以补救的，而且应通过公开声明或其他更有效的方式，最大程度地公开这些痛苦。

293 再多说一句，则言尽于此。历史上不乏其例：一个无辜的人主动提出为受伤者解恨，而他的自我奉献也赎罪了。受害者从这种牺牲中得到了什么回报呢？——属于它的堕落和耻辱。受难者

的荣耀是法官的耻辱。

可能会有人问，有没有可能找到这样一种情况，即在适当情况下，允许一个人自发地接受为另一个人安排的惩罚——儿子为了他的父亲（接受惩罚），丈夫为了他的妻子（接受惩罚），朋友为了他的朋友（接受惩罚）。这样的情况或许可以想象，但考虑这种偏离常规的情况是没有价值的。

第五章　转移性惩罚

我们已经注意到，所有惩罚的性质，不仅影响到那些直接成为惩罚对象的人，而且还以同情的方式影响到那些与犯罪者有关的人，他们不可避免地参与到罪犯的痛苦中来。对于这些人，我们无能为力。我们要处理的是立法者通过法律的明确规定对那些与犯罪者有关的人施加的惩罚——这些惩罚的存在完全取决于立法者，而且，由于是他创造了这些惩罚，他也可以废除这些惩罚。因此，根据英国法律，对于特定种类的财产，无辜的孙子由于其
294 父亲的犯罪行为而失去了继承其祖父财产的机会，因为无法通过父亲的堕落血统推导出所有权头衔，这就是英国律师所称的血统玷污。[①]

---

① 由于主体涉及大量的模糊性，为了理解这种惩罚方式的便利性，可能有必要更明确地说明其性质。

根据建立在最明显的功用规定基础上的实证法规则，这种规则是显而易见的，以至于在全世界范围内几乎没有变化，一个人在近亲去世的情况下被允许继承未处理的财产。

这条普遍的规律是，随着各种情况变幻莫测，人们的观念和期望永远无法跟上，不同国家的不同法律对其进行了不同的缩小和修改。对我们来说，并不是在每个情况下都允许一个人对他的亲属进行继承。在所有情况下，法律一般条款的莫名其妙的例外所产生的痛苦，与因此而期望落空的强度成比例。

没收财产的后果比充公更具有惩罚性。无论是没收还是充公，个人及其后代都

论证的力量在于隐喻：这种神妙的表达是对所有反对意见的 295
回答。隐喻的公正性取决于两个推测的想法。[1]

其一是，如果一个人犯了重罪（例如偷了一匹马），他的血液会立即发酵，并且（根据当时使用的生理系统）变得非常堕落。

另一个是，当一个人的血液处于这种堕落状态时，不仅要剥夺他的子女正在享有的所有不动产，而且要剥夺他们此后可能通过他获得的财产，这些都是公正而有必要的。

惩罚的目的是限制一个人的违法行为。问题是，在任何情况下，以任何方式，在任何程度上，以使他们受苦的直接故意来惩罚他的妻子、孩子或其他后代，这是否是努力实现这一目标的有利方式。

如果一个人可以通过悬挂与他有关的人的头作为惩罚来防止他犯罪，这并不是像上述情况那样，因为人们期望他们有能力通过他们强制实行的任何身体或精神上的胁迫来约束他。这并不是说他们有可能通过他们所能做的任何事情而拥有这种权力。就妻

（接上页）失去了继承其遗产的机会，他们是他的直系子孙。但血统玷污更为严重。由于血统玷污，当事人及其后代失去了继承远祖或任何旁系亲属的机会。

据说被认为会玷污血统的罪行，无论性质如何，都被一个共同的称谓——重罪——所阻碍。在我和兄弟之间，共同的祖先是我的父亲，如果我父亲犯了重罪，那么后果就是，我不仅无法继承父亲的任何不动产，也无法继承我兄弟的任何不动产，或者继承我兄弟的任何后裔的不动产。这是因为，在确定我对所涉财产的所有权时，凭借与我兄弟的任何关系，我必须通过我父亲来计算，虽然我的父亲（这是法律规定的）自己不能接受。我和叔父的共同祖先是我的祖父。如果我父亲犯了重罪，我就失去了继承权，不仅是对他所有的不动产，也对我祖父或叔叔所有的财产。同样，如果我祖父犯了重罪，我不仅失去了继承我父亲财产的机会，而且也失去了继承我祖父或叔叔所有的财产，抑或我叔叔后代的财产的机会。

子而言，这种可能性不大；就已出生的孩子而言，这种可能性更
小；就尚未出生的孩子而言，这是不可能的事。人们期望会在他
296 身上起作用的是他可能使他们遭受痛苦的形象。在主题上的惩罚
可能而且预计将是，无需他们的任何行为就对他施加了惩罚。这
将在他身上产生怜悯之痛。

首先，我们将考虑妻子的情况，在这种情况下，惩罚包括使她失去已经有具体前景的东西，即她拥有自己嫁妆的不动产。

人们经常会怀疑一个人是否有可能爱别人胜过爱自己。这不
仅仅是暂时性的，而是在一起的很长一段时间内，更多地受到另
一个人的痛苦和快乐的影响，而不是自己的。有些人否认了这种
可能性，所有人都会承认这种情况是极其罕见的。假设这种情况
发生的概率是五百分之一，为了对婚姻状况给予所有可能的尊重，
我们不妨假设这个男人爱到胜过自己的不是旁人，正是他的妻子。
但是，在到了犯罪年龄的男人中，有妻子的人还不到一半。有土
地娶妻的人也不到百分之一。根据这一计算，不到五万分之一的
人会受到这种惩罚，而这种惩罚对他的影响就像强加在他自己身
上一样大。在剩下的 49,999 个案例中，为了产生同样的效果，对
无辜妻子的惩罚必须多于对犯罪丈夫的惩罚。为了论证的目的，
让我们假设每个男人爱妻子的程度是爱他自己的一半，基于此推
测，必须在妻子身上施加 10 度或 10 粒惩罚（或用任何其他名称
297 来称呼这些被视为合理惩罚的不同部分）以直接对丈夫施加 5 粒
的效果。根据这一假设，在50,000个案件中的49,999起中，① 以这

① 希望人们不会理解为这里使用的特定数字有任何特别强调的意思。读者可以自己填写数字，这些数字只是作为采取这种调查方式的一个样本。

种方式实施的惩罚有一半是浪费的。

前面关于妻子的论述，也可以在没有很大差异的情况下适用于孩子。然而，一般来说，在后一种情况下，感情可能更加一致和确定，因此，他们可能遭受痛苦的考虑在限制实施旨在防范的行为方面会更加有效。与前一种情况一样，同样的方法在这方面给予适当的考虑，将因此适用于这种情况。

由此可见，直到所有直接惩罚都对犯罪者本人全部用尽为止，不应试图通过无辜者的媒介来实施任何惩罚。

如果说有可以有利地使用没收财产的任何情况，那就是叛乱的情况。是叛乱而不是叛国，因为叛国是适用于各种罪行的名称，这些罪行除了名称之外没有任何共同之处。如果对叛乱者的后代实行没收，那也不应作为转移性惩罚，更不应作为一种惩罚，而应作为一种自卫的措施：为防止可能出现的伤害的自卫，这种伤害并非来自已经去世的罪犯，而是来自其家属。

当丈夫参与叛乱时，他妻子的感情很可能与其在统一战线 298
上。[1] 这是一定的吗？绝非如此。但是，这很有可能。他的孩子们也有可能如此吗？确定吗？并不。所有的叛乱，特别是最后一次苏格兰叛乱，都提供了相反的例子。但是，这是很有可能发生的。那么应该怎么做呢？是假设当事人有罪，并使其努力免于承担后果？并非如此，而是应该假设当事人无罪，并让政府努力向其施加痛苦。应立即授予政府剥夺被褫夺法权的叛乱者财产的权力，

① 读过克莱伦登勋爵（Lord Clarendon）的历史的人都会记得，历史学家在谈到阿尔伯马尔公爵（Albemarle）时，对公爵的长老会妻子提出了多么严重的抱怨。

即属于其妻子、子女和其他后裔的财产，无论是不动产还是个人财产，都收归政府所有。在为此目的发布的许多公告中，只要特别提到每个人，就有权每年继续没收财产。财产，无论其是以什么名义持有的，在不受法律约束的情况下，就像现在这样，会因对其进行修改，使其不可剥夺的权宜之计而使法律变为一纸空文。这将是一个完全类似于中止《人身保护法》的补救措施：使被定罪的叛乱者的近亲属在财产方面被置于同样的地位，通过该法案，所有人在自由方面都受到了不加区别的对待。这将是一个确定的而非偶然的保障，给政府以力量，而不会给人民带来无罪的压迫。

299　以叛国罪为首的国家犯罪可能有多种来源：来自贫穷，来自怨恨，来自野心。但在许多情况下，它们是来自良知的犯罪。在这个国家，律师们将叛国罪称作是几乎令人难以置信的可憎行为之一，让自然也为之颤栗，就像谋杀，是只有把自己出卖给魔鬼的人才会犯下的罪行。他们看不到，或者似乎看不到，叛乱者或忠诚者的品格取决于战争的偶然性。人们可能会以最完美的正直和最纯粹的意图争夺王位，或对王室公共权力的某一部门，以及对一个城镇或一块土地有不同的看法。只有党派偏见才会使反叛和邪恶成为同义词。但是，在那些困难和混乱的时代，当权利和责任容易被混淆时，海德家族、福克兰家族、塞尔登家族和汉普顿家族四分五裂，谁能读懂他们的内心深处。人们出于纯洁的动机做坏事，而出于肮脏的动机做好事。现在，当良知成为动机时，支配当事人的良知可能也支配其家属，或者换句话说，支配丈夫和父亲的良知可能也支配他所珍爱的妻子和他所教育的孩子。因此，叛乱是一种家庭犯罪。

然而，在一个统一的国家中与外敌密谋的叛国行为，其立足点是完全不同的。它总是属于违反良知的犯罪行为。它甚至几乎不可能来自个人的怨恨，它来自所有来源中最肮脏的——不义之 300
财。每个人都承认这种罪行的卑鄙，如果一个人被自己的家人发现（做出这种行为），他就会受到广大公众的厌恶。这不再是一种家庭犯罪，就像抢劫或谋杀不是家庭犯罪一样。因此，在这种罪行中，没有同样的理由将家庭置于王权的宽恕之下。家庭所遭受的一切都只能无缘无故地白白忍受。

第六章　此种惩罚方式的弊端

从前面所说的情况来看，除了上述叛乱的情况外，很明显，在确定性方面，这种惩罚方式是非常欠缺的。迄今为止，在绝大多数犯罪案件中，由于缺乏可供操作的对象，这种惩罚是无法进行的。对一个没有妻子或孩子的人，无法通过他的妻子和孩子作为对他的惩罚。在这种情况下，如果犯罪者没有任何东西可供没收，就会发现在1000起案件中，有999起案件的惩罚是无效的。现在，一种惩罚如果只对1000种情况中的1种有好处，那就毫无意义。因此，必须采用其他的惩罚来代替它。在这些情况下，这种惩罚必须尽可能地充分，否则就相当于没有任何惩罚。那么，既然这种惩罚在所有其他情况下都适用，为什么在这种情况下不能适用呢？如果它在那些案件中是足够的，那么当它添加上有关的特定惩罚时，它在这个案件中就绰绰有余了。那么，如果它是绰绰有余的，它就是浪费了痛苦。因此，它在大多数情况下是无用的，当它不是无用的时，它就是恶意的。

301 2. 在这之后，值得注意的是，在平等性方面，它同样具有缺陷，因为对于一个丝毫不考虑自己的妻子或孩子，或者不喜欢他们的人来说，无论他们遭遇什么，对他来说都是无关紧要的。因此，对他们的惩罚显然是浪费的。

3. 在节俭性方面，它有一个非常显著的缺陷，它可能产生的恶的数量是无限的。考虑一下家庭关联链，计算一下一个人可能拥有的后代数量；痛苦在彼此之间传播，破坏了最广泛家庭的和平。为了产生一种可以被估计为统一的直接惩罚，必须产生相当于 10 个、20 个、30 个、100 个，或者可能是 1000 个等的间接和错位的惩罚。

4. 在儆戒性方面，它同样有不足之处。罪犯本人所遭受的痛苦总是可以通过判决来了解，在许多情况下，在执行过程中也是可见的。因他（犯罪者）的罪行而受苦的妇女或儿童则在隐秘而无助的痛苦中苦苦挣扎。

5. 这样的惩罚与其原本所设想的背道而驰，不但没有大众性的优势，还直接违背了普遍的同情和反感的情绪。当犯罪者本人受到惩罚，公众的复仇之心就会得到满足，并且不会从任何隐秘的惩罚中得到满足。如果对他的追究延伸到坟墓之外，他无辜的家人就会成为受害者，公众的怜悯之情就会被激发出来。一种模糊的感觉指责法律的不公正，人性宣称反对法律，各方对法律的尊重都会削弱。

302 第七章　集体惩罚

我现在要谈的是另一种情况，在大多数国家的刑罚制度中都会遇到这样的情况——集体惩罚，或因一部分人的违法行为而对大批人进行惩罚。根据英国法律，有一个例子是因一些成员的违法行为而对整个公司进行惩罚。

当这种惩罚方式是正当的时，其只取决于必要性。现在要证明这种必要性，必须呈现出两个事实。一个是，没有无辜者，罪犯就不会得到惩罚；另一个则是，无辜者的痛苦加上犯罪者的痛苦，总的来说，构成的大量害处不会超过惩罚所带来的好处的量。

在这两个事实中，前者很容易判断；后者则必须留给不明确的推测。

关于这种惩罚方式的实施方面，在普通法和成文法中都有一些显著的例子。根据上述原则，我们可以对这几种程序的适当性作出判断。

根据普通法的规定，市政公司的特权可能因公司成员的不当行为而被没收：构成公司管理部分的全体大会的多数人实施违法行为的情况下，这些特权无差别地有利于所有脱离公司约束的人。
303 然而，裁定这种没收的权力很少被行使，而且在查理二世统治时期试图阴险和违宪地利用这种权力的行为已经给一般理论蒙上了耻辱。因此，它不太可能再被更多地付诸实施。这种惩罚方式显然是不必要的，也是不恰当的。这种方式总是可以查明特定的犯罪者，而且比一般的犯罪案件更容易、更可靠，因为他们的行为在本质上是公开和声名狼藉的。

我们的时代已经展示了几个例子，在这些例子中，无论是在现实中还是在表面上，都因一部分人的不当行为而对一群人施加了惩罚。我将按顺序提到这些例子。

我首先要提到的是发生在1736年的爱丁堡市的案件。许多暴徒拿起武器，俘获了城市守卫，占领了城门，并无视政府当局，将虽被判处死刑但已被赦免的波提斯上尉处死。这一暴行促使议会制定了一项法案。根据该法案（乔治二世十年，第34章），城市的行政长官因被指控在当地的特别疏漏而受到特别惩罚，但除此之外，还对市政委员会也进行了罚款。

在这些惩罚中，我们可以看到，对行政长官的惩罚是对个人的惩罚。对市政委员会的罚款是一种集体惩罚，任何人都有可能发现自己受到了该罚款的任何形式的侵害。现在，实施后一种惩罚的理由并不是说实施任何适当的惩罚都是绝对不可行的。正如 304
我们所看到的，行政长官因其疏忽而受到了惩罚。从紧随该法案之后的另一法案中可以看出，一些人实际上是因犯下主要罪行而逃亡的。根据第二项法案，如果这些逃犯没有在规定的时间内投案自首，将被处以死刑，那些窝藏他们的人也是如此。如果他们决不投案自首，他们仍然是逃犯，并受到流放的惩罚。如果他们投案自首，则推定他们将因他们所犯的罪行而受到一般惩罚。然而，对于极大的和危险的暴行，人们认为这样的惩罚是不够充分的。作为一种补充，以事后法的方式运作，对市政委员会的罚款也被纳入考虑之中。现在，从这种惩罚本身来看，是不太可能有什么大的预期效果的。然而，它有助于指出对犯罪行为进行道德约束，并有助于表达，正如该法案所说的那样，对犯罪行为的“最强烈的憎恶和厌恶”。

在这种情况下，就像在叛乱案件中一样，即使事实无法通过证据来证实，但可以推定的是，存在着一种感情的共谋，所有的居民都齐心协力地保护犯罪者免受法律的制裁。

在此观点下，我将注意到的下一个法规（乔治三世十一年，第 55 章）是对新肖勒姆区盛行的腐败行为进行惩罚的法规。一个
305 自称是基督教协会的团体成立，它的绝大多数成员都是选民，并且为了出售该行政区的议会席位而存在了数年时间。由于这个原因，所有属于该团体的成员都被指名道姓地置于永远无选举资格的状态之下，这是非常恰当的。这样的措施被视为一种对固有人格的惩罚。但考虑到这一措施的恰当角度，这似乎不是惩罚，因为从这个角度来看，它似乎很难说是合乎情理的。如果它是一种惩罚，那也是事后的惩罚，这就更没有必要了，因为法律已经规定了同类的惩罚，即无行为能力，尽管这只是暂时的。但事实上，它所期望的大部分功效是建立在另一个基础上的。在此基础上，它作为一种预期措施，旨在防止一种恶，而如果没有这种补救措施，显然是由被剥夺能力的各方的权力和意图所导致的，即以这种腐败和违宪的方式所引入的一连串的代表。因此，这不是对已

经过去和不复存在的罪恶的惩罚，而是对仍将发生的罪恶的自卫。现在，为社会购买这种利益的费用在任何情况下都不会比这少。选举权和任何其他公共权力部门一样，不是一种用益物权的财产，而是一种信托：一个人所持有的财产，不仅是为了自己的利益，更是为了整个社会的利益，而他本人只是其中的一员。那些拥有它的人确实发现了它是真实的，并且从中获得个人利益，但这直接违背了社会利益和制度的目的。因此，就拥有者的特殊利益而 306
言，可以说，他越是认真地履行它，其对他的价值就越小。事实上，我不明白为什么就拥有者本人而言，它就应该被视为什么东西。

但是，立法机构走得更长远：除了使所提到的占大多数而非全部的选民失去选举资格外，它还将选举权授予了一个大区域内的所有拥有 40 先令的自由持有人，而所讨论的自治区只是其中的一部分。这样一来，他们就减少了留下来的无辜市民的权利。[①] 至于这一部分，如果要把它看作是一种惩罚措施，就必须允许它也是对外国人的一种惩罚。从这个角度考虑，这不是权宜之计，因为没有必要，对无辜者来说，他们不仅可以而且实际上已经与罪犯区分开了。但是，无论从什么角度看，考虑到仅有特定人员受到了这种微不足道的不利影响，作为一种改造措施，对其的评价无论如何赞扬都不过分。它是一个伟大的宪法改进计划

---

① 对无辜市民施加的惩罚，如果有的话，就是担心在新选民中会发现一些人，也许是全体选民中的大多数，会不正当地使用他们所享有的权力。

的模式和基础。[①]

---

① 请允许我提及一件事，我认为这将是一种改进，并将尽一切努力使这项措施与普通司法的严格原则相协调。有一部分选民立功了。他们要么有能力抵挡住诱惑，要么有幸逃脱共同选民屈服的诱惑。然而，根据相关法规，这部分值得称赞之人的状况远远没有得到改善，反而变得比以前更糟。我认为，有一种方法可以防止这种情况的发生，但不会对该措施的改革部分产生丝毫影响，同时也会对有责任心的选民给予明显的鼓励，而且不会对该措施的改革部分产生任何影响。权宜之计很简单。这只是增加了每个健全选民在新宪法下应有的票数，使每个人的选举权与新宪法下其他人的选举权的比例与旧宪法下的比例相同。在这种情况下，这样保留的好处会比实际情况更有价值。这些人如果没有受到惩罚，似乎就会得到奖励。他们当然会得到荣誉方面的奖励。如果宗教界不断关注私人存在的利益，而这种利益是暂时的，可能总是用较小的代价来提供，那么改革将从目前容易遇到的大多数反对意见中解脱出来。有人可能会对改革者说，为整体服务，但不要忘记每个成员都是其中的一部分。

严格地说，除了上述情况外，选民在延长选举权时没有理由抱怨。困境很明显：如果你不想认真地履行义务，就不应该相信你。如果你这样做了，那对你没有任何好处，你也没有理由抱怨它是为了国家的利益而被剥夺的。

第八章　随机惩罚 307

随机惩罚是可适用于错位惩罚的称谓，在这种情况下，若没有事先设计，它会因想象力的反复无常而落在无辜者身上。当施加惩罚的时机与借口到来的时候，这一问题就被提了出来：甚至在本案中占据一席之地的卑鄙的借口也没有在溢出性惩罚中出现。 308

为了说明这种对错位惩罚的修改，我们可以再次参考没收法、赎罪物以及排除证词法，当通过一个罪犯的各个方面，以各种可以想象的广度、深度和性质的创伤来惩罚数量不可估计的无辜者时，他的犯罪事实就成为了借口。

当一个在任何土地上拥有不动产权益的人犯了罪，其惩罚的一部分是没收这种权益，然后出售或抵押，或以任何其他方式处置这种权益，并在之后因其罪行而剥夺它，法律会从处置该权益的人那里收回该权益，而不会屈尊询问他们是否知道他犯了这种罪。一个人犯了秘密谋杀罪，并卖给你一座庄园。在他被发现、被起诉、被逮捕的二十年后，有人借国王之名，要夺取这座庄园。如果你将其转让、抵押、出售，除了你，它还经过其他 50 个人的手，那也没有什么区别。如果被谋杀的是你的妻子，这也没有什么区别。你会因为（他人的）犯罪而失去你的妻子，而因为惩罚而失去你的财富。

人们可能会认为，法律是由于担心欺诈性转让才采取这一权宜之计的。但事实并非如此，对于动产和其他个人财产，它意识到区分欺诈性转让和公平转让的可行性。它确立了后者，只撤销
309 了前者。然而，很明显，不动产对这种欺诈行为的厌恶程度远低于动产。

对于这一切，《评注》的作者是完全满意的。他说：“对那些不愿意与罪犯交往的人来说，这可能很难。”但这又如何呢？“残酷和责备，”他继续说，“必须在于罪犯的责任而非法律的责任，因为他故意且不诚实地把别人卷入自己的灾祸中。”对一个能以这种方式进行推理的人来说，所确立的一切都不会有错。只要被惩罚的人和其他任何人身上还有一丁点的罪过，那么，任何实施惩罚的法律都不可能是残酷的，任何法律都不应该受到谴责。

另一个随机惩罚的例子是赎罪物的例子。

你是一个农民，雇了一辆马车，你派你的儿子去驾驶它，他滑倒了，被碾死了。国王或以他的名义的人将得到你的马车，这就是英国法律对你的损失给予的安慰。

这个想法可以加以改进。让它成为一项法律，规定当一个人碰巧摔断了脖子时，他所在教区的人们应抽签决定谁将被绞死以陪伴他。惩罚会更大，但惩罚的理由是一样的。

如果不是一辆马车，而是一艘船致使你儿子死亡，那也没有什么区别。尽管这艘船满载着印度群岛的财宝，它也没有什么区别，这艘船和其所装载的货物都是国王的。

310 这一制度的来源是众所周知的，但人们也许没有普遍地认识到，即使从当时的观念来看，这一制度也并非是公正的结果。它

的建立，很难说有多早，但是（至少）是在天主教的时代。在那个时代，人的灵魂一旦离开肉体，就会去一个叫炼狱的地方，在那里被烤上两万年。在这个时代中，有些灵魂喜欢音乐，有些则不喜欢。但在那以后的时代中，所有的灵魂都会一样喜欢它。路德本人应该知道并且对此报以积极态度。[1] 并不是所有的音乐都符合他们的口味。这只是一种特殊类别的音乐，就像牧师们只知道如何唱歌一样。但是，如果没有报酬，牧师们就不应歌唱，因为劳动者应该得到他的劳动报酬。现在，当一个人突然死亡时，他不可能在他的遗嘱中为支付它们（这些款项的钱财）作任何准备。因此，有必要由其他人来支付它们。到目前为止一切正常。但为什么要诉诸这个人自己的财产以外的任何其他资金呢？难道是因为他被暴力致死比自然死亡更可怜吗？或者因运动中的事物的影响而死亡，比从静止的事物上坠落而死亡更可怜吗？而且，如果他究竟无法为自己支付这笔钱，难道教区、郡县的分区，或下一个修道院就不能为他支付（这笔钱）吗？

我不会诅咒，但发明这一著名制度的圣人可能想要通过没收马车、轮船或任何东西来泄愤。就像雅典人消灭一块砸死人的石头的方式就是把它带出他们的国家，扔到其他地方去。许多被律师以谦卑顺从的态度钦佩着的公共制度，也没有其他更合适的理 311
由了。

我想举出的另一个随机惩罚的例子在于对证词的排除。

我本想给读者一份包含这种惩罚所附带的罪行的准确清单，

① 参见霍金斯爵士（Sir J. Hawkins）：《音乐史》（*History of Music*）。

但我发现这是不可能的。关于这个问题的每一条原则都充满了矛盾。有时所列举的罪行几乎包括所有的主要罪行，包括叛国罪、伪证罪、伪造罪和类似的罪行，盗窃罪，所有被视作声名狼藉的罪行以及重罪。至于重罪，它被说成是一种特殊的犯罪种类。事实是，重罪是一种可以想象到的异质性犯罪的集合，它们之间没有任何共同之处，只是在偶然的情况下被处以同样的惩罚。仅出于怨恨的犯罪或蓄意损毁他人财物的罪行，都被许多法规规定为重罪。冲动杀人，或者由于不幸的打击，过失致人死亡也是重罪。强奸罪是重罪，猥亵罪也是重罪。什么不是重罪？被开除教籍的人（提交）的证据是不被接收的，有些人附上的理由是，这些人不受宗教影响，不能相信他们的誓言。另一些人普遍认为，与被开除教籍的人交谈的那些人也要被开除教籍，因此他们也不被允许对法院的任何问题作出回应。在英国法学书籍中，经常为现行法律提供这种性质的理由。

312　因此，我们不必再停留于确定在什么情况下拒绝作证（是适当的），让我们进入研究这是否是一种适当的惩罚，也就是说，是否在任何情况下，由于一个人犯了罪，他的证词就应该被拒绝。

拒绝证人的唯一理由是，在采取了各种办法从他那里获得真相之后，他对此事的描述似乎更有可能误导那些要作出判断的人，而不是使他们正确。我说的误导法官，并不是说是假的。因为无论真假，对于法律制裁的目的来说，都是无关紧要的。关键是要让他们（能够）对有争议的事实形成概念，以证明它是真实的；他们通过什么方式来达到这个目的也并不重要。他确实会作伪证，但这是另一种恶，而且对于这种恶，还有另一种比过早推翻他的证据更合适的补救办法。因此，这种缺乏真实性的情况对他来说并无异议，除非他有能力将这种程度的一致性和合理性保持到最后，从而使他能够掩盖这种情况。

至于缺乏真实性，应该考虑到，即使是世界上最大的骗子也很少会在一百个事例中都偏离真理（我指的是对他来说似乎是真理的东西）。人类的天性是说真话，这需要一些特殊利益的力量来平衡这种倾向，无论是真实的还是想象的。诚然，有些人因为微不足道的动机而偏离了这种倾向，但没有人会在完全没有动机的情况下说谎话。

现在，只要假设他绝对没有任何利害关系去编谎话，那么世界上有史以来最堕落的罪犯也可以像拥有最完美品德的人一样被放心信任。那么区别在哪里呢？区别就在于，不检点的人可以很 313
容易地让人觉得他从说谎中得到的利益超过他认为自己说真话所能得到的利益。越容易（让人产生这种想法），他就越不检点。有德之人，不无困难；越困难，他的美德就越得到证实。

现在，在法律要求他提供证词的情况下，说真话的念头是每个人都有的，除非他疯了，否则必须认为自己有。他有这种想法，是因为政治制裁，因为法律谴责会对这种情况下的虚假行为进行惩罚；是因为道德约束，因为一般人认为这种行为是可耻的；是因为宗教上的约束，除非他是无神论者，除非有豁免或赦免的介入能来免除这种约束。

另一方面，一个人在这种情况下说谎所能获得的利益可以分为自然利益和人为利益。我所说的自然利益无需解释。我所说的人为利益，是指它可以通过具有某种自然利益的人的明确行为，以酬劳的方式获得这种利益。如果你是名遗产律师，你对于听我讲述任何有助于证实你的地位的故事，无论（这些故事）是真的还是假的，都有自然利益。如果你因为我讲了这样的故事而给我报酬，我就有了人为利益，这是由你在我身上建立的。

现在，一个人对一场争论的命运中是否有自然利益，一般来说是很容易知道的。这本身就是一个问题：如果毋庸置疑是肯定
314 的，那么法律的倾向就是基于这一明确的理由而拒绝一个人作为证人，而不考虑他正直与否。

这里的问题涉及一种人为利益，其存在与否并不那么容易被证明，但我们应从那些似乎会影响描述一个人的一般品格的情况中寻找启迪。因此，只有这一点可以确定，当一个人在美德上或多或少地得到肯定时，任何人为动机可能也会或多或少地出现在他面前，这些人为动机就可能很有效地超过他说真话的想法，从而使他决定说假话。

在这里，我们应该警惕一个低级错误。经验狭隘、判断草率、思考浅薄的人，总之，大部分人，就美德来说，在某种程度上只能分为两类：他们只知道两种品质，好人和坏人。在任何情况下，如果他们碰巧以赞许的眼光看待一个人的行为，那么他就会被列入好人之列；如果有不好的看法，他就会被列入坏人之列。他们在这两者之间建立了巨大的鸿沟。如果他们对其中任何一个人的看法发生了变化，由于他们没有中间阶段，他就会像最初被置于这个位置那样，以同样的暴力被移除。但是，那些善于观察和冷静思考的人、那些有耐心和智慧对人性进行精确研究的人，学会了纠正这种懒惰而草率的制度的错误。他们知道，在美德的天平

上，人的品质是以无限且难以察觉的程度逐级上升。同时，最高者与最低者的差距比通常想象的要小得多。 315

那些承认这些观察结果的真实性的人将会看到，法律陷入了上面所注意到的错误，把一类人划为它愿意倾听的人，而把另一类人划分为它在任何情况下或出于任何原因都不愿意倾听的人，以此来获得真理所采取的手段是多么的不可靠和不周密。总而言之,（因为我承认讨论已经到了这一步,）虽然它要求排除任何一类人，无论如何都要避免可能造成的很小程度上的不便，但它却包含了很大程度的某些不便。

很明显，它所防范的人数与那些仍然处于危险之中的人的比例越小，它所获得的好处就越少。它要防范谁呢？在一个国家里，也许只有几百人。那么谁仍然暴露在危险中呢？这个国家其他地区的人。我断言，在任何情况下，我都无法想象谁能不受到这种危险的影响。如果现在世界上有任何一个人能够把手放在自己的心上，并庄严地宣布，在任何情况下，无论是微不足道的还是至关重要的事情上，他都没有因为有利可图而偏离真理的硬性标准，那他要么有比我所料想归咎于人身上的更多的虚伪，要么有比我能说服自己存在于人身上的更多的美德。我唯一可以肯定的人是一个不会心甘情愿把正直拱手让给任何一个存世者的人，也不会用极小量的正直来换取这个世界赋予他的任何其他荣誉，我知道他根本不会有这样的想法。

某些情况下，即使最善良的人也难以被信任，因为存在危险， 316
对应地，即便是最坏的人也可能被安全地信任。案件不会千篇一律。不同的案件情况不是证人说谎的自然动机，而不同的当事人情况也不是证人说谎的人为动机。例如，我是一个坏人，假设你选择了我，我碰巧看到一个人在殴打另一个人，被打者后来向法律寻求施暴者的法定赔偿，叫我作为证人，而且是唯一的证人。现在，事情已经发生了，我一遍又一遍被判定犯有伪证罪，你想判多少次就判多少次。我愿意为了钱拿我父亲的生命发誓。但双方都很穷，他们都没有一分钱来诱惑我。那么，有什么理由促使我对此事作出虚假的陈述呢？没有。那么承认我（的证词有效）有什么风险吗？没有。不接受我（的证词）的后果是什么？是施暴者的胜利。现在，在这样的情况下，没有什么莫名其妙的，也没有什么天方夜谭的。一个人可以轻松地想象出一千个这样的例子。

说到这里，我想冒昧地提出这一观点，即一个人的证词无论如何都不应该被否决，即使他犯过伪证罪。如果不是因伪证罪，那就更不用说因任何其他罪行了。为支持这一观点，我将提供一两个进一步的考虑因素，然后，我将简述一下这种绝对否决产生的恶果。其次，我将提出一个权宜之计，我认为这将满足它所有的善意目的。最后，我将说明可能存在的不同程度的理由，以将无作证资格扩大到可能提出的不同罪行。

317　现在，让证人被判有罪的罪行是作伪证。然而，他没有说假话的自然利益，如果他有，这就构成了另一个无作证资格的理由，而这不是这里的问题。如果他有人为的利益，这是（受益的）当事人应该给他的。但在这种情况下，当事人肯定会作为一个唆使伪证者。除非他在以前的事情中已经被判定为贿赂伪证罪，否则就没有理由拒绝作伪证的证人，除非武断地将类似的罪行归咎于另一个品行无可指摘的人。这种假设，无论是法律还是理性，似乎都没有规则能证明。

我不禁想，如果那些最初制定这些规则的人能审慎而谨慎地付诸实践并仔细研究问题（正反）两方面的后果，那么这些专横而无用的规则就不会被制定出来。他们似乎根本没有注意到这一规则的不良后果。他们似乎已经开始实施了，好像他们在每个案例中都有足够的证人可以挑选。当然，根据这种假设，他们会很好地抛弃最差的，只挑选和保留最好的，而且是能够抵御所有例外的。只要另一边没有危险，这一切都很好。但另一边的危险是很可怕的。然而，我不得不认为这是一个非常明显的真理，当然也是一个重要的真理，那就是把任何一个人标记为在任何情况下都不能作证，就等于允许所有人对他和在他面前实施任何形式的恶害。现在，说到对他可能采取的措施，确实可以被视为适当的惩罚，尽管把一个人置于禁制令之下是一种奇怪的、不精确的和 318
考虑不周的方法。[①]

但是，至于他在场时可能对他人造成的伤害，或者在任何其他方面，他人可能会因为缺少他的证据而遭受损失。潘多克和麦肯达的案子（2.Wils.18.）就可以作为一个例子。根据被称为《防止欺诈与伪证法》的法规，土地遗嘱必须有三位见证人。在这种案子中，遗嘱有三位见证人是其理应具备的。如果其中两个人做候选者无可厚非，但人们发现，另一个人曾经被判犯有小数额盗窃罪，并被鞭打过。这是在证明遗嘱之前的事，至于多长时间，

① 在某些方面，这比丧失声誉更糟糕。

就不清楚了。该诉讼是在五年后开始的。这个人被认为是一个品行不端的见证人，（因此，不能被听到，）这里就需要那个必要的见证人，而那个已订立的遗嘱的受益人失去了财产。我们可以想象，一个自认为拥有法律所能给予的全部财产保障的人会有多么震惊；我们可以想象，如果立遗嘱者从坟墓里爬出来，看到自己的财产被腾空，他一定会感到惊讶和愤怒，而这种事是一般的谨慎所不能避免的，除非通过审视一个人的脸，就能全盘看出他一生中曾经犯过的微不足道的违反诚实的行为，并因此被鞭打。

篇幅设计的限制不允许我通过提出可能发生的造成类似损害的案例，或者收集已知的实际发生的案例以进一步阐述这个问题。
319 既然已经给出了这些案例的大致情况，聪明的读者应该会很容易原谅我不细说了。

一个女人因犯了伪证罪，或任何其他导致她的证词不可采信的罪行，她应该受到惩罚，这是公正的。但把她交给任何一个男人，将其美貌当作对方欲望的对象，这是否是公正、恰当的？如果人们知道法律在这方面的规定，就像它所说的那样，那么这个国家就会成为一个充满淫乱、残忍和掠夺的地方。但是，这里发生的情况是，就像有时会发生在其他情况下一样，一种恶行作为另一种恶行的缓和剂。人们对法律内容的完全无知掩盖了法律的极端荒谬。

让我们回过头来看看另一面。那么，承认一个被如此污名化的人的证词有效会有什么坏处呢？我看不出有什么，至少没有什么能与另一方面的弊端相提并论的。“但有污名的人不值得相信！”他不值得吗？我为什么要这样想呢？是因为你这样说吗？

不是，而是因为一般人也会这么说！那么他们会这么做吗？是的，他们肯定会。我相信这一点，所以我说这没有什么风险。让人们知道他是什么样的人，陪审团就会有最强烈的偏见而不相信他。他们对他的偏见会越来越强烈，除非整个论述具有最充分的可能性和最完美的一致性，否则任何事都不足以使他们相信他的证词。我看不出有什么理由能证明法官在确立这一规则时对陪审团表现出的极度不信任是合理的，尤其是在判决一个无辜者有罪的情况 320
下，这是案件所面临的最大危险，而法官完全有能力挽救罪犯。正如我们之前所观察到的，人类的普遍偏见导致他们从一个单一行为中就对一个人的品格的一般基调作出夸大的判断，特别是将一个人的犯罪行为给人的品格带来的污点扩散到超出合理范围的地步。我认为，正是由于受到这种偏见的愚弄，即使是最早在这一点上制定法律的古代法官，也首先提出了这个规则。人们总是期望从人民群众中选出的陪审团能起作用，至少要像它应该起的作用那样强烈。

如果废除这一制度，你认为陪审团的行为会和它存在的时候几乎一样吗？我认为这是可能的。那么，废除该制度会给你带来什么好处？这一点很重要。罪犯在这种情况下仍会逍遥法外的可能性将不会出现在法律文本中。他将不再看到法律条文授予他像在当事人一样的情况下犯下各类恶行的正式许可。如果一个有罪的人以此为由被宣告无罪，总的来说，这个故事似乎是不可信的，而且，事实上，并未像所指控的那样犯下罪行，而不是犯下这种罪行后没有受到惩罚。这就是它的优势，我认为不需要更多有说服力的证据来证明任何制度的合理性。

321 在这种情况下，谨慎所要求的是，应该知道证人的品格，也就是说，知道他以前所犯的罪行，以便那些被传唤来抨击他证词的人能够判断他的可信度有多大。

假设当事人犯了伪证罪，这种罪行尤其影响他的可信度。为自卫、为自己的目的而犯罪，和受陌生人教唆而犯罪，以及为伤害无辜者生命安全而犯罪，其中的犯罪性质有很大的不同。这些区别是很重要的，而且容易为那些循规蹈矩的人所用，而不会让他们的眼睛被那些专业术语所蒙蔽。

从犯罪发生到现在已经过去的时间是一个重要的考虑因素。一个人在年轻时，在他十四或十五岁时，被引诱进行虚假的宣誓，并被定罪。在此后的三四十年里，他改过自新，他保持着无可指责的品格。（但是，）他的改过自新没有任何意义，他被遗忘的罪行记录从覆盖的灰尘中拖了出来。根据这一规则，他的证词必须被拒绝，而根据每一个常识和实用的原则，他的证词与其他任何证词一样可以被接受。

在对罪犯的起诉中，并不会拒绝那些与他们的定罪有明显利害关系的人的证词，无论这种利害关系是金钱上的，还是出于报复的欲望。然而，人们对这样的证词是抱以怀疑和谨慎的态度下接受的。对一个证人而言这很好，如果他以前的行为使他受到怀
322 疑，（此时）也要同样地不信任他。但要听取他的意见，并检查他所犯的罪行是否会影响他在每个特定场合的可信度。

第九章　频繁导致惩罚错位的原因

至于滥用刑罚的原因，在表面之下并不深奥。部分原因在于利己主义和自私情绪的力量，部分原因在于立法者和代替立法者行事的法官的智力能力的薄弱。

它着重在于自私情绪的力量，在于与功用原则相竞争的错误原则之一，即同情与反感的原则，在产生这种原则的过程中，自私的情绪受到影响并膨胀到被冠以激情之名的程度，并占有很大份额。

在反感的自私的激情的驱使下和同情与反感的原则的误导下，当权者因为他们的憎恨而施加惩罚。他们把那种憎恨的存在作为他们打算施加痛苦的充分理由，对于有关的人来说，考虑到有关的行为，这种憎恨的存在是通过他们自己的个人情感来证明的。

作为原因的对象自然成为衡量所做事情的标准：惩罚是因他的仇恨而产生，对于那些手握重权的人而言，按他的仇恨比例来施加惩罚是理所当然的事情。

许多惩罚是不可避免的，就像对罪犯一贯的惩罚一样，无辜者也将承受如此之多的痛苦，但这不足以满足他的仇恨。他的满足感来自于他对他人痛苦的凝视中，他想得到更多，而且往往是不愿付出代价，而这些东西是在牺牲他人而非牺牲自己的任何部分的情况下才能弥补的代价——几乎没有什么代价能让他不甘愿得到。

第五卷

复合惩罚

第一章　复合惩罚之不便 324

我们之前已经注意到，一项刑事行为的效果不会只产生单一的恶这么简单，而是同时产生许多恶。惩罚被视为一种行为可能很简单，但从其效果来看可能变得很复杂。

一个人被监禁，就法官的行为而言，这是一个简单的惩罚，但对个人来说，由此带来的恶果是多样的，该惩罚会以不同的方式影响他的财富、他的身体、他的名誉甚至是他生活中的状态。

简单惩罚是由单一惩罚行为产生的惩罚。复合惩罚是需要多次操作的惩罚，对犯罪的惩罚可能包括监禁、罚款、耻辱刑等。
如果这些惩罚都是法律公布的，且每一种都是用清晰而熟悉的术 325
语来表达，那么这种惩罚虽然是复合的或复杂的，但可能是一个很好的惩罚。

不适当的复合惩罚是指惩罚的组成部分不为人所知的惩罚，包括那些法律没有公布的恶的惩罚，也包括公布了但是用晦涩难懂的名词来表达、没有明显的惩罚性质、只有律师才能理解的惩罚。这类惩罚包括流放、有或没有神职人员特权的重罪、蔑视王权罪、逐出法外、逐出教会、剥夺作证资格等。

一切不确定的事物，艰深晦涩的事物，都违背了制定一部好法律的首要条件。

如此定义的复合惩罚所带来的不便是非常大的，但是也可以用几句话来解释，一是立法者不知道他在做什么，二是主体不知道所谓的威胁惩罚是什么意思。立法者不可能在每个案件中都做出合理的选择，因此他要么做得过犹不及，要么做得微不足道。每个模糊的表述都遮住了他的眼睛，掩盖了他所采用的惩罚或惩罚的性质，他被蒙着眼睛攻击，在危险中散播痛苦。在每个具体案件中目睹法律局限性的陪审团和法官，便会采取一切可能的手段加以避免这些不便，他们篡夺了立法者的权力，而伪证成为他们不公正或轻率的惯用缓和剂。

326 如果法律被执行，会发生什么？——法官在施加一个有用的惩罚时，不得不施加许多无用的惩罚。通常情况下，犯罪者对于惩罚的想法并不完善，这种惩罚纯粹是滥用的，其所带来的危害常常会蔓延到与罪行完全不相干的人身上，其后果是如此严重，以至于若立法者预见到了也会为之颤栗。

我们已经谈到了不具备做证人的资格，现在我们将注意力转移到上面提到的其他惩罚中。

第二章　流放 327

在北美人从独立获得的好处中，有一点不得不使每个有民族自豪感的人感到震惊，民族独立使他们不再承担接收被驱逐出国的英国人的屈辱义务，免于充当英国监狱的排出口，使正在提高的人民道德不受各种可能堕落的伤害。北美洲在遭受这种祸害长达一个多世纪之后，不再作为接收这些活生生的麻烦的容器，但是，对于这种早期的恶习可能产生的道德影响，我们是否能给它设定一个限度呢？

在谈到新南威尔士州的殖民地和现在在那里形成的人口时，我将有机会再次回到这个重要话题。我会指出将这些定期收治的罪犯送到那里所造成的不利影响。

现在的目的是表明现代管理体制下的流放惩罚与旧体制下的惩罚具有本质的不同，并且随着事件的变化，惩罚本身在许多方面发生了实质性的变化，在某些方面表现得更好，在其他方面则变得更糟。

在旧的流放到美国的体制下，议会为此目的赋予了该权力， 328
政府将运往美国的囚犯交给承包商，承包商为了赚取利润出售这些罪犯在刑罚期间的服务，并将他们运送到流放地。因此，在所有个人无法获得自由的情况下，除了法律规定的放逐之外，还增加了别有用心且完全不同的奴役惩罚。但是，无论如何，如果罪犯通过朋友或其他手段对自己的出价高于一个陌生人给出的价格，他就会在到达的第一个港口被释放。对他来说，他所受的惩罚仅限于简单的流放，所以，个人受到惩罚是因为他的贫穷，而不是因为他所犯下的罪行。因此，那些最应该受到惩罚的人，应是那些犯下重大罪行的人和那些已经设法从犯罪行为中谋取了利益的人，但他们受到的惩罚反而最少。小偷、新手和无经验的犯罪分子没有得到他们的战利品，还背负着流放和奴役的双重枷锁。

在前往博塔尼湾（Botany Bay）的流放体制下，全部费用由政府承担。殖民地总督对罪犯始终保有权威，并充当他们的守门员的角色，他为他们提供住所、工作和食物；他们被置于他的唯一控制之下，他可以在公共或私人工作中雇佣他们。艰苦的劳动是所有人的命运，除了少数例外。豁免是不能用金钱购买的。在这
329 方面，上面提到的不平等现象已经得到了很大的纠正，惩罚变得更加确定，因此也变得更加有效。

流放到美国还有另一个不便之处，即美国为罪犯的返回提供了太多的便利。他们中的许多人利用了这些机会，以高超的技能发挥他们卓越的才能回到了祖国。有些是在他们的流放期届满后，很多人是在那之前。至于后者，返回的便利是流放到美国的不利条件之一；至于其他人，至少在那些认为犯下一项罪行不应丧失所有司法权利的人看来，这种返回的便利不能不被视为一种优势。另一方面，博塔尼湾的距离为防止非法返回提供了更好的安全保障，它位于英国的对跖点，最初选择时几乎没有任何现有的商业贸易，任何一个犯罪人都很难找到返回的途径。然而，无论如何，

虽然它为遣返刑期未满的罪犯提供了如此有效的担保，但是对于那些刑期已满的犯人的返回也设置了同样有效的障碍，这样一来，这种低级程度的刑罚几乎一下子都不加区分地变成了最高级别的惩罚。这种效果是否有意为之无需询问，但这种效果是无可争辩的。

在目前体制下的流放是一种复合的惩罚，首先是流放，其次 330
是苦役。流放是一种具有明显缺陷的惩罚，尤其是在不平等方面；苦役，这种惩罚本身是非常有益的，但是当与流放相联系时，就像在这种情况下，在各种可能的不利条件下继续进行，那么就完全没有产生任何有益的效果。

为了表明到新南威尔士州的流放制度对实现刑事司法的几个目标（object）或目的（end）有多么不利，之后我们有必要简要概括一下这些目的或目标是什么，同时根据所提供的该殖民地罪犯人口状况的描述，说明这些目的分别在何种程度上得到了实现。

刑事司法的主要目的是儆戒作用，通过惩罚对旁观者的思想产生影响，防止类似的违法行为发生，就普通人而言，是防止犯下类似罪行而遭受类似痛苦。这个流放地几乎一贫如洗，这是它根本的和无可救药的缺陷。惩罚不会被那些希望它以儆戒方式作用的人看到，而是隐藏起来，从他们的视野中消失。

在一个鲜为人知且人们很少与之交流的国家，在与之相反的地方被施加的惩罚只能在这个国家的人们心中留下短暂的印象。“人民，”一位深入思考过想象力的影响的作家说，“广大人民对千年和千里都感到同样遥远。”

儆戒的效用和作用不是由犯罪者所承受的痛苦程度决定的， 331

而是由他所承受的明显的痛苦程度决定的，这话已经说过，但是不能经常重复和强制执行。正是他的那部分（明显的）痛苦让旁观者有所触动，抓住了他们的想象力，给他们留下了深刻的印象，足以抵消违法犯罪的诱惑。无论它们在儆戒性方面有多么不足，被判处这种惩罚方式的人所受的痛苦并不少于实质性的和严重的痛苦。被无限期地关押在监狱或船体中，航行6—8个月，这本身就意味着囚犯们要不断忍受船只拥挤状态和他们所必须承受的约束，还会面临海洋的危险、接触传染病的风险，这种疾病往往会造成最致命的后果。这是有关惩罚制度所伴随的一些问题，这种制度在遥远的地区引入了一种流放和奴役的状态，在这种状态下，生活资料极其不稳定，而且由于船只的延期，整个殖民地一再面临饥荒。很难想象还有什么情况比被流放到这样的地方的罪犯所面临的更加悲惨。

不断的艰苦劳动，遭受掠夺（如果他们有任何东西可以被掠夺的话）和偶尔的饥饿，在他们呆在那里时，没有办法改善他们的状况，也没有离开这个殖民地的希望；这就是那些被流放到这个殖民地的人在看似有限的时间里，发现自己所处的情况。这里的惩罚，一部分是故意的，一部分是偶然的，并且用最无节制的
·332 方式实施；但是与它在树立儆戒方面的效果相比，它可以被认为是无端施加且无目的和目标的痛苦。在这个国家和那个国家之间有一片湮没无闻的海洋。这种大规模的惩罚并不是为了给母国所有人民留下一百次甚至一千次深刻印象，而是给那些最有可能犯罪的人留下印象，这些人既不读书也不思考、情绪很容易激动，因此并非是通过描述让他们留下印象，而是通过痛苦的表现。

此外，流放制度还有一个额外的缺点，它不仅在阻止犯罪方面失效，而且在许多情况下，它还成为积极鼓励犯罪的工具。在许多人的脑海中，各种令人愉悦的幻想都与流放的想法有关，它不仅会取代所有痛苦的反思，而且会被最快乐的期待所取代。只需要对整个人类，尤其是对这个国家的年轻人有非常肤浅的了解，就会知道，一次远航、一个新的国家、无数的同伴、对未来独立的希望，以及愉快的冒险，这些都足以吸引人们的注意力，使人们从对画面中痛苦部分的思考中抽离出来，而肆无忌惮地沉迷于放荡迷人的享受之中。[①]

惩罚的第二个目的或目标是改造：防止在每一种情况下受到 333
惩罚的特定个人再犯类似的罪，剥夺其将来再犯类似罪行的意志。在这个目的之下，在新南威尔士殖民地所做的是什么？根据事实，我们可以发现，它不仅在这方面至今一直存在着根本性的缺陷，而且从事物的本质来看，它将永远存在这种缺陷。

与运送到美洲殖民地的流放体制有关的是，有两种情况非常有利于被运送的罪犯改过自新，他们抵达美国后，分别进入由节俭和正直的人组成的家庭——他们彼此分离。

当一个美国的主人雇佣了一个罪犯为他服务时，这个家庭所有成员都对观察他的行为产生了兴趣。在主人的眼皮底下工作，他既没有诱因，也没有办法释放他的恶行。他所依赖的环境使他

① 几年前，两名年轻男子，一名约 14 岁，另一名约 16 岁，因小偷小摸被判刑流放。听到这个不期而遇的判决，最小的孩子开始哭了起来。“胆小鬼，”他的同伴带着胜利的神气说道，“谁会因为他不得不踏上盛大的旅行而哭泣？”一位目睹这一幕的绅士向我提到了这一事实，他对此印象深刻。

产生明显的兴趣去培养那些与自己所处环境的权威的人一样的善意。如果他仍然保持诚实的原则，那么在他所处的社会环境中，这种善意必定会得到鼓舞和发展。

334 在美国是这样，在新南威尔士的情况如何？在囚犯们抵达的时候接收他们，这是一群人形的野兽，是一种比绝对的与世隔绝更不适合殖民的社会物种。很少有其他的居民，除了这些不检点的人，他们成千上万地从英国被送到这个沙漠里来，在这里相互交往。还有为数不多的几个在开阔的荒野上监督他们工作的任务主管，还有那些和他们一起被派到这儿来的军人，人数虽然很多，但仍然比不上这些囚犯的人数，囚犯被释放后一定会忙着作恶，而军人的任务是帮助主管将暴乱控制在一定范围内。

这里没有像美国那样的家庭来接收犯人，没有任何手段能把他们不断地分开，没有任何持续而稳定的检查。在这种制度下，田野耕作是主要的就业方式，因此，一般的分散——由个人或一家之主进行田野耕作，每个人都住在不同的住所里，其内部完全超出每个检查人员的惯常视线范围。的确，警察偶尔也会巡逻，维持秩序，让罪犯继续工作，但是，对于一个时间间隔很长的检查制度，能期望从中得到什么呢？而且检查人员和被检查人员一样对这种制度感到厌恶。这能被看作是对懒惰、赌博、醉酒、无节制、渎神、争吵、浪费和缺乏所有荣誉感的充分检查吗？巡查员一转背，他实际在场时所中止的混乱秩序立马又重新出现了。不难想象，如果他们中的一些人有规律地在他们之间组织一个共
335 犯体系，他们互相帮助以逃避检查，并以此作为胜利和愉快的消遣，那么所有的控制将会被他们蔑视得多么彻底。

关于这个问题，公众长期以来一直拥有一份非常有价值的文件：这是殖民地建立以来最初16年的完整历史，在真实方面绝对可靠，并在一份期刊中陈述事件发生的经过，同时附有必要的细节。这部作品最值得信赖的地方在于，历史编纂者也是称颂者，自称是当权派的致颂词者。在这种情况下，如果有这样一种品格，还伴有那种少有的坦率和诚实的内在特征，从这个角度来看，证词的价值就会倍增。

细读这部作品，给人留下的总体印象是悲伤和厌恶的，这是一部人性最败坏和堕落的状态下的历史——关于罪行和惩罚的纯粹细节。这些人不断参与反对政府的阴谋活动，总是制定欺骗和不服从他们的监工的计划，在他们之间形成了一个顽固和狡猾的浪荡者的社会——一个狼和狐狸的社会。世界上其他地方的女性，她们被认为是人类最优秀的部分，在新南威尔士州被证明是这一普遍规律的一个显著例外。已故的首席行政官说："女人比男人更坏，在殖民地发现的每一桩臭名昭著的交易中，女人通常都是幕后黑手。"[①] 他的作品中有很多类似效果的段落。正是这些材料构成了殖民地的基础。从这样一个种群中，在这样的支持下，将产生 336
新的一代。

这位历史学家并没有把自己局限于对普遍的不道德和浪费行为的模糊谴责，而是把这些受到谴责的犯罪行为具体化了。在新南威尔士州犯下的罪行，尽管政府保持高度警惕，司法也已经实

① 参见大卫·柯林斯（David Collins）:《新南威尔士州英国殖民地历史》（*A History of the English Colony in New South Wales*），第二卷，第218页。

行了即决的管理，但这些人在处理这些罪行的技巧和狡猾方面，超过了这个国家所见过的每一件事。他的作品每一页几乎都包含了对个人或公众人身或财产侵犯的描述。赌博和酗酒会引起无休止的争吵，通常以谋杀收场。纵火罪在那里的猖獗程度是任何其他国家都无法比拟的。教堂、监狱、公共和私人财产都同样受到毁灭因素的影响，而不考虑可能造成的损失程度和可能牺牲的生命的数量。“当公共监狱失火时，”这位历史学家说，“人们会惊恐地读到，当时监狱里关着二十名囚犯，他们中的大多数人都戴着镣铐，他们被艰难地从火海中救出来。从来没人将对彼此的感情归咎于这些恶棍，然而，如果有几个人参与了犯罪实施，他们很
337 少被发现会背叛他们的同伴。”[1] 联系的纽带不是对彼此的同情，而是对政府这一共同敌人的反感。对于当地人来说，他们表现出的感情就像他们对彼此一样少。这些欧洲野蛮人不顾严苛的法律，对当地土著肆无忌惮地做出野蛮行径，他们之间没有建立良好的理解，这本来可以带来很多好处，但是现在彼此却成了最坚定的敌人。

到目前为止，他们没有表现出任何改过自新的迹象，而且他们受殖民地纪律约束的时间越长，他们就变得越坏。不管历史学家认为这些犯人在服刑期内有多么邪恶，在他的历史记载中，与那些刑期届满而成为定居者的人相比，他们在一定程度上是诚实、清醒和有秩序的，后来他们（定居者）成为在殖民地犯下所有罪行的主要煽动者，并构成让政府难堪的主要来源。

① 参见大卫·柯林斯:《新南威尔士州英国殖民地历史》，第二卷，第197页。

为了证明这一主张，历史学家提供了一份令人信服的证据。殖民地建立后的前五年，在没有犯人刑期届满的情况下，犯人的行为大体上是有秩序的，从而给改过自新带来了希望。但随着他们各自刑期届满，被解放的殖民者人数增加，最难以控制的放纵行为不仅出现在那些最近被释放的人中，这些人似乎是为了弥补他们失去的时间，放纵自己的每一种暴行，而且助长了那些仍然处于奴役状态的人的邪恶天性。这些独立的定居者发现，有些犯 338
人是他们的老伙伴和同伙，有些是赃物的接收者，是使其免受法律所谴责的惩罚的保护者，当罪犯们逃避法律制裁时，他们（定居者）总是随时准备帮助罪犯们，并把其藏起来不让人发现，于是，罪犯们变得更加傲慢和顽固，焦急地等待着有一天，他们也有资格获得这种野蛮的独立状态。

是否可以设计出什么可能的方法来消除这种不断增加的罪恶的涌入呢？迄今为止采取的所有权宜之计都被证明是完全徒劳的，而且不难看出，情况将永远如此。道德和宗教方面的教育似乎完全是徒劳的，该群体的本性是对建立有效的警察制度或统一的法律管理的蔑视。在取得证据方面，人们发现奖励和善意一样是徒劳的。烈性酒的大量消费是殖民地一切混乱的主要原因，从当地情况来看，迄今为止是完全无法抑制的。在这些问题上，几句评述就足够了。

在宗教指导方面，对于一个被分成八到十个驿站的殖民地来说，是不能指望每个驿站有两到三个牧师的，因为每个站之间相距太远，无法把听众送到其他站。对那些罪犯来说，每星期有一天去做一两个小时的礼拜有什么好处呢？对于那些“被要求（正 339

如历史学家所说的[①]）参加神圣仪式的人”来说，接受宗教指导有什么好处呢？为了摆脱他们被迫忍受的偶尔的无精打采，教堂被阴谋设计烧毁。为了惩罚他们（如果碰巧没有另一幢适合此目的的建筑物），他们就会在星期天被雇佣为该目的去建造另一幢建筑物。[②]被要求在星期天工作也许是可以的，但是他们会不会听从权威的指引，侧耳倾听，心悦诚服呢？

这位历史学家说，即使是女性，在参加宗教仪式时也极其不情愿，总是用虚假的借口为自己开脱。她们从来不会对为自己辩解的虚假借口而感到不知所措。简而言之，在这个殖民地，星期天并未被作为致力于宗教义务的日子，而仅仅是因暴乱和堕落而显得有所不同。那些没有参加宗教仪式的人，利用那些参加仪式的人不在家的机会，去抢劫他们的住所并毁坏他们的庄稼。

我们已经看到了，为建立中的新教提供的宗教指导是多么的吝啬。对于殖民地天主教徒的精神指导，从爱尔兰大量进口，到现在肯定已经变得非常多了，但似乎没有作出任何规定。诚然，在一次从爱尔兰输入的罪犯中，包括了一名天主教牧师，他的罪行是煽动叛乱。[③]如果不是一个具有煽动性的牧师，那么把钱花在
340 派遣一名具有同样宗教信仰的忠诚的牧师岂不是很好。[④]

---

① 参见大卫·柯林斯：《新南威尔士州英国殖民地历史》，第二卷，第122页。

② 参见上书，第129页。

③ 参见上书，第293页。

④ 在柯林斯著作（第二卷，第51页）中有一段文字非常典型地反映了政府当局如何看待确保罪犯参加宗教礼拜，以及由此产生的参加宗教礼拜本身的问题。——在定居点，人们带来了一个教堂钟，但却没有合适的建筑来安置它。现在正在准备建造一座适合这个教堂钟的塔楼，如果将来有一天劳动力增加，总督就能够下令指示建造教堂。

至于警察制度，由于下属公职人员的腐败，它必然处于极端衰弱的程度。在一个政府极度不信任的人群中，人们发现有必要限制殖民地几个地区之间的自由交往。除官员外，所有人不得在没有护照的情况下从定居点的一个地区前往另一个地区。[①] 然而，这些规定被证明是毫无用处的：负责检查这些护照的警察们，无论是出于恐惧还是腐败，都疏忽了他们的职责，而正如前面提到的，那些刑期即将届满的罪犯，还有那些随时准备为罪犯和暴乱分子提供保护和援助的犯人（定居者）是维持任何良好管制的警察制度的最有效的障碍。

关于在这个殖民地犯下的各种罪行，司法因一项确保有罪不罚的原则而瘫痪，而这一原则似乎无法根除。对于这位历史学家兼军法顾问来说，他永远都在抱怨的问题是，几乎不可能对一个在犯罪行为中没有被抓获的罪犯定罪。几乎在所有情况下，证据 341
都是无法完全获得的，好像殖民地的大多数居民之间达成了一种联合和心照不宣的协议，通过拒绝作证来使司法瘫痪。他提到了一年内（1796年）发生的五起谋杀案，[②] 尽管有强有力的推定显示当事人是有罪的，但即使提供特别多的赏金，必要的证人也不会站出来，因此当事方并未受到惩罚。这样的一个事实就足够了，引用其他性质相同的例子是多余的。

造成这种放纵而不检点状态的最突出的原因是人们对烈酒的普遍和无节制的热情。这种狂热让人兴奋，它导致了各种恶行，

① 参见大卫·柯林斯:《新南威尔士州英国殖民地历史》，第二卷，第139页。
② 参见上书，第4页。

赌博、放荡、掠夺和谋杀，仆人、士兵、劳动者、妇女、男女青年、囚犯和守门员都被它腐蚀了。它被带到如此程度，以至于许多定居者的通常做法就是，刚收割好庄稼就开始出售以购买他们最喜欢的酒。政府有时尝试过阻止这种做法，实际操作被证明没有任何效果。政府在这一点上的政策也表现得似乎不太稳定，有时政府允许烈酒买卖，有时则禁止。但是，无论政府的政策是什么，经验表明，从人口的分散性以及其他原因来看，政府在其权力范围内出台的任何预防措施都不会减少这种液体毒药在殖民地
342 的消耗量。人口越多，站点离政府所在地越远，私人酿酒厂就越容易经营且不易被政府发现。即使由此产生的供给不能满足需求，在整个英国海军都无法守卫的海岸范围内也不可能阻止走私。如果殖民地被限制在一个单一的站点和港口都无法遏制这种罪恶，那么，现在定居点遍布全国各地，有许多定居者被雇佣来制造这种商品，每艘到达的船只都有充足的货源，它的销售比任何其他商品都更加确定，利润也更高，这种情况下还能指望成功吗？

这就是这个殖民地的囚犯人口的状况——过去的改革没有用，未来的改革更加没有希望了。我们对这一部分的讨论可能太久了，幸运的是，剩下的话题可能被压缩到一个更窄的范围内。

惩罚的第三个目标或目的是丧失行为能力：剥夺罪犯再犯下同样罪行的能力。

流放完成了这个目标，这与地点有关。罪犯在新南威尔士州期间不能在英格兰犯罪，两地之间的距离在很大程度上排除了他非法回国的可能性，这是其优势的体现。

虽然罪犯在博塔尼湾，但就算他在英国也不必害怕，他的品

格保持不变，在母国犯下的罪行在殖民地同样是犯罪。因此，我 343
们不应该把这种惩罚所不具备的优势归因于它。伦敦的居民应该为一个危险人物被迫迁至远处而感到高兴，这很容易理解，他的特别利益受到了触动。但惩罚不应得到立法机关的认可，因为立法机关的批准不能减少犯罪数量，只是改变了犯罪地点。

这种针对合法和非法返回的安全措施虽然看起来很好，但并不像人们预期的那样有效。1790 年至 1796 年期间离开殖民地的囚犯人数的记录分布在柯林斯的全部著作中，总人数共计 166 人，其中，89 人为刑期届满的人，76 人为刑期未届满的人。* 然而，这远远不是那些在获得许可或未经许可的情况下离开殖民地的人的总数。在作品的不同部分都提到了，逃亡是以成群结队的方式进行的，而每批逃亡的人数并未被说明，（因而）无法计入上述记录中。

逃犯的数量很可能会随着商业的发展和罪犯数量的增加而增加，从而拥有更多的逃跑条件。

惩罚的第四个目的或目标是对受害方进行赔偿或补偿。

在这个问题上，只有一个词可以说明。流放制度完全缺乏这
种特质。诚然，这一反对意见没有任何分量，除非是与规定了用 344
罪犯的劳动提供对受害方的赔偿的惩罚制度相比。

刑事立法体系中应注意的第五个目的或目标是经济的附带目标。

如果说，所讨论的制度具有刑事立法计划中需要的所有特质，那么增加一定程度的费用并不会引起非常严重的反对。但在这种情况下，这一制度本身就是最有缺陷的，同时，其运行也付出了

* 原文如此，数据疑有误（89+76=165）。——译者

极大的代价。

在这一问题上，财务委员会第28次报告包含最准确和最详细的信息。从该报告中可以看出，截至1798年，该机构成立的前十年或十一年所带来的总费用为1,037,000英镑，该总额除以罪犯人数后，将发现大约为每人46英镑。该报告中设想了一种可能的削减，它可能会适时将支出削减至每人约37英镑。然而，在这项费用之外，还必须加上每个人的劳动价值，因为如果这项价值不应被置之不理，那么这个价值就应该加在花费的费用里。

将新南威尔士州视为大型制造机构，总制造商在结算他的账目时，会发现他所雇用的每个工人（的用工成本）都减去46英镑。

使这家制造机构的开支超过在母国的因素有：

1. 将工人运送到两千到三千里格之间的距离所产生的费用；

345 2. 维持由州长、法官、督察、警察等组成的民事机构；

3. 维持以维护殖民地的从属地位与和平为唯一目的的军事机构；

4. 工人的广泛分离，他们的不可信任和挥霍无度，这是受殖民地当地情况青睐的，强迫那些对其劳动成果毫无兴趣的人劳动所能榨取的劳动价值是微不足道的；

5. 制造厂所使用的所有工具和原材料的价格高昂，这些工具和原材料都是从欧洲冒着风险和经过长途运输带来的。

如果在曼彻斯特或利物浦找不到一个不会考虑所有这些情况的职员来进行这样的计算，并且如果在计算之后或没有计算过，没有一个有常识的人接手这样的计划，那么一个必然的结论是，那些拿自己的财产冒险的人与那些以公众为代价进行投入的人的推算方法大不相同。

除了以上列举的运往新南威尔士州的流放制度所造成的弊端之外，由此施加的惩罚还可能伴随着各种加重，这使得立法者所宣布的惩罚明显增加。

当一种惩罚被立法机关宣告时，它应当是最适合该种犯罪性质的惩罚，他的意志应该是所施加的惩罚应与他所指示的一样。他认为这就足够了，他的意志是不应该使它变得更宽大或更严厉。他认为，某种惩罚一旦实施，就会产生一定的效果，但如果另一种惩罚 346
偶然地与主要惩罚相结合，无论是由于下属的疏忽还是利益，只要超出了法律的意图，那么这种惩罚是非常不公正的，而且制造了这么多无法补偿的恶，在儆戒性上是毫无价值的。

根据立法者的意图，流放惩罚被设计为一种相对从宽的惩罚，并且很少被规定超过七至十四年的刑期。事实上，在所讨论的制度下，这一制度经常转为死刑。更令人惋惜的是，一般来说，这种残忍的暴行几乎只会发生在最不强壮和最无害的一类罪犯身上，这些人由于其敏感性、以前的生活习惯、性别和年龄，在漫长而危险的航行中，他们最无力与可怕的灾难抗争。在这个问题上，事实既真实又可悲。

在八年半以上的时间内，即从 1787 年 5 月 8 日到 1795 年 12 月 31 日，共有 5196 人上船，522 人在航行中丧生。这也不是全部，统计的数字并不完整。在 28 艘船只中，据说有 23 艘发生了刚才提到的死亡事件，有 5 艘船只的死亡人数并未被提到。[①]

① 这些首次前往新南威尔士的航行所带来的死亡似乎在很大程度上源于疏忽。在后来许多例子中，运送罪犯的货船没有造成一例死亡。

347 一次航行不管多么漫长，并不一定会缩短人们的生存时间。库克船长环游世界并返回，（船上的人）无一人死亡。因此，必然会出现这样的结论：如果一次航行中，被派到船上的人大量丧生，那么一定是遇到了一些非常特殊的情况。在该情形中，很明显，如此普遍的死亡率部分源于囚犯的状态，部分源于他们所受到的纪律约束。让他们到甲板上来，就会担心他们的狂暴和躁动；把他们关在船舱里，他们就会染上最危险的疾病。如果签订运输合同的商人或其所雇用的船长碰巧是冷酷无情和贪婪的，那么粮食就会短缺而且质量不好。如果一个囚犯碰巧携带传染病病源，传染病将蔓延到整艘船上。1799 年，一艘船（希尔斯堡号）被用来运送囚犯，在 300 人中损失了 101 人。[①] 柯林斯上校说："这并不是由于采取必要预防措施的疏忽导致的，而是因为一名囚犯引起的恶性伤寒才导致了这次可怕的破坏。"

无论采取何种预防措施，只要发生任何一次事故或过失，死亡就会以最可怕的形式随时进入这些漂荡的监狱——这些监狱必
348 须穿越地球表面的一半，在其内部，每天都在积累毁灭的因素，在患病者和垂死者能与那些尚未被感染的人分离之前，他们只能在奴役和流放的状态下变得虚弱。

立法者的意图能否在这些不断积累起来的加重惩罚中得到认可呢？当他谴责一种惩罚时，他能说他意识到自己在做什么吗？这种惩罚的施加完全脱离了他的掌控，它会受多种事故的影响，其性质与所宣称的不同，而且在执行过程中与他打算施加的

① 参见大卫·柯林斯：《新南威尔士州英国殖民地历史》，第二卷，第 222 页。

惩罚真的几乎没有任何相似之处吗？正义，其最神圣的属性是确定性——精确性，它应该以最审慎的精确性来衡量它所分配的恶，在所讨论的制度下，它变成了一种碰运气的事，其痛苦落在了那些最不应得到它们的人当中。把这个复杂的机会解释一下再来看看结果会是什么——“我审判你，”法官说，“但对于我不知道的事，也许是风暴和海难，也许是传染病，也许是饥荒，也许是会被野蛮人屠杀，也许是被野兽吞噬——走吧，把握机会，灭亡或繁荣，受苦或享受。我再也不会见到你了，载着你的船使我免于目睹你的痛苦，我再也不会为你烦恼了。”

但或许可以说，新南威尔士州尽管从刑罚的角度来看有所不足，但它具有巨大的政治优势。它是一个新生的殖民地，人口会 349
逐渐增加，一代又一代的人会变得更加开明，更加有道德，而在若干世纪后，它将成为具有最高政治重要性的附属殖民地。

对这个问题的第一个答案是，如果认为需要任何方法的话，在所有可以设计出来用于在这个地方或任何其他地方建立一个新殖民地的权宜之计中，最昂贵、最让人感到无望的，是将一群品行上有污点、生活习惯肆意的人作为胚胎储备送到这里。如果有任何一种情况比另一种情况更需要耐心、清醒、勤奋、毅力、智慧，那就是在一群殖民者被运送到远离祖国的地方的情况下，他们不断遭受着各种贫困，也因此对一切事物都有抱怨，而在一个新建立的制度下，他们不得不安抚一群残暴凶猛的野蛮人，他们有正当理由担心自己的生命和财产受到侵犯。即使是一个古老的、组织良好的社会，如果不采取有效的补救措施加以压制，也会因恶劣和挥霍无度的犯罪分子的大量涌入而遭受破坏。这些人缺乏建立一个殖民地所必需的所有品质，无论是道德上的还是身体上的，换句话说，正是因为这些品质，他们才能在粗暴和未开垦的自然环境下克服阻碍。

在殖民取得成功的地方，早期人口的特征已经大不相同。最成功的殖民地的缔造者是由一群仁慈而和平的贵格会教徒组成，他们出于对宗教的顾虑，而移居到另一个半球，以便他们可以拥
350 有不受干扰的良心上的自由。他们都是贫穷且诚实的劳动者，习惯于节俭和具有勤劳的习性。①

---

① 自撰写这些文件以来，新南威尔士州成为了一个繁荣的殖民地，这与其说是因为罪犯被流放，不如说是因为接纳了自由定居者。上述指出的弊病继续存在，但随着诚实勤劳的定居者的涌入，其影响有所减弱。

下面的引文证实了边沁先生的推理，并表明他指出的大部分弊病仍在继续。——编辑

> 如果罪犯仍然被流放到这里，那么他们改过自新的唯一机会就是把他们分散到全国各地，并让他们养成田园生活的习惯。囚犯流放充其量是一种不良的殖民制度；而麦夸里州长更倾向于罪犯而非自由人，这使种植园的情况更糟，而且作为重罪惩罚，或作为恶习教养所，也完全行不通。
>
> 如果让罪犯更多地为农耕和放牧定居者服务，那么流放制度的罪恶和费用肯定会减少，远离大城镇的诱惑和邪恶通信，而建立大城镇是已故总督的政策。牧羊人或牧人的有益生活会逐渐软化最顽固的囚犯的心。但与此相反，麦夸里州长的制度是让他们聚集在兵营里，并以每天一磅半肉和等量面粉的口粮受雇于华丽的公共建筑工作。对于那些没有比这更好的改革手段的可怜人来说，想不到会有勤劳的殖民者。因此，当他们的流放期限届满，或得到优惠时，他们将获得土地和定居津贴，并在下一个小时将其出售以换取烈酒。

参见菲尔兹男爵（Baron Fields）主编:《穿越新南威尔士州蓝山的旅行日记》（*Journal of an Excursion across the Blue Mountains of New South Wales*），伦敦，1825年，第457页。

第三章　圆形监狱 351

边沁先生在这个主题上的计划已经公之于众。就目前的工作而言，只需要简单地解释一下他提出的三个基本思想。

1. 一个圆形或多边形的建筑物，其上每一层都有牢房，中间是一个督察员的小屋，他可以从那里看到所有的囚犯而不会被（囚犯）看到，从那里，他可以在不离开他的岗位的情况下发出所有指示。

2. 合约管理。承包商以一定的价格为每个囚犯承担全部责任，并保留对他们劳动可能产生的所有利润的支配权，利润的种类由他自己选择。

在这个制度下，典狱长的利益尽可能与其职责相一致。囚犯越有秩序，越勤奋，他得到的利润就越多。因此，他将教给他们最有利可图的行业，并将利润的一部分分给他们，以激励他们劳动。他集治安官、督察员、工厂厂长和家庭成员的职责于一身，在最强烈的动机的驱使下忠实地履行所有这些职责。

3. 管理者的责任。他必须确保囚犯的生命安全，计算一年中 352
他负责监管的混合人群的平均死亡人数，并对每个人给予一定的赔偿。但在年底，他必须为每个因死亡或逃跑而失去的人支付类似数额的费用。因此，他是他的囚犯们的生命和安全监护的保证人。但是在确保他们的生命安全的同时，也要确保他们的幸福和健康所依赖的大量关心与照顾。

宣传是防止滥用权力的有效保护措施。在现行制度下，监狱笼罩着一层无法穿透的面纱，相反，圆形监狱可以说是透明的。经适当授权的治安法官可随时进入，每个人都可以在适当规定的时间或日期进入。被引入中央小屋的观众将看到整个内部，并成为囚犯被监禁的见证人和他们状况的评判官。

有些人假装很敏感，认为这种持续不断的检查是令人反感的，而它恰恰构成边沁先生规划的独特优势。在他们看来，这是一种比任何暴政都更加可怕的约束。他们把这种机构描绘成一个让人受尽折磨的地方。在这样做的过程中，这些敏感的人忘记了大多数其他监狱的状况，在其他监狱里，囚犯们聚集在一起，无论白天还是黑夜都无法享受安宁。他们忘记了，在这种持续检查的制度下，可以允许更大程度的自由和放松，虽然锁链和镣铐可能被加重，但可以允许囚犯结成小团体，所有的争吵、骚动和噪音，
353 这些苦恼的痛苦来源都将得到阻碍。囚犯将受到保护，免受看守者的反复无常和他们同伴的暴行，而那些已经发生的频繁而残忍的疏忽情况也将通过向主要当局申诉的便利来避免。这些真正的优势被一种没有道理的不切实际的敏感所忽视。

让我们假设在这个计划的基础上建立一座监狱，然后观察它以何种方式促成了惩罚的几个目的。

第一个目的——儆戒。

这所监狱将被安置在大都市附近，那里聚集了最多的人，通过刑事展览的方式可以提醒那些可能犯罪的人需要承担的后果。

这座建筑物的外观、独特的形状、周围的墙壁和沟渠、驻守在门口的警卫，都会激发出管束和惩罚的想法，而提供允许入场的便利将吸引大量参观者。他们会看到什么？——是一群由于滥用自由而被剥夺自由的人。他们被迫从事他们以前所厌恶的劳动，被制止从事他们从前喜欢的暴动和放荡。他们全都穿着一件特别的衣服，以此表明他们的罪行是可耻的。对于大部分观众来说，还有什么场景比这更具有教育意义呢？这是一个多么好的社交、用
典和家庭教育的信息来源。这座监狱的情况自然会导致自由人与 354
囚犯的劳动、无辜者的享受与罪犯的剥夺之间的比较。同时，真正的惩罚会比表面上的惩罚要少，观众们对这悲惨的景象只有短暂的看法，他们不会察觉到所有能有效缓解这座监狱严酷环境的情况。惩罚是看得见的，想象会夸大它的程度，它的放松是看不见的，所施加的痛苦也并不会损失任何一部分。甚至大量从不幸和遭受痛苦的人中被带走的囚犯都会处于一种舒适的状态，然而普通监狱中的灾祸则是倦怠和被流放。

第二个目标——改造。

懒惰、放纵和恶性关系是穷人堕落的三个主要原因。当这种性格的习惯已经根深蒂固，以至于超越了监护动机并导致犯罪时，只有新的教育课程才能实现改过自新的希望，这种新的教育会使该受罚者处于一种其邪恶倾向无法得到满足的境地，周围的每一个物体都倾向于产生一种与之性质完全相反的习惯和倾向。在这种情况下，可以采用的主要手段是永久监管。罪犯是个特殊的存在，需要连续不断的检查。他们的弱点在于屈服于短暂的诱惑。
他们的思想是脆弱和混乱的，虽然他们的弊病不像白痴和疯子那 355

样明显，也没有那么不可治愈，但他们需要受到约束，不能让他们在没有危险的情况下任其自生自灭。

在这种持续检查的保障下，所描述的监狱包括了所有旨在消灭邪恶种子和培育美德种子的正当理由。若没有这种检查，就不可能期望取得成功。

1. 劳动。人们承认，约束不但不能激起人们对劳动的兴趣，反而会增加人们对劳动的厌恶。然而，在这种情况下，必须记住劳动是对抗倦怠的唯一途径。如果想在所有人中强制实行，以身作则将使其受到鼓励，如果是在他人的陪伴下进行，则会变得更加令人愉快。随之而来的是及时的报酬，如果个人被允许分享利润，就会失去奴役的性质，因为在一定程度上，他成为了合作伙伴。那些以前不懂盈利行业的人，将在新的教育课程中获得新的能力和新的乐趣。当他们被释放时，他们学会了做生意，获得的利润比利用欺诈和掠夺的手段得到的更多。

2. 禁酒。我们已经有机会证明，在博塔尼湾犯下的几乎所有罪行，要么来源于烈性酒，要么是由于使用烈性酒而增加的，而且禁止饮用烈性酒也是不可能实现的。恶在此止于源头，（如果）这种毒药一滴都不可能被走私运进来，就不会再有犯罪。人屈服于需要——困难可能会刺激他的欲望，但是绝对不可能满足得了欲望，当它们没有长期形成的习惯来支持时，就会被摧毁。严格
356 的规则中包含着很多人性，它不仅可以防止错误和惩罚，还可以防止诱惑。

3. 分类。圆形监狱是唯一可行的计划，它允许囚犯分成不同的小团体，这样就可以把那些邪恶倾向最具传染性的人分开。这

些制度基本上都会提供互惠服务、增进情感的机会，并形成有利于改过自新的习惯。他们之间会逐渐形成师徒关系，因此将有机会对教学给予奖励，激发学习中的竞争，培养荣誉感和自尊心，这将是应用的第一个成果。改过自新和利用合法手段获取收益的想法将逐渐取代通过放荡和欺诈手段获取利益的想法，所有这些优势都源于制度的性质。

为什么不允许未婚囚犯通婚？对于那些旨在获得这种奖励的人来说，它将成为一种强大的激励，而这种奖励只能通过行为有序和勤奋才能获得。

这些小团体由于它们的共同责任而提供了额外的安全保障。对他们说："你们在一起生活，一起行动，你们是能够阻止这次犯罪的，如果你们没有这样做，那么你们就是同谋。"这样，囚犯们就会变成彼此的监护人和检查员。每个小牢房的人都会关注其中每个成员的良好行为。如果他们中的任何一个因其良好的秩序而卓尔不群，那么可以赋予他一些荣誉，这些荣誉是能够被所有人
看到的。通过这种方式，即使在耻辱的居所里，也能激发一种荣 357
誉感。

4. 教导。贫穷和无知是犯罪的根源。对那些年纪不算很大，学东西不困难的囚犯的教导很快就会给他们带来许多好处。教导为改变人们的思维习惯提供了巨大的帮助，并在他们自己的评价中将他们从因教育低劣而堕落的人的行列中提升了起来。当机械工作暂停时，他们可以充分学习以填补这段空余时间。谨慎和人性取代了放任自己思想陷入懒惰，支配着这些空余时间的业余活动。但是目标更重要，尤其是对占整体比例最大的青少年罪犯来

说。监狱应该作为他们的学校，他们应该在里面学习那些好习惯以防止再次进入监狱。

宗教活动应该具有吸引力以使其有作用。他们可以在建筑物的中心进行，而囚犯们不用离开自己的牢房。中央小屋可向公众开放，礼拜仪式与建筑的性质相适应，可以伴随着庄严的音乐来增加其庄严性。执行任务的牧师对囚犯们来说并不陌生，他的教导应当根据所针对对象的需要加以调整。他们将其视为每日的恩人，见证了他们改正恶习的进步。他是他们希望的传递者，也是
358 他们在上级面前的见证人。作为他们的保护者和教导者，作为安慰和启发他们的能手，他集合了所有可以使他成为受人尊敬和爱戴的对象的头衔。在宗教人士看来，有多少明智而有德行的人会去寻找这样一种提供了比征服非洲和加拿大蛮荒地区更有吸引力的环境呢？

在任何时候，都有充分的理由不相信改过自新的罪犯。经验常常证明诗人的格言是正确的：

> 荣誉就像一座陡峭无边的岛屿，
> 我们一旦离开就再无法进入那里了。

但是那些最不信任和怀疑善良的人也必须承认，由于犯罪者的年龄和他们犯罪的性质，在这方面有很大的不同。年轻人可以像软蜡一样被（轻易）塑造，而年事已高的则不会（轻易）受到新事物的影响。许多罪行并非深深根植于心灵，而是源于诱惑、范例，尤其是源于贫穷和饥饿。有些是突然的报复行为，并不意

味着惯常的邪恶。这些区别是公正的、没有争议的——我们还必须承认，我们所描述的计划为那些保留了一些诚实原则的人提供了最有效的改造方法。

第三个目标——抑制伤害的力量。

无论圆形监狱在内部改造和纠正意志方面可能产生什么影响，它集合了所有防止犯下新罪行的必要条件。

在这一项之下，囚犯可分为两个时期考虑——他们的监禁时 359
期；他们释放之后的时期。

在监禁时期，假设这些罪犯正如你所想象的那样邪恶，他们实施任何行为都在不间断的检查下，并且被在任何时候都足够坚硬到可以抵抗叛乱的牢房分隔开。因此他们无法联结或密谋而不被发现，相互之间要对彼此承担责任。他们被剥夺了与外界的所有联系，被剥夺了所有可以引起兴奋的烈酒（那些对危险的事情有刺激作用的）。在典狱长的掌管下，当罪犯生病时，这个危险的个体将立即被隔离开。对这些情况的简单列举会给人一种完全安全的感觉。当我们看到博塔尼湾的照片时，由于其可以被呈现，所以两者的对比变得异常鲜明。

对罪犯的犯罪预防也与他们逃跑的困难程度成正比，在这方面，没有其他的系统能提供堪比圆形监狱的安全性。

对于释放的囚犯，唯一绝对的保证是他们的改过自新。

这项计划比其他任何计划都更能带来预期的令人愉快的效果，被释放的囚犯多半会用他们那部分劳动利润的储蓄获得一笔财富，这使他们能够免受贫困的直接诱惑，并有时间利用他们在被囚禁期间获得的产业资源。

但这还不是全部。我为本章保留了一个巧妙的计划，这个计
360 划是《圆形监狱》的作者提出以作为对这个惩罚计划的补充的。他特别关注被释放的囚犯在被释放后重返社会时的危险和危急处境，这种情况可能已经持续了许多年。他们没有朋友来接收他们，没有声望推荐他们，他们的品性容易受到怀疑。许多时候，在第一次为重获自由而欢欣鼓舞时，几乎没人有资格像那些打破束缚的奴隶一样谨慎地使用自由。基于这些考虑，作者产生了建立一个辅助机构的想法，这个机构可以在获释囚犯离开圆形监狱时接纳他们，并根据他们犯罪的性质和他们以前的行为，允许他们继续待更长或更短的时间。必须说明的是，在这个特殊的庇护所里，他们将有不同程度的自由，可以选择自己的职业，可以从劳动中获得全部收益，可以承担固定而适中的食宿费用，只要留下一定数额的保证金，他们就有出入的权利。他们不会穿囚服，也不会佩戴有辱人格的标志。大多数人最初会感到尴尬，虽然他们没有明确目标，但是他们自己也会选择一个非常适合自己处境的退路。这种短暂的逗留，这种见习，将有助于引导他们逐渐获得全部的自由。这将是囚禁和独立之间的中间状态，并证明他们的改过自新是真诚的。对于那些无法在没有危险的情况下立即获得完全信任的个人，这将提供一种公正的预防措施。

361 第四个目标——对受害方的赔偿。

在大多数法律体系中，当罪犯受到惩罚时，正义就被认为已经得到了满足，一般不要求他向受害方作出赔偿。

的确，在更多的案件中，无法要求他作出赔偿。因为犯罪者

通常是比较贫穷的阶层，无中不能生有。*

如果他们在监禁期间无所事事，远远不能达到实现正义的满足，他们就构成了对社会的负担。

如果强迫他们从事公共工程，这些工程很少有足够的利润能支付他们从事这些工程的费用，因此无法提供任何盈余。

只有在像圆形监狱这样的计划中，通过行政部门的劳动和经济相结合，才有可能获得足够大的利润，以便向受害方提供至少一部分赔偿——边沁先生在与部长们的合同中就这一点作出了约定。在费城的监狱里，他们从允许囚犯获得的利润中抽取一部分，用于侦查和起诉犯人。进一步地，他们将向受害方提供赔偿。

第五个目标——经济。

如果说在两个同等价值的计划中，最经济的计划应该被优先考虑，有些人不知道一项事业的费用往往是其秘密，而节俭是一种对抗普遍存在的阴谋的美德，对于这些人而言，这个建议显得微不足道。

在圆形监狱的合同中，一千名囚犯，国家将为每人花费 12 英 362
镑，这还不包括建造监狱的费用，建造监狱的费用估计为 1.2 万英镑，建造场地的费用为 1 万英镑，在此基础上计算利息为 5%。每年每个人的费用都应再加 1 英镑 10 先令，使每个人每年的总费用为 13 英镑 10 先令。

我们应该记得，当时在纽荷兰（New Holland），每个罪犯每

* 还有一种翻译是“万事皆有缘由”。——译者

年的平均开销是 37 英镑，几乎是圆形监狱的三倍。除了《圆形监狱》的作者提到的，还有：

1. 对受害方的赔偿。

2. 把劳动所得的四分之一分给囚犯。

3. 打算将来减少政府的开支。

一个像圆形监狱这样的新事业，旨在包含许多工业部门，起初不会产生最大的利润。一开始成本很高，只有通过颁布法令才能盈利。建立工厂以及支持建立适用于种植的土地都需要时间。培养学生、规范他们的习惯，总之，使整个经济体系更加完善。边沁先生明确规定要公开账目，如果这些优势如预期的那样，利益会变得相当可观，政府就能够利用这些优势在随后的合同中获得更有利的条件。边沁先生根据他所做的计算和征求有经验人士的意见得出结论，过不了多久，囚犯们就不用让政府为其花钱了。

363 抛开所有假设不谈，很明显，国内的监狱应该比殖民地的监狱更便宜。在谈到博塔尼湾的流放惩罚时，已经给出了（支撑）这个观点的理由。

我已经展现了这个计划在惩罚的所有目的方面的优越性，但它是否达到了它的目的而没有产生任何殖民地流放中附带的不便仍有待观察。没有长期逗留在船里、没有长途海上航行的危险、囚犯之间没有淫乱的性关系、没有传染病、没有饥荒的危险、没有与野蛮的原住民的战争、没有叛乱、没有当权者的权力滥用——简而言之就是完全没有意外和附带的恶，而这些在流放地历史的每一页都提供了一个例子。在惩罚方面，这个计划是多么经济！它将不会再消失在贫瘠的岩石上、遥远的沙漠中，它将永远保持法律惩罚的性质。正义和应当受的苦难不会转变成只能引起怜悯的各种恶。整个惩罚过程都将被看到。这一切都是有用的，它不会依靠偶然的机会，它的执行不会交到下属和唯利是图的人的手中——指派它的立法者可以不断地监督它的执行。

从一个管理良好的监狱所获得的成功，不再是建立在理论基础上的简单可能性。审判已经完成，它的成功甚至超出了人们的期望。宾夕法尼亚的贵格会有幸作此尝试——这是人性的王冠上最美丽的装饰之一，使他们在其他所有基督徒团体中脱颖而出。他们花了很长时间与普通的障碍作斗争，即公众的偏见和冷漠、法庭的例行公事，以及冷漠推理者令人反感的怀疑。 364

对费城监狱的描述不仅存在于其州长的官方判例汇编中，而且在两位无私的观察者的叙述中也存在对它的描述，他们的一致之处相当惊人，因为他们在审查中既没有同样的偏见也没有同样的观点。一个是法国人，德利安科特公爵（Duke de Liancourt），非常熟悉医院和监狱的安排；另一个是英国人，特恩布尔上尉（Captain Turnbull），他更多地关注海事而非政治或法学。

他们都将这座监狱的内部描绘成一个和平而有规律的活动场景。看守者不会表现得很傲慢和严厉，囚犯也不会表现出无礼和卑鄙。他们的语言是温和的，不会允许有严厉的斥责。如果犯了任何过错，惩罚是单独监禁，并将过错记录在案，其中每个人都有一个账户，无论是做了善事还是恶事都会被记录。健康、礼貌和得体始终起主导作用。即便是最敏感的感官也不会觉得不舒服，没有噪音，没有喧闹的歌声，也没有喧闹的谈话，每个人都忙于自己的工作，害怕打扰别人的工作。这种外部和平同样有利于反思和劳动，并经过精心设计以防止在其他监狱里的囚犯和看守者中普遍存在的恼怒状态。

365 特恩布尔上尉说：“我很惊讶地发现是一个女人在担任看守员，这件事激起了我的好奇心，我得知在之前是她的丈夫在做这份工作，她丈夫在照料女儿的过程中感染黄热病而去世，囚犯们为失去了一个朋友和保护者而感到惋惜。考虑到他（生前）的贡献，他的遗孀被选为继任者。她以同样的关注和仁慈履行了所有职责。”

在监狱的档案中，我们在哪里可以找到类似的品质呢？这使人想起了预言家所描绘的未来时代的情景，那时“狼将和羔羊同眠，一个小孩子将引领它们前进”。

还有两件事，我不得不记录下来，这两件事便用不着发表任何评论了：“在1793年，黄热病流行的时候，布什山的医院很难为病人找到护士，只好向监狱求助。当医院提出这个请求之后，即使医院向囚犯们说明了做这件事情的风险，许多人仍愿意提供帮助。他们忠实地履行自己的职责，直到悲惨的场面结束，直至他们离开为止，他们中没有一个人要求任何工资。”

在这次疾疫流行期间，女性的良好行为也得到了证实。她们被请求将自己的床架给医院使用——她们乐意之至，并且把自己的床铺也给医院使用了。

“哦，美德！你要躲到哪里去呢？”当哲学家看到一个乞丐做了一件正直的事会发出这种感叹，那么他会不会对监狱里的囚犯的这些英勇善举少一些惊讶？如果囚犯们的良好行为只是简单地

停止他们的恶习和罪行，那也是一个很大的收获，但实际上它的 366
影响更为深远。

“在所有被判有罪的罪犯中，”特恩布尔说，“每100个罪犯中，以前进过监狱的人不会超过5个。”

在纽约，虽然结果不是那么理想，但展现了这一制度的良好效果。“在1801年结束的五年内，”监狱的主要负责人埃迪先生在向公民作的报告中提到，“在服刑期满或赦免后被释放的349名囚犯中，只有29人被判犯有新的罪行。在这29人中，有16人是外国人。在被赦免的86人中，只有8人因新的罪行被捕。在这8个人中，有5个是外国人。”

然而，我们必须记住，不能夸大其词。在这些获释的囚犯中，许多人可能已经流亡海外，在邻国犯罪，因为他们不愿让自己遭受纽约或费城的严厉监禁。因为事实上，对这种性格的人来说，死亡的风险并没有艰苦的囚禁那么可怕。

毫无疑问，这些制度的设立能够成功，很大程度上是因为创始人和检查员的开明热情。而能够长久存在的原因则在于所确立的清醒与勤奋，以及对良好行为发放的奖励。

这一规定为确保人们清醒，禁止饮用烈性酒，发酵酒也是不 367
允许饮用的，即使是一小杯啤酒也不行。人们发现，保证戒断比保证适度更容易。经验证明，烈性酒的刺激作用是短暂的，充足而简单的营养，加上水作为唯一的饮用品，就能使人继续从事劳动。许多因纵欲和酗酒而变得虚弱的人进入纽约监狱里，在这种制度下，很快就恢复了健康和活力。

德利安科特公爵和特恩布尔上尉记录了更精确的细节。我们从他们那里了解到，自采用这一制度以来，每年超过 1200 美元的药品费用已降至 160 美元。这一事实更有力地证明了这座监狱的健康运转。

在这篇论述中，我省略了许多有利的情况，但并没有隐瞒任何不利的情况，这足以说明监狱制度比流放制度更具优越性。如果结果在美国如此有利，为什么在英国就不那么有利呢？人的本性是一致的。罪犯在一个地方并不比在另一个地方更棘手，可以采用的动机一样强大。《圆形监狱》的作者提出的新计划对美国制度进行了合理的改进，检查更全面、教导更详尽、逃跑更困难；各方面的关注都增加了；通过牢房和阶级的方式分配囚犯，避免
368 了在费城监狱中存在的不便的联系。但比一切更有价值的是在圆形监狱制度中，典狱长的责任以此种方式与其个人利益紧密联系，他只有敢为人先，才能做到不忽视自己的任一职责，他对囚犯所做的一切都是对他有利的。宗教和人性激励着美国监狱的缔造者们：当慷慨的原则与名誉还有财富的利益相结合时，它们的力量会被削弱吗？每一个公共机构的两大安全保障，即政治家唯一可以经常依赖的、运作不会松懈的、始终符合美德的安全保障，可以发挥其作用，甚至在需要时取代它。

第四章　重罪 369

“重罪”（felony）这个词的含义似乎经历了各种不同的演变。起初，它似乎只是被模糊地用于一种非常广泛的犯罪行为模式，或者更确切地说，是用于一般的罪行。当时的法律除了违反政治约定之外，几乎不知道还有任何其他可以根据固定规则判定的罪行，而且当时所有的政治约定都包含在封建制度的义务中。按照封建制度的原则，一切为臣民所有、被视作财产和权力永久来源的东西都被看作是一种恩赐，通过接受恩赐，受让者订立了一项松散且不确定的约定，这种约定的性质从来没有准确的解释，但被理解为这样的意思：受赠者应向馈赠者提供某些规定的服务，而且一般来说，（受赠者）应避免做任何有损于馈赠者利益的事。这是一种服从原则，其性质是道德的而非政治的，在被征服国家的第一次分裂中，正是这种服从原则把不同阶层的人彼此联系在一起，无论他们以什么名字区分，比如男爵和王子、骑士和男爵、农民和骑士。如果受赠者没有做到上述任何一点，如果他有任何一步偏离了为他描画的路线，而这一路线是他当时唯一的职责，370
那么他就不再是他的恩人认同的人了，捐赠也就到此为止了。他失去了他的封地，失去了他政治上重要性的唯一来源，也失去了所有值得为之而活的东西。他被置于无名无势、人身和不稳定的财产都听凭供养他们的人随意处置的贫苦仆人之中。在人们的想象中，这样的灾难是如此引人注目、令人印象深刻，以至于随着时间的推移，死刑在不同的案件中被附加到（其他惩罚）之中时，它只是以一种附属品的形式出现。[①] 死刑是因习俗而来，而不是由任何固定和建设性的制度形成的。它似乎是下级无能的自然结果，无关任何社会公共意志的规律努力。

这似乎是封建政体初期的时代特征，但事情不可能长期处于如此不稳定的状态。然而，正是在这样的时代，我们要寻找一个词的起源，在现存的最早的封建法律记录中可以看到它有时是一种罪行的名称，有时则是指一种惩罚。

一些词源学家为了显示他们懂希腊语，就从希腊语中引申出来这个词。如果他们碰巧了解阿拉伯语，他们就会从阿拉伯语中引申出来。爱德华·柯克爵士（Sir Edward Coke）对希腊语一无所
371 知，但学过一点拉丁语，他不失时机地展示了这一点：他从"fel"（拉丁语，胆汁）引申出"重罪"一词。斯佩尔曼（Spelman）敏锐地察觉到一个古老的北方词汇的起源应该在一种古老的北方语言中寻找，于是他摈弃了希腊语和拉丁语，提出了各种各样的词源。根据其中一种词源，"重罪"一词源于两个词：一个是"fee"，这个词在古代盎格鲁-撒克逊语中有，在现代英语中也有，它有财产或金钱的意思；另一个是"lon"，他提到这个词在现代德语中是指价格。因此，"fee"和"lon"是世袭地产权或封地的价值。《英国法释义》的作者采用了这一词源，并通过观察证明这是合理

① 参见布莱克斯通：《英国法释义》，第95页。

的，有一句俗语：行为与生命或财产等价。但是“重罪”一词，在混合拉丁语中是“felonia”，这是一个含有行动的意思的词。因此，我更倾向于它是从某个动词而不是从两个名词性实词中引申出来的，因为两个实词放在一起，即便是以最适当的方式变格，也没有任何这样的含义。

动词“跌倒”（fall）和“失败”（fail）的词源可能相同。显而易见，通过形而上学的延伸，众所周知，它已经有了“冒犯”的含义。法语中采用了同样的词，可能在其他语言中也是一样。[①]

在盎格鲁-撒克逊语中，有“feallan”一词，[②]明显是现在使用的一个英语单词的词根。在德语中，有与“faellen”一词具有相同 372
含义的词。因此，斯佩尔曼的这一推导似乎是最合理的。关于重罪这个词的起源就说这么多吧，它从何而来并不重要，因为它已经消失了。

随着封建政体原本严格的要求被放宽，封地变成了永久的并且可以继承，轻微的小罪中恢复封地的情况也自然越来越少。一个封臣可能会犯下不属于重罪的罪行。另一方面，人们也发现，对于许多罪行，仅仅处以不能恢复封地的惩罚并不足够。因为一个人可能持有许多不同人的封地。于是君主代表他自己和整个社会提出要求，并对封臣并不反感的罪行进行严厉惩罚。通过这

① 我们说他倒下了，就像他偏离了职责一样：他失去了忠诚。人的原罪叫做人的堕落。克莱伦登勋爵说，在某个地方，他失职了，失去了所有以前的朋友。福音说，站着的人要谨慎，免得跌倒。在教会法学中，异端复发者是指曾经被判犯有异端罪，但第二次又犯下同样罪行的人。

② 只不过是不定式语气的共同终结。

样的方式，对于不同的罪行实施的罚款和肉刑，都在不同程度上被其他惩罚代替，在某些情况下甚至死刑也是如此。对其他一些罪行，除最初几乎对所有罪行都适用的无差别的惩罚外，还要依据实在法加以补充。这些惩罚仍与所有那些以“最高程度的身体刑”，即“死刑”为标志的罪行密不可分：部分是为了让领主有机会使自己摆脱一个被世袭污点玷污的封臣血统；部分是为了彻底摧毁罪犯的政治身份和自然存在。没收刑，作为最初的刑罚，仍
373 然继续赋予其复合惩罚的名称，不过现在它只构成这些惩罚的一部分。“重罪”这个词现在用来表示一种惩罚，即各种复合惩罚方式，而其中的简单惩罚方式是施加于古代封臣可能实施的每一种罪行的主要组成部分。

在历史的这一时期，当上述所说是其含义时，“重罪”一词属于诺曼征服者输入该国的诺曼法律体系的一部分，因为撒克逊人并没有使用过它的痕迹。在这一时期，它只施加于少数性质最恶劣的罪行，性质上，重罪最适合用来打击粗鲁和浅薄的人的想象力，而这些也并不十分复杂。重罪包括盗窃、抢劫、纵火，或利用武装部队对一个国家的全貌造成破坏。它还包括谋杀，这些事项的自然结果或支配他们的敌对精神都包含在其中。在这个时候，“重罪”这个词的含义既不是某种惩罚的名称，也不是某种罪行的名称，其范围非常广泛。而法学家以各种微妙的方式，继续增加惩罚（种类）的数量，却仍然沿用这一名称。与此同时，立法者们迫于各种紧急情况，继续在罪名清单上增加罪行，以重罪之名进行惩罚，直到最后它不再是一种惩罚的名称，而是一堆难以理解的惩罚的总称。它也不是指一种罪行，而是不胜枚举的各种罪

行。倘若你现在告诉我，一个人犯了重罪，我丝毫不知道他犯了什么罪，我能从中知道的只是他将遭受什么样的痛苦。他可能对 374
个人、邻里或政府犯下了某种罪行。按照正常进展，除了纯粹偶然的惩罚和可变的惩罚，这种罪行可归于任一类别的犯罪，并且几乎是每一类别中每一层级的犯罪。罪犯们都挤在一个罪名下，不加辨别，施行不相称的惩罚，因此有很多惩罚都是徒劳的。

重罪被视为一种复杂的惩罚方式，它目前分为两类：一类名为非神职人员特权的重罪，或简称为无神职人员的重罪，或者由于死刑是其惩罚方式之一，因此称之为死刑重罪；另一种是神职人员特权的重罪，或称神职人员范围内的重罪。第一类重罪可能更严重；后一类重罪较轻。还有其他惩罚，就量和程度上来说，它们相较于（两者中的）一种对另一种的惩罚更相似——这就是盲目实践带来的混乱，以及这种实践的结果，即一个不当且不易理解的命名。

各种不同的刑罚最初是如何被冠以相同的一般名称的，进而又是如何被冠以不同的特殊名称从而显得粗野又毫无意义的，我们将在分析和揭示更严重的重罪所包含的内容后进一步解释，其他重罪只是从主要根源分离出来的分支。

神职人员特权的历史

基督教在这个国家站稳脚跟前，就已经产生了人类团体，他们主张要在极大程度上无限期地分担那遥远而又无穷尽的痛苦与 375
快乐，这是该宗教的主要任务之一。这一主张逐渐被默许，赋予了他们权力。因为，除了以某种方式或其他方式为人们的幸福或痛苦做出贡献的能力，还有什么是能凌驾于人的力量呢？随着他们获得这种力量程度的增加，他们就会竭力将其转变为（正如人类的本性是努力转换一切权力）促进自身利益的手段。首先是他们自己团体的利益，这是一种私人利益，而不是整个社会的公共利益；其次是这个团体下的个体。在这种掠夺性制度下，可能少数人有判别力。但更多的人可能是在真诚的信仰之下才采取行动的，他们认为自己的团体高于其他人，对整个社会都是有益的。在实现这些目标的过程中，这一权力会自然地寻求压制，并逐步推翻政治权力，就像其他任何反对它的权力一样。无数人抱着同一个目的参与了这些行动，表面上看起来这些行动都是为了征服平信徒而协同进行的，仿佛一个正式计划提出后得到了全体神职人员的一致拥护。然而，事实上，从来没有计划能协商一致并公开宣布，因为实际上根本不需要这样的计划。实现手段是显而易见的，目的是一样的，不用担心有冲突。每一位继任者都会接过前任停止的工作，在利益的驱使下和机会允许的范围内继续行动。

376 这个全体计划虽不是协商一致的结果，但它比共同协商出来的要更可靠的是，通过长期、离奇的因果关系而提出的一些豁免，这些豁免是把重罪的惩罚分解为现存的两种惩罚手段。

这些受偏爱的普通人因假装与神有更直接的交往而受到尊敬，并且他们因一直管理着人类最重要的、实际上也是唯一重要的事务而理所当然地被视为是神圣的。这个词的意义是宽泛的，因此也有更方便的表示，从根本上说，无非是它所属的主体是否被视为一个遥远而令人恐惧的对象。因此，他们不应受世俗的看法所评判，不应受到世俗之口的审判，也不应让世俗之手以任何让他们不愉快的方式触碰他们。进行这种神秘交往的地方吸收了这种神秘性质的精髓。当石头以某种形式组合在一起时也变得神圣起来，而在这些石头周围一定距离内的土地也变得神圣起来。庇护的特权也因此产生了。简而言之，整个物质世界和知识世界分为了神圣和世俗两部分，其中神圣的部分要么由自身构成，要么受其力量支配，而其余的人就缺乏这些宝贵的特权，并且如名所示，这些部分还沾染了耻辱的标记。

我快速地回顾了他们声称要免受世俗司法审判的进展，读者会发现威廉·布莱克斯通爵士在《英国法释义》一书中也进行了巧妙而典雅的描述。

至于被称为重罪的原因，这是我们目前唯一必须解决的。因 377
此，我们只考虑这些原因，至于个人，人们可以假设，他最初被认为是属于他们自己团体中的人，逐渐地，对于他们认为适合这一特定目的的人，他们会承认其属于该团体。渐渐地，世俗的法官们的耐心到了极点，再难保持了，他们似乎被激怒了，普遍反对那些已经膨胀到以某种方式吞噬了整个规则的例外情况出现。这突然而又暴力的改革看起来是一种滥权，（于是）神职人员在立法机关中有足够的影响力来促成一项法令（爱德华三世二十五年，第 3.4 章）来制止它。该法令规定，从今往后，凡涉及国王本人或国王陛下外的其他人的叛国或重罪而要在世俗法官面前审判的神职人员，无论他是世俗的还是宗教的，都应自由地享有神圣教会的特权，并应在免受弹劾[①] 和没有延误的情况下交付给管理他们的

① 应该是“阻碍”，法语原文为 empeschement。

教区长。[1]

人们本应想到，这项法令一方面要足够明确，以确保所有从事神职的人都能获得豁免；另一方面，也要将所有不具备该资格的人排除在外。要证明一个人有资格获得豁免，最明显也是唯一确凿的证据就是圣职授予的任命文书。但是，以神职人员的普遍
378 名称组成的不同级别的很多人也便或多或少地具有了神圣的性质。其中一些人似乎在没有任何书面任命文书的情况下就可以上任。无论这个漏洞是故意延续以采用较宽松的证明方法的，还是偶然的，教士们都有办法不用出示书面证据。在这种情况下，他们有办法说服法院接受另一种标准，这种标准虽然在今天看来很荒谬，但在当时并不完全是不合格的。他们说，或者可能说："书面指令可能是伪造的，也可能是为特定目的而编造的；但是为了证明这个人真的属于我们的神圣宗教团体，你必须有一个既不能伪造也不能编造的证据。他应该像我们那样阅读（拉丁文的圣经巨作）。"阅读的书起初可能是一本拉丁文书，《圣经》或其他在教堂礼拜中使用的书。那些巨作，除了神职人员以外，很少有能读懂的，懂拉丁语的就更少了。如果法官们碰巧看穿了这种欺骗行为，也许在某些情况下，他们会毫无懊悔地纵容这个（通过欺骗手段）拥有如此稀有和宝贵资格的人。但是书很容易被换掉，一个人很容易得到指导，死记硬背下某本书的一小部分。随着社会走向成熟，学习变得越来越普及。因此，在亨利七世时代，人们发现平信徒也能像神职人员一样获得教会特权，对此我们就不必奇怪了。我

① 指主教或其他教会的上级。

应该假设更多，因为在最糟糕的时候，教会的职能中有一些东西 379
会使他们比其他相同等级和财富的人在公开和明显的犯罪行为中少承担责任。因此，制定的一项法规（亨利七世四年，第13章）对这种滥用行为采取了补救措施。人们会怎么想呢？迫使那些获得神职人员特权的人拿出他们的任命文书？并不是这样的，但是规定，要求获得神职人员特权但并非该宗教团体的人，不可多次行使该权利。所有曾经被允许获得这项权利的人都应该有一个标记，据此就可以知道他们的情况。真正的神职人员，即可以拿出任命文书的神职人员，根据法规的明确规定，有资格根据需要随时援引这种仍然拥有的特权。

当一个重罪犯被允许获得神职人员特权时，他并没有被完全释放，而是转交教区长。最重要的一点是，如果我们可以相信承认自己并非公正无私的见证人的世俗法官来证明此人的清白，这种行为往往会有损世俗法庭的信誉。证明他无罪这件事被称为他的洗罪（purgation）。如果洗罪不可行，他就会被送去赎罪，也就是说，接受教区长认为应对他实施的身体刑，我们可想而知，这种身体刑不会很严厉。就这样，神职人员想方设法把最顽固的灵魂也束缚在他们统治的枷锁之下，诚实而易受骗的人因恐惧而轻信。虽然难以置信，放荡不羁的人也会被他们不过是谎言的希望所束缚。

然而，这种情况并不罕见，这往往使得这样的情况发生：一旦一个人落入神职人员手中，他几乎总是能经过洗罪并被证明是
无辜的，这似乎是世俗法官认为理所当然的事。因此，当他们强 380
调要让罪犯受到与承认的罪行相匹配的一系列惩罚时（死亡除外，

这对他们来说过于沉重），除了坚持不让罪犯洗罪之外，他们别无他法。除监禁外，这些惩罚包括没收财产和剥夺公民权利，与教会上级无关的惩罚完全由世俗法官执行。人们应该认为，在后者中，由世俗法官执行他自己的司法程序比起限制教会法官行使公认属于他的司法程序来说，是一种更不明显的权力扩张。但是，在那些未开化的时代里，期望有任何类似的一致性就太过了。世俗法官和教会法官之间的较量是一场不合常规的争夺，其结果根据个人的脾气和当时的环境而不断变化。

到伊丽莎白女王时代，人们普遍认为洗罪就是无罪释放，[①] 而它原本是表示审判。事实确实如此，根据当时的法令（伊丽莎白
381 一世十八年，第 7 章），废除了洗罪，立法机构不再提出审判，而是确定惩罚。得到神职人员特权的人不再是交付给教区长进行洗罪，而是在被烫伤双手后，立即放出监狱。除非世俗法官认为应该判处他们监禁，这是他第一次有权判处不超过一年的监禁。

到这里人们会问，在处以罚金、没收、血统玷污和剥夺公民

① 观察精神法官和肉体法官之间的持续斗争，就足够有趣了，正如斯坦福德《神职人员》中所描述的那样。这似乎是一场持续不断的蛙跳比赛，有时精神最重要，有时肉体最重要。

然而，一个人并非总是受到如此友好的对待：根据他碰巧得到教会的支持，他表现得更好或更差。如果他们碰巧不喜欢他，尽管他在被交付给他们时没有受到审判，他们不会接受他的洗罪，但会让他在没有审判的情况下处于艰难的禁锢之中。当时，临时法院有义务将他们送上法庭审判。如果他是最受欢迎的人，尽管他被判有罪，但没有哪个客人能比他更受欢迎了：他们过去常常把他挤到两头。一位好的大主教承认，在议会的推动下，他制定了一项法令来补救这一危害，并指定，在某些情况下，他们应按照他规定的方式节食。一直以来，对世俗法官的评价要比对犯罪分子的评价糟糕得多，因为犯罪分子受到了朋友们的欢迎。

权利方面做了什么？答案是，什么都没有——它们从未被考虑过。然而，通过这样或那样的方式，它们现在已经结束了。无论是那时还是在那以后，立法者都没有提过这个问题。但是法官从这种沉默中引出了一个论点，他打开思路，解释这些问题并不存在。

这一大胆的解释进一步证明了洗罪的观念与无罪释放的观念十分一致。当一个人被允许进行洗罪时，他就已经被宣告无罪了。382
通过这种方式，他被免除了这些罚款。现在既然立法机构已经规定在获得自由的情况下，罪犯可以受到轻微的惩罚，但这并不是理所当然的，而是只有在法官认为合适的情况下才会主动下令。法官说，我们不能认为这意味着要让他受到一系列比他罪名所定的那些惩罚更严厉的惩罚。因此除了这些以外，凡是用来代替无罪释放的，我们都要将其视为赦免。通过这一连串的推理，他们掌握了“赦免”一词，并继续以非常荒谬的方式将其用于其他目的。但正如我们已经有机会观察到的那样，其产生了有益的效果。

人们可以想到，由于他被宣告无罪，接着，因为他被赦免，所以他没有受到任何伤害（前面提到的除外），所有金钱上的惩罚都结束了，无论是没收性的还是其他的。然而，事实并非如此。一个人在当时和现在都受到没收其个人财产处罚的影响。这方面的原因具有真正的法律性质，并且具有古代法学的全部特征。不动产在判决前不得没收，个人财产在没有任何分歧理由的情况下应在判决前没收，也就是说，（应当）在定罪之后。而自亨利六世以来，就不允许一个人在定罪后援引他的神职人员特权。现在，如果有人以他的神职人员身份为借口，那么无论他有多少财产，都会落入国王之手。在这种情况下，在你有神职人员特权之后，

383 你就无罪了，或者说，同样的事情，你被宽恕了。所有的一切都是真实的。但你听说你的财物已落入国王之手，而当国王拿了一个人的钱时，不管对其有没有所有权，他都不忍舍弃，这是他的国王本性。因为国王不为非，而法律又是理性的典范，（所以）为了清楚地说明这一切，请仔细看，王室的手指有一种与电相关的功效，它能吸引轻的物质，如别人的动产以及所谓的动产。此外，他们的手指还有一定的黏性或黏性的特征，当财物到他们手中就会被扣留。

在神职人员特权的重罪案件中，没收个人财产的理由仍然存在。

这一法令给神职人员滥用审判权的行为画上了句号。虽然仍存在更加滥用豁免的情况，但由于大量平信徒的参与，它（豁免）发生了巨大的变化，效力减弱，它最开始的庄重和价值几乎完全被抹杀。当他们注意它时，它原本是一个对他人拥有无限统治权的工具，而现在只能算是一种聊胜于无的保护，而不再是他们独有的保护。

最后，安妮女王的法令出台了（安妮五年，第6章），它使所有人都能得到神职人员的特权，无论他们是否能阅读（拉丁文的圣经巨作）。这一条，连同前一个统治时期已经给所有女性带来了同样好处的法令（威廉三世 & 玛丽二世三 & 四年，第9章），也给这个措辞带来了全新的含义。从文字上看，这个法令认可并扩大了滥用特权，而事实上，它废除了滥用特权。它使文盲与识字
384 者处于同一地位，同时它还规定，对于其所涉及的罪行，两类人都应受到同样的惩罚，不是受到非特权阶层以前所受到的惩罚，

而是特权阶层以前所受到的惩罚。

从那时起，允许神职人员的特权适用于所有的罪行，这意味着用以前惩罚识字者的方式来惩罚所有犯下该罪行的人。它是以某种特定方式惩罚所有犯下这种罪行的人。剥夺这一特权就是以某种更严厉的方式惩罚所有犯下这一罪行的人。实行它和摈弃它之间的区别现在是重罚和轻罚之间的区别，而以前的区别在于允不允许一种压迫性和不合理的豁免。

但是，这些错综复杂的操作还造成了各种危害，这些危害到目前为止还没有通过任何手段得到弥补，只有彻底修改刑法才能彻底消除。如此黑暗的面纱，如此诡辩似蛛网之作，覆在刑法的脸上，除非破除万难，而且永远有造成危害的风险，否则它的轮廓很难示众。

关于由此产生的危害和混乱，我举一个例子可能就够了。

在亨利八世（亨利八世二十八年，第 15 章）的法令中，由于立法机关奇怪的反复无常，神职人员特权从任何发生在公海的罪
行中被剥夺。他还不如说，（剥夺）某个郡或头发是某种颜色的人 385
（的特权）。就其作为权宜之计而言，人们不知如何看待这一法令。从法律制度的其他部分来看，它是合理的，因为它有助于废除不合理的区别对待。但以同样的观点考虑，它又是不合理的，因为它只废除了一部分，而且就其基础而言，把它建立在一种与罪行的危害性完全无关的情况上是不合理的。就法令本身而言，这也是不合理的，因为它倾向于对许多罪行判处死刑，而对许多人来说，较轻的惩罚可能就足够了。

然而，事实上，立法机关的意思非常清楚，其意思是，任何

人在公海上犯下任一种重罪，无论是享有特权的人还是其他人，无一例外，都不可免受死刑等，如果不是都处以死刑，而是一些人是死刑，其他人受到更轻的惩罚。谁能想象这种法令的效果如何？其结果是，这些享有特权的人非但没有受到死刑，反而没有受到任何惩罚。是的，绝对没有惩罚，甚至连他们以前受到的轻微惩罚也没有。现在的情况是，如果一个人被立法机关错误的法令所纵容，那么所有人都是有特权的。所以，现在，凡是被认为在公海犯下神职人员重罪的人都是不受惩罚的。这种情况本身并
386 不理想，但造成这种局面的手段却更加糟糕。当一个人被指控在司法管辖范围内犯有神职人员特权的重罪时，（即使）他的罪行已被清楚地证明，法官的一贯做法也是指示陪审团宣告他无罪。[①] 以这种方式证明此人有罪，以至于无人对此产生怀疑。没关系，法官指示陪审团在宣誓时宣布他无罪。

我们上面已经提到过，在教会法庭，一切安排得如此井井有条，根据《英国法释义》的作者的说法，“重罪的神职人员”不是经常被判无罪，而是“几乎经常”被判无罪。我恳请读者阅读这位博学的作者写的这本书，并观察他选择用何种有力的措辞［一部分是他自己的，一部分是采纳霍巴特（Hobart）法官针对同一主题说的话］来探讨这种不合理的做法。“大量伪证和教唆伪证的复杂化难题、严肃的闹剧、模拟审判、善良的主教、邪恶的场景、对誓词和司法形式的可耻滥用、枉然和不虔诚的仪式、最为令人唾弃的伪证。”[②] 这些都是他使用的术语，读者可以自行加以应用。

---

① 参见布莱克斯通：《英国法释义》，第 28 条注释。（Foster, 288. Moor, 756.）

② 参见布莱克斯通：《英国法释义》。

非神职人员特权重罪

关于非神职人员特权重罪，我将先说明这种惩罚模式的构成部分。

非神职人员特权重罪所包含的惩罚中，我们首先必须区分对适当对象施加的惩罚——对个人的惩罚；其次，对无辜者的惩罚，即对（犯罪者以外的）他人施加的惩罚。 387

对个人的惩罚包括以下内容：

1. 货物和动产的全部没收，无论是在没收时所持有的还是在周转的。这是一种广泛的金钱惩罚，定罪后立马执行，即在一个人被认定有罪时而不用等判决，也就是说不用等对其进行宣判就执行。

2. 没收土地和房产。这也是一种广泛的金钱惩罚。它在判决后才会执行。这项和其他项的没收囊括了一个人的全部财产，无论是在没收时所持有的还是在周转的。如果他没有因为此没收而失去某一财产，也会因为被没收而失去这一财产。

3. 监禁的肉体惩罚，直至对他执行最终惩罚。监禁时长部分取决于法官，部分取决于国王。

4. 无法提起任何形式的诉讼。只有在判决和实施最终惩罚相隔很长时间时（有时会发生这种情况），才进行这种惩罚。

5. 死刑，即简单的绞刑。由于这种刑罚通常会迅速结束其他刑罚，因此乍一看，选择其他刑罚可能毫无用处，但事实并非如此。因为根据国王的意愿，死刑可以缓刑，缓期时间不限，而且 388
在一些情况下，实际上是缓刑了很多年才被执行。[①]

---

① 沃尔特·罗利爵士（Sir Walter Raleigh）脖子上系着缰绳被关押了多年：他接到了远征的命令，去了美国，在那里他对西班牙人进行了海盗袭击；回来后，最终还是因原罪被处以绞刑。

对个人的惩罚就谈到这里。对（犯罪者以外的）他人的惩罚包括以下内容。其中一些是关系上可以转移的判例，另一些只是随机惩罚的例子。

1. 罪犯的一般继承人，即他的亲属中紧挨着他的一个或几个亲属，也就是在不动产继承的先后顺序上紧挨着他的人，没收他所享有的任何财产，而这些财产，如没有他的明确指定，本来是继承人有权享有的。这是血统玷污学说所致。这也是一种即时没收：这是对继承人的一种广泛的金钱惩罚。它可能相当于没收其继承人本可拥有的全部或部分不动产，也可能相当于根本没有没收。如果罪犯在犯罪之前，已经将他所拥有的全部或部分财产指定给了他的法定继承人，那么继承人的财产就不会被没收。

2. 如前所述，罪犯的继承人无望继承他必须通过罪犯取得所有权的所有不动产，因为按照血缘顺序，排在他前面的人的财产最后被依法占有了。这是一种可能性比较小，要视情况而定的没
389 收。另一种也是广泛的金钱惩罚。不过这种情况的不确定性比前一种情况还要大。

3. 罪犯的任何债权人对其债务有不动产担保的，如果犯罪发生后才担保，则没收该担保。这是一种固定的金钱惩罚。无法确定谁会受到这种惩罚，但是一旦确定受罚者，这个惩罚一定会执行。

4. 任何可能已经购买了罪犯任意不动产的人，如果是在罪犯犯罪之后购买的，将没收该财产。这也是一种固定的金钱惩罚。不能确定是否会有人受到这种惩罚，因为不确定是否有这样的人，

但如果有这样的人，那么这种惩罚是不可避免的。

5. 任何租用罪犯的土地或房屋的人，有义务再向被没收财产的所有者缴纳费用，无论他们在犯罪发生时已经向罪犯支付了多少。

最后这四类人是因“追溯效力”原则而受罚。而一些法律观念主张受罚的应该是罪犯，因为没收的时间与违法行为的时间有关。就好比要一个人自愿放弃他已经放弃的东西，这对他来说又是一种新的痛苦。通俗地说，受到惩罚的是租户、购买者和债权人这些人，丧失财产的是他们，而不是罪犯。

同样，由于没收了罪犯所谓的个人财产，以下人将会遭受损失： 390

1. 罪犯的妻子：被剥夺根据罪犯的遗嘱或分配法她本应享有的一切。

2. 罪犯的孩子或其他近亲：失去了以同样的方式他们可能有权获得的东西。

3. 罪犯的债权人：失去对他个人财产的所有债权。由于没收了财产，再加上罪犯不动产的情况，他的所有债权人都被骗了。只有那些有幸在犯罪前获得了不动产担保的人除外。

现在我们来谈谈神职人员特权重罪。在这个罪名下所包含的大量惩罚，其种类和严重程度都要小得多。

在对个人的惩罚中，它只包括其他种类的重罪中的第一和第三种。

在第五种，也是最后一种惩罚（即死刑）中，会施行一种，或者说当然会施行，我的意思是，据说会在手上做标记（亨利七世四年，第 13 章）。除了前面的惩罚，还有其他惩罚可供选择，由法官酌情决定，可以与前三种惩罚一起施行，也可以各种惩罚分开施行。

这种刺字惩罚，现在已经成为一场闹剧。它应该是罪犯被定罪后立即在公开的法庭上实施的，以免受到其他重罪的惩罚。如果是女人，就以成文法申辩；如果是男人，就要郑重其事地谎称
391 自己是一个神职人员。根据法令，要给罪犯打上字母 T 的标记，如果是谋杀罪则是 M。在当时，谋杀罪还没有从神职人员特权中剔除。不过后来神职人员特权不适用于谋杀罪了，所有的罪犯都要打上 T 的标记。这个标记要刻在左手拇指上，所以如果一个人碰巧失去了左手拇指，他就根本无法被标记；或者，如果后来他选择切掉左手拇指，也能阻止这只手指达到它本来要达到的目的，即把他与其他人区分开来。

最初使用的工具是一块加热了的熨斗，上面印有与要标记的字母相同的形状。对于当时的法官来说，这是唯一可以在人的皮肤上留下不可磨灭的印记的办法。现在的做法是使用铁器，但它总是冷的。这就是所谓的用冷铁烫，也就是用不烫的铁器烫，结果是根本没有留下任何标记。法官主持了这场庄严的闹剧，没有人抱怨，很多人赞同。因为这是温和的、符合人道的：的确，它避开了法律，甚至把法律变成了笑柄。但法官不用再受煎熬去听某个人因为自己的肉被烫得通红而哭喊。也许有人会问，为什么法官们不提议让法律与实践相一致呢？关于这一点我无法说明。

最先无视该法令的法官犯了非法行使权力的罪行。这个有胆量执行该罪行的人，现在可以在不使罪犯受到任何难耐的痛苦的

情况下而打上规定的标记。①

在所有神职人员特权重罪的案件中，法官可酌情决定是否加 392
重我们所看到的其他惩罚，即监禁和流放。

对于第二次犯神职人员特权的重罪的人处以死刑（亨利七世四年，第13章）。

只有神职人员被豁免，②贵族不被豁免，妇女也明显受其约束。神职人员可以继续偷窃，而其他人却因此被绞死，这当然是神职人员的殊荣。

为什么一个犯过罪受过罚的人再犯同样的罪时，要比一般情况下受到更多的惩罚，或者受到比犯类似罪过更重的惩罚。这其中不说有一个确凿无疑的原因，也至少有一个显而易见的原因。但是，为什么当一个人受到某种方式的惩罚后，又犯了与第一次完全不同的罪行时，由于对第二次罪行的惩罚恰好与第一次的相同，因此第二次罪行的惩罚被变为完全不同且更严重的惩罚？我认为这一点是不容易说清楚的。难道是因为在此人身上施加的第一种惩罚方式已经尝试过了，就严厉程度而言，在其之上的第二种惩罚方式就是死刑吗？不能这么简单解释，因为蔑视王权罪比
神职人员特权重罪所受的刑罚要重得多。我提到的这一点是不可 393
能解释的，而非难以解释，因为用早期时代的眼光来看，这就是

① 法令规定，对罪犯进行“标记”：标记方式完全由法官决定。《英国法释义》的作者提到“用热熨斗烧焦”。这明显表明他从未阅读过该法令，因为这条法令非常简短，对于燃烧或热熨斗只字未提。

② By 4 Henry VIIth, c. 13, repealed in effect quo ad hoc, by 28 Henry VIIth, c. 1, and 32 Henry VIIIth, c. 3 : and revived in effect quo ad hoc by 1 Edward VIth c. 12. p. 10.

所能期望的最好的方式。

有一样东西是犯了神职人员特权重罪的罪犯不会丧失的，而其他罪犯即使犯了最轻的罪也会丧失——那就是名声。我指的是负面名声的特殊部分，即人们不认为一个人犯了这种罪行。在神职人员特权重罪中，这部分名声在法律权力范畴内通过野蛮的暴力来抵抗最合理和最有益的力量，以保护一个犯罪分子。如果一个人偷了 12 便士，并被判定有罪，说他是小偷，人们也是欣然接受的。但如果他只偷了 11.5 便士并被定罪，作为重罪犯受到惩罚，这时你称他为小偷，法律会惩罚你。这点已经被庄严宣判了。

我说的是被判定为重罪犯并受到惩罚，因为如果他没有被定罪，根据口头诽谤案件的一般规则，如果你能证明他是重罪犯，你可以这样称呼他。但是当法律通过庄严、儆戒性行为将此事弄清楚时，你就不能这样说了。有人猜想过其中的原因吗？这是因为法令允许神职人员特权作为一种赦免来运作。它有种把已经做过的事情变得不复存在的功效，由此可见，有人认为，一个人不能把已经因此罪受罚的另一个人称为小偷（是说他们现在是小偷），就像说他得了一种不体面的疾病，而其实他现在已经治愈了。[①]

394 不过，尽管有上一条规则，还有更具理性色彩的说法："对无知者不必也不能使用诽谤性的语言"，被赦免的重罪犯被一个不知道他被赦免的人逮捕，这时的逮捕可能是正当的，因为这是为了"促进正义。然而，也不能称他（被赦免的重罪犯）为小偷，因为

① Hobart 81.

这既无必要，也不是进步，更无益于正义”。说这句话的人不知道也不想知道道德约束的力量有多强大，其影响有多么有益，它对支持的贡献有多大。在许多重要的情况下，它都有助于控制反复无常的政治，弥补其缺陷。或许就像爱德华·柯克爵士（所说的）：一个人从原则上讲是政治自由的坚定敌人，但有时也会因坏脾气而成为政治自由反复无常的朋友。在他最喜欢的案件——诽谤名人中，他竭尽所能摧毁所有其他自由的保障，即新闻自由，禁止所有对公共行为的批评，不让历史发声。在他诅咒范围内进行的竞争与最易嫉妒的罗马皇帝的挥霍不相上下。

395 # 第五章　蔑视王权罪

蔑视王权罪[①]的惩罚由“不再受到国王的保护”“没收土地、房屋、货物和动产”构成，但英国法律的不确定性也因此体现出来，有些人补充了上述内容，认为还包括在国王享乐期间施加监禁，还有一些人认为是终身监禁。爱德华·柯克爵士支持加上信誉损失，他还主张加上听力的损失，但我没有发现有其他人接受了这种奇妙的想法。

这种惩罚所适用的罪行，与任何可以想象的罪行一样多种多样。它最初适用于反政府的罪行，从那以后，除了许多其他反政府的罪行外，它还适用于各种侵犯财产、侵犯个人人身自由和妨害贸易的罪行！[②]

396 在如此多类的法律中，立法机关竟不使用那些众所周知的和普通的惩罚名称，反而要设计一个新的、未能表达原意的名称，

---

① 这个词，从一无所有的名字开始，首先成为令状的名字，然后成为惩罚的名字，从那里，自然而然地成为一种罪行的名字：也就是说，尽可能多的罪行都可以通过这种惩罚来惩处。

② 在布莱克斯通的《英国法释义》中可以看到这些罪行的列表。法律在任何问题上的确定性是如此之难，以至于尽管这种惩罚是在摄政时期通过的，即《乔治三世第五号法案》第27章，该法案是在《释义》第四卷出版多年前通过的，但这部法案并未列入那个列表中。

甚至如果不仔细检查一大堆混乱的法国旧法规，就难以确定（其原因）。这个名称没有任何优势，在简洁方面也没有，因为在其中一个最简洁地描述它的法令中，我发现这种粗略的描述所占用的词语比简单的描述所占用的词语更多。它在精确方面也没有显示出任何优势，因为这个词语没有任何意义，只是参照了旧法令的词语，然而也不可能比这些旧法令的词语更精确。

我能找到的唯一理由是：因为它是一个拉丁词语，也许在这个概念的基础上，由于它比大多数其他惩罚的名字更难理解，看上去也就更骇人。

如果这就是设计意图，那么它在某种程度上已经得到了回答——蔑视王权罪的名字的确很可怕。它变成了一种甚至在最底层的暴徒中也以堕落形态存在的怪物。它被用作“困境”的同义词，最后提到的那类人对特定类型困境的概念，并不比那些通过庄严的立法行为把其他人卷入其中的人有更清楚的认识。

第六章　逐出法外

397 在实践中被称为逐出法外的惩罚由以下部分构成：

1. 无法参与与法庭相关的事务，可称之为简单的逐出法外。

2. 没收个人财产。

3. 没收不动产的增值利润。

4. 监禁及其他。

这是对逃避法律制裁的所有情况的罪行所施加的惩罚，但主要罪行的惩罚构成重罪的情况除外，因为在这种情况下，宣布一个人将被处以逐出法外刑罚，就像他被判定犯有主要罪行一样。

由于潜逃罪是一种长期犯罪，对其适用的惩罚应该是一种长期的惩罚，例如在犯罪停止时终止的惩罚，只能作为一种强制手段发挥作用。所有这些惩罚都可以被设计成这样，但从表面上来看，没有一个惩罚具备这种特征。最初没有一个是这样的。然而，到了这个时候，现代实践在很大程度上有所改变，其纠正了原始制度过分严厉的问题。

398 这种惩罚适用于大多数案件，但并非适用于所有案件。在所有以刑事形式起诉原始罪行的案件中，换言之，这种惩罚适用于大多数刑事诉讼案件，但不适用于所有民事诉讼。在同一民事诉讼中，它适用与否取决于该诉讼是否恰好在同一个或者另一个法院进行。它是否适用于同一诉讼以及在同一法院上进行的诉讼，取决于诉讼是否恰好由一种或者另一种专业术语提起的。所有这一切都与事实真相毫不相干。

无法参与与法庭相关事务的惩罚适用于许多罪行，即：适用于所有被判死刑重罪、蔑视王权罪或被逐出教会的罪行。在重罪中，因为它的效果与死刑相重合而不起作用；在蔑视王权罪中，它是正当的，就彻底和永久贫困的惩罚而言，是一种合格的惩罚方式，因为它是这一惩罚方式的必要组成部分；在逐出教会的惩罚当中，由于它的不平等，它是不合格的。要使其以平等的方式来达到贫困的目的是不可行的，因为没有没收的惩罚，它只能作为附加刑出现。

抛开使其达到贫困的目的的必要条件不谈，就其本身而言，如果加上监禁的惩罚就是多余的。

无论教会法院认定的罪行是什么，对他们来说，要么只需要身体刑就足够了，不需要金钱性的惩罚了，要么并非如此。如果身体刑就已经足够了，简单的逐出法外作为附加刑就太多了；如果不够，逐出法外作为附加刑就太少了。所有这些都建立在犯罪分子即将被监禁的假设之上。

当一个人潜逃并且没有财产，或者没有足够的财产来满足自 399
身需求时，当且仅当在这种情况下，简单的逐出法外的惩罚是种权宜之计。为什么？不是因为它本身是恰当的，而是因为它是唯一有效的。一个人在他自己的国家没有明显的财产并且逃到另一个国家时，一般来说，他自己的国家对他没有约束力。这种情况可能会发生，假设十有八九是这样。但是在第十种情况下，他人可能对他有一笔债务，并且他可能需要本国法律的帮助来收回。如果这些债务对他来说，价值超过了他可能因为最初的罪行而遭受的惩罚，他就会回来并接受正义的审判。在这种情况下，简单的逐出法外的惩罚将达到其目的。因此，在这种情况下，因为它有一定机会达到其目的，而其他种类的惩罚都没有，所以它是恰当的。①

400 **剥夺保护的利与弊**

这种惩罚方式对不平等的反对具有特殊的效力。如果一个人有自己的资金来维持生活，那么这个资金要么是他的劳动，要么是他的财产。如果他有财产，要么是不动产，要么是动产。如果

---

① 塞尔登（Selden）在他的《席间闲谈》（Table Talk）中给我们讲了一个轶事：（a）可以很好地说明这种惩罚方式对于一个不受其他任何惩罚影响的人可能产生的影响。詹姆斯一世统治时期，一位英国商人向西班牙国王提出一项（正当）诉求，但（这项诉求）国王不予履行。这位商人已经提起诉讼，而塞尔登作为他的律师，建议他继续（对国王）进行逐出法外（的惩罚）。一份又一份的令状被送交郡长那里，（要求）带走国王陛下，并将他带到威斯敏斯特的法官面前。国王陛下没有被找到。像往常一样，在各种酒馆里，人们为此大声疾呼。国王陛下没有出现在任何酒馆中。因此，他被宣布为被剥夺法律权益者；按照法律的规定，狼头被放置在他的肩膀上。（b）这样任何人只要有这个想法，都可以抓住他，把他关进监狱。（c）情况是，国王陛下当时碰巧对英国的一些商人有诉求，只要他继续处于逐出法外的评判之下，他就无法得到满足。考虑到这一点，他的大使贡达马尔（Gondamar）屈服并支付了这笔钱；基于此，狼头被取下，国王的头被放回原处。（“Caput Lupinum”出自古罗马法，这一概念成为后世“Outlawry”一词的源头。据此，一个人肩披狼头，意指此人失去了法律的保护，而狼头被取下，则象征着失去法律保护的人又重新回到了法律保护之中。——译者）

（a）标题：法律。

（b）狼头法（Caput Lupinum）——参见 C. Litt. 128.b. Lamb. Leg. Tax, ch.128. Fleta, L. 1. c.27. Bracton. L.5. fol.421. Britt. fol.20. Mirror, c.4. Defaults Punishable.。

（c）古代，当一个人的肩上有狼头时，他可以被任何人杀死。但这在爱德华三世时期被改变了。参见 C. Litt.。

是不动产，它或在他自己手中，或在其他人手中。如果是动产，它或在公众手中，或在私人手中。如果在私人手中，或在他自己手中，或在其他人手中。

一个靠劳动维持生活的人，一般几乎不会受到这种惩罚的影响。即使不是在其完成工作之前，至少在完成一小部分工作后，他就能得到报酬。

如果一个人的生存资金来自不动产，如果该财产掌握在他自己手中，他几乎不会受到这种惩罚的影响。这种惩罚可能给他带来的最大不便就是要求他现款交易。如果他的财产在基金里，他根本不会受到影响。似乎没有理由认为，拥有基金管理权的人会以任何障碍为由拒绝他分红。基金管理者对此类拒绝并不关注，保持公共信用的重要性可能是他们在这种情况下不背离一般约定 401
的重要动力。

如果一个人的财产是由掌控在自己手中的动产组成，例如交易中的股票，那么这个惩罚确实对他产生了影响，但影响不是很大。它所能做的最大限度就是迫使他使用现款交易，妨碍他赊销。这并不妨碍他赊账购物，因为别人不易控制他，他却易控制别人。

只有当一个人的财产是由信贷形式构成时，例如，（使用权）在承租人手中的不动产、以信贷形式出售的货物的到期款项，或以担保形式借出资金，才会对他产生非常深刻的影响。对于这样的人来说，这种惩罚可能是灾难性的。

在这种情况下，一个人是否会遭受极大的痛苦，或者他是否会遭受痛苦，取决于什么？取决于那些与他有关的人的道德诚信。

因此，这种惩罚方式产生的痛苦量取决于两种情况：第一，他赖以生存的资金的性质；第二，与之有关的人的道德诚信。但是，这两种情况都与行为人因任何犯罪行为的程度而受到的惩罚没有任何关系。两个犯了相同程度的罪的人，一个可能会被毁于一旦，另一个却一点也不受影响。较大的惩罚落在犯罪程度较轻的罪犯身上，就像本应落在程度较重的罪犯身上一样；较小的惩罚落在犯罪程度较重的罪犯身上，就像本应落在程度较轻的罪犯身上一样。

另一个反对这种惩罚方式的理由是其不道德性。这种惩罚是金钱性质的，因此会产生利益，对其的处置将有利于某些人。那
402 么于谁有利呢？对任何与违法者签订了契约的人有利，因为他们可以为了金钱利益而解除契约。

可以这样说，假定契约无效，那么毁约也无妨。诚然，就政治制裁而言，它是无效的，但就道德而言，它并非无效的。法律所做的一切并不是强迫他履行，而是社会利益要求，道德约束也相应提出要求，尽管法律不应该强迫他，他也应该准备好履行自己的义务。如果一个人可以用这种方式解除契约，那就表明金钱对他的力量大于道德约束。因此，他也被恰当地称为不道德的人。要么是法律引发了他身上这种邪恶的品质，要么他本身就是一个道德败坏的人，而法律助长了他邪恶的品质。

因此，在这种情况下，政治制裁的豁免与“道德制裁和应当是道德制裁的豁免”是不一致的。它导致人们去追求道德制裁所禁止的行为模式，而道德制裁是根据功用要求来进行的。

第七章　逐出教会 403

被逐出教会的惩罚所造成的或打算造成的恶是多种多样的，它们产生的根源是多种多样的。它不局限于政治制裁，它需要或好像需要另外两个罪（死刑重罪、蔑视王权罪）的配合。

逐出教会有两种类别或等级：广义上的和狭义上的。广义上的包含了狭义所包含的一切，另外还有更多的东西。首先，我将叙述狭义上的逐出教会惩罚所包含的内容，然后再注意广义的逐出教会所特有的内容。狭义所包含的内容如下：

1. 监禁，期限不定，取决于法官的内心意愿：监禁的严重程度视其在普通监狱中的情况而定。

2. 赎罪刑是作为终止其他刑罚的一个条件。它是指一种可耻的肉体惩罚。下文将讨论施加其的具体方式。

3. 用减刑罚金代替赎罪。它的数量不是直接限制的，而是间接限制的，其数量不能超过一个人为了避免肉体的忏悔而选择支付的量。

在这个复杂的惩罚中，最后两个是偶然的因素。它们的施加 404
或不施加在某种程度上取决于检察官的意愿。下面这些则是不可分割的。

4. 无法提起诉讼，无论是在普通法院还是在衡平法院。这是一种金钱性的惩罚，性质上是偶然的，时间上是不确定的。

5. 无法为他人担任辩护人[①]、律师或检察官。[②] 我想，这是指在教会法庭上，而不是在其他法庭上。这是对那些影响他人状况的人的惩罚，在目前的情况下，它对一个人的影响主要在金钱方面。

6. 无法担任陪审员。[③]

7. 不再享有教会的福利[④]：对于这种惩罚，与最后一个障碍（不再享受受洗和圣餐的恩惠）也可能达到相同的效果，但只在一方面。

8. 不能作为遗嘱执行人提起诉讼或采取措施。[⑤] 这是影响那些根据遗嘱拥有受益权的（犯罪者以外的）他人的一种惩罚。

9. 丧失成为或继续担任管理人的能力，或至少有丧失该能力的风险。

10. 无法作为证人。同样地，这是对（犯罪者以外的）他人的另一种惩罚，这将影响到那些如果有这份证据将有利于他们的生命、财产、自由和受法律保护的其他财产的人。

405 11. 被视为异教徒和税吏。[⑥] 我想这意味着一种耻辱。

12. 被排除在所有教会之外：这是一种对个人的限制，其中包

---

① Gibs. 1050.

② 参见马修·培根（Matthew Bacon）:《法律新简编》(*A New Abridgment of the Law*)，第二卷，第 674 页。

③ 参见布莱克斯通:《英国法释义》。

④ Gibs. 1050.

⑤ God. O. L. 37, 8.

⑥ 参见理查德·伯恩（Richard Burn）:《教会法》(*Ecclesiastical Law*)。(tit., Penance, 6.)

含了属于宗教约束的后果。

13. 不再享有丧葬服务的福利：我不知道这种惩罚应归为哪一类，我不太清楚一个人死后，让人在他身边念祈祷文的服务对他来说有什么好处。如果有什么好处的话，那就是属于宗教约束的范畴。

14. 不再享受受洗和圣餐的恩惠。这完全属于宗教约束的范畴。

这是狭义上的逐出教会的惩罚。广义上的在目录中增加了另外两种情况。

1. 被排除在信徒的交往和交流之外。①

2. 无法立遗嘱。② 这是一种影响当事人权利的惩罚，即在目前情况下，以某种特定方式在其死后本有资格享有财产的所有权方面行使的授权的力量。就立遗嘱的权利而言，包括为孩子指定监护人的权利，以及选出一个执行者来管理遗产，即遗嘱执行人，这是一种对（犯罪者以外的）他人的惩罚。孩子可能会因为缺少一个合适的监护人而受苦。对第一遗嘱人的财产有利害关系的人可能会受缺乏合适的人来管理遗产的影响而遭受损失。

这是唯一一种以教会法庭或宗教法庭的名义施加的惩罚模式。406
他们被迫在任何情况下都必须服从，不能多也不能少，这是他们唯一的惩罚。当这种惩罚被宣布时，他们已经用尽了他们的整部刑法典。如果它的优点是简洁，那么必须承认，它没有别的优点

① Lenderb. 266.

② Swinburne, Henry, 109. God. O. L. 37.

了。让我们更具体地考虑一下这个惩罚的构成。关于监禁，目前没有什么特别需要提及的。

赎罪刑的惩罚需要更多的关注。其包括在教区的教堂里、在大教堂里、在公共市场上，[①] 忏悔者脱帽露腿，身上裹着白布，在那里宣读某种形式的忏悔词，承认其犯下的罪行。正如已经观察到的那样，这是一种可耻的肉体惩罚，如果精确定义的话，可能会和描述的其他惩罚一样具有同样的优势。赎罪的时间和期限应当确定，但是对于这些没有什么固定的规定，所以赎罪可以持续几个小时，也可以只持续一小会儿。它可能发生在一群观众面前，也可能发生在极其偏僻的地方。除此之外，一个村庄的教区教堂和一个大城市的大教堂或者一个地区的公共市场也有很大区别。观众人数的多少决定了惩罚的严厉程度。

407 忏悔者应当宣布一个承认其罪行的惯用话语，因此，法律应当为每种罪行规定不同的套话。这个惯用话术既可以说得清清楚楚，也可以说得含混不清——人们很难指望一个人能心甘情愿地说出自己的耻辱。因此，适当的做法是只要求他重复那些应由一名司法人员清楚地宣读的词语，就像宣誓时所做的那样。此外，还应指定某些特定的人来主持仪式，以确保一切都是依法进行的。

在这些方面得到规范之前，这种惩罚方式虽然出发点是好的，但总是会像目前一样遭到最严重的滥用。它将被不平等地、任意地、根据个人的状况执行，而不是根据他们的罪行、法官的严厉

① Godolphin, John, Appendix, 18. Burn, Richard, *Ecclesiastical Law*, tit. Penance.

程度来执行。

伯恩博士说，“在乱伦或放纵的情况下，赎罪刑是一种经常适用的惩罚”，这两种罪行被教会编纂者归为一类，与他们所说的较小的罪行和丑闻相对立。当我们考虑前面提到的两种罪行之间的区别有多大时，我们会惊讶地发现它们被归为一类并受到同样的惩罚。我决不会轻率地对待使无辜者忍受耻辱、对家庭幸福的干扰，也决不能把新婚之夜中纯洁的欢愉降低到与对娼妓买笑寻欢相同的程度。但是罪恶感也是有程度的，我不明白它有什么值得混淆的。

1. 我们很少听到这种惩罚被付诸实施：这样的例子在以前更 408
常见，但现在最常见的是通过支付一笔钱来减免（这样的惩罚）。

2. 至于构成这种惩罚的不同法律的丧失能力，他们应承担的反对意见已经在其他地方指出（见第四卷，错位的惩罚）。

3. 惩罚的一部分在于罪犯被视为异教徒和税吏，如果人们认为用这种眼光看待罪犯是合适的，那么他就会被看作是这样的人。

要想检验普遍效果，唯一的方法就是将它们应用到细节上。A不愿意或者没有能力支付他的学监费或者其他人的学监费，他会因此被逐出教会。在对他的其他惩罚中，他被看作异教徒或税吏，即像苏格拉底、加图、提图斯、马尔克·安东尼努斯、税吏或财政部长那样的人。在一个人身上堆积很多难听的名字曾经可能被认为是一种惩罚，但是现在这种法律上的琐事只会使法律变得荒谬。

4. 被排斥在教会之外。在我们这个时代，这种排斥在惩罚的幌子下显得相当奇怪。现在最大的困难不是让人们远离教会，而是让他们进入教会。然而，如果这种惩罚是为了通过禁止人们进入教会而增强他们进入的愿望，那它并非设计不周。每一项禁令的普遍效果都是使人产生违背它的欲望。它提供了一种假设，即被禁止的东西本身是可取的，或者至少在立法者看来是可取的，
409 否则立法者不会禁止它：这是当禁令涉及未知的对象时的自然假设，但是，即使它涉及一个已经尝试过的、因为厌恶而被忽视的对象时，禁令还是会给予它另一个方面的假设。

人们的注意力都被引导在这种行为可能带来的好处上。一旦开始思考这些好处，个人就会幻想自己看到了这些好处，并继续夸大这些好处的价值。当他把自己的处境与那些享受这种自由的人的处境相比较时，他会感到自卑。渐渐地，最强烈的欲望往往取代了最冷漠的态度。

对于那些乐于把违反禁令的倾向说成是人类本性中无法解释的邪恶和非自然的堕落的人而言，这种倾向好像与已知的痛苦和快乐对人类思想的支配无法调和，（这实际上是）为了有利于自己的懒惰而对人性做出不公正的事。根据这些肤浅的道德家的说法，人是一种矛盾的复合体。他身上的一切都是令人惊奇的对象——每一件事情的发生都与他们所期望的相反。他们不熟悉支配人性的几条简单原则，他们对一切事情的解释都是：它是不可解释的。

对于那些属于宗教约束的逐出教会的惩罚部分，例如被排除在圣礼之外，它们最显著的缺陷是极端的不平等：刑罚效果取决于个人的信仰和情感。这一击可能会在一个人身上产生痛苦的折磨，但是对另外一个人的惩罚效果也许只是皮肤上的轻微刺痛。这些惩罚没有做到罪刑相当，也没有起到儆戒作用。那些为此受

苦的人在秘密和沉默中备受煎熬；那些不为其所苦的人在公共场合开玩笑并且将法律视为笑柄。这些惩罚是在一群犯罪者中随意 410
施加的，而不关心它们是否会产生任何效果。

我所说的这些惩罚只与现在的生活有关，因为没有人会相信一个逐出教会的判决会给未来的生活带来任何刑事后果。一个不带偏见地进行推理的人如何能相信上帝赋予了如此弱小和不完美的生命如此可怕的力量，或者神圣的正义能够约束自己去执行盲目的人类法令。它能够允许自己被命令，（以不同于）它自己会惩罚的方式进行惩罚。如此明显的真理被忽视，其原因只能是一种屈辱，而这种屈辱源于长期的无知。[①]

① 这些意见可能会更广泛地涉及教会司法的细节，但这一主题不会引起普遍关注。因此，对于这些普遍受到谴责的法律，上述意见可能就足够了，并可能有助于表明正式废除这些法律的必要性。

第六卷

其他专题

第一章　刑罚的选择——法官的裁量权 411

立法者应该尽可能地明确与惩罚有关的一切，原因有二：一是惩罚应当是确定的，二是惩罚应当是公平公正的。

1. 惩罚的尺度越是完全确定，社会的所有成员就越是能够知道会发生什么。就目前所知，正是由于对惩罚的恐惧才阻止了犯罪的发生。因此，一个不确定的惩罚在其效果上也是不确定的，因为在有可能钻空子的地方，人们就会希望利用该漏洞。

2. 立法者必然不熟悉那些将接受他所指定的惩罚的人，因此，他不可能被个人反感或尊敬的情绪所支配。他是公正的，或者至
少看起来是公正的。相反，法官只对某一特定案件进行宣判，会 412
受到有利或不利偏见的影响，或者至少会受到这种偏见的怀疑，而这几乎同样会动摇公众的信心。

如果允许法官在分配惩罚方面有无限的自由度，他们的职能就会变得过于艰巨：他们总是害怕过于宽松或过于严厉。

也可能会发生这种情况，由于可以酌情减轻处罚，他们对证据的要求方面与必须宣布的固定处罚相比没有那么精确。一个微小的可能性似乎就足以证明他们随意减轻惩罚的合理性。

然而，无论是就犯罪行为本身还是就犯罪者个人而言，经常会出现一些不可预见的特殊情况，如果法律完全不容更改，就会

造成极大的不便。因此，在那些可以完全推定一个人比另一个人的危险性更小或更有责任的情况下，允许法官有一定的自由度去减少惩罚而非增加，因为正如前面所指出的，表面上相同的惩罚在实质上（对不同人）并不总是相同的。如果这样说的话，有些人，由于他们的教育、家庭关系和社会地位，就会产生更大的惩罚效果。

其他情况可能会使改变惩罚种类成为权宜之计；法律规定的惩罚可能无法适用，或者在其他方面不太适用。

413 但是，每当法官行使这一自由裁量权时，他都应该宣布他的决定理由。

这就是原则。这个问题的细节由《刑法典》和《法庭立法指示》规定。

第二章　附属刑 414

在法律所能指定的所有惩罚中，除了因某种意外或其他意外而可能失败的惩罚外，没有一个会失败。很明显，在任何情况下，法律都要对这些意外作出规定。这些失败可能来自以下两个原因中的任何一个：不愿意，即缺乏承受惩罚的意愿；或者无能力，也就是缺乏能力。

第一个原因，如果不采取措施加以控制，自然会导致所有惩罚的失败，因为惩罚的执行取决于被惩罚的一方的意愿。在身体刑中，所有积极的或限制性的惩罚都是如此，但有一种限制性的惩罚除外，即通过物理手段产生限制。

因此，为了使这些旨在作为制裁的惩罚具有效力，绝对有必要指定一些进一步的惩罚来支持它的整个持续过程。在第一种情况下，这种支持或辅助性的惩罚可以从这两类惩罚中获得，也可以从其他类惩罚中获得；因此，通过无数的实例，一个接一个。
例如，一种积极的惩罚可能会以准监禁作为辅助惩罚，再次以流 415
放作为辅助惩罚，或者其中任何一种惩罚，在一定期限内，以同样的惩罚或者以另一种惩罚来延长刑期。然而，最终，每一个这样的系列都必须以某种惩罚来结束，这种惩罚可能在当事人并未同意的情况下施加。也就是说，以某种被动的惩罚来结束。或者如果是限制性的惩罚，则以物理手段所包含的限制来结束。

即使是这样的惩罚，其执行（当事人是现成的）本质上是不需要当事人的同意的，也可能是因为他缺乏能力而（使对其施加的惩罚）失败，或者换句话说，因为他没有能力经受这些惩罚。所有非死刑的身体刑都是这种情况，这些身体刑影响任何对生命不重要的身体部位。因此，简单酷刑，以及变色、损形、致残、剔刑，只要影响到刚才所说的任何部分，都是这种情况。所有种类的没收也是如此。因此，如果它们影响的是人的生命所必需的部位，唯一确定的、不需要其他辅助惩罚的就是上述的身体刑、监禁以及诸如此类会通过这些惩罚夺去生命的惩罚。

其实这些惩罚也和其他任何惩罚一样，可能会因为当事人（经受惩罚的一方）缺乏意愿而失败，也就是说，他选择不接受惩罚，这是所有惩罚失败的共同原因。但这种原因不一定产生效果：它并不使对其（经受惩罚的人）的惩罚必然取决于他的意愿，因为他可能会被抓走并受到惩罚，尽管他希望逃脱惩罚并努力阻止
416 这一切发生；当一个人确实遭受这些惩罚中的任何一种，特别是死刑以及其他那些严重和沉重的惩罚时，通常情况就是如此。在此情况下，唯一的办法是在一个人有什么东西可以没收时进行没收，也就是在法律制裁的范围内，或者在惩罚那些因同情而与其有同感的人时，如在对（犯罪者以外的）他人的惩罚中可以采取没收措施。

上述关于最初设计的惩罚失败原因的差异，导致应有的辅助惩罚的数量不同，对此我们可以制定以下规则：

规则一：（当事人）缺乏能力（承受惩罚）显然是失败的唯一

原因，那么辅助惩罚就不应该大于或小于最初设计的惩罚。因为没有任何理由可以说明为什么它应该更轻或更重。

规则二：如果（当事人）缺乏意愿显然是失败的唯一原因，那么辅助惩罚就应该比最初设计的惩罚更重。因为最初设计的惩罚是人们通过推测认为是最好的惩罚：要想让违法者服从这个惩罚，而不是另一个惩罚，只有一个办法，那就是让另一个惩罚变得更重。

规则三：当失败的原因可能是缺乏能力或是缺乏意愿时，就像它可能发生的，而且无法知道是哪种原因时，辅助惩罚应该大于最初设计的惩罚，但不能像上一个提到的情况那样大得多。这种情况很容易发生在对金钱的没收上。然而，如果能够确定是哪一种原因，就应该始终这样做，否则，一方面，那些仅仅因为缺乏能力（承受惩罚）而失败的人受到的惩罚将超过应有的程度；417
而另一方面，故意失败的人受到的惩罚则不够。

当一个人故意不服从最初为他设计的惩罚时，这种不服从可以被视为犯罪。从这个角度来看，我们将立即看到以下规则的适当性。

规则四：辅助惩罚越重，犯罪者就越容易逃避最初设计的惩罚（而不被发现并被迫接受惩罚）。因为惩罚要想有效，就必须始终大于犯罪的诱惑；而犯罪的诱惑越大，惩罚的不确定性就越大，（因为）在惩罚与犯罪利益二者间的权衡造就了犯罪动机。

在罪犯不能或不愿接受金钱惩罚的情况下，监禁是最方便、最自然的一种辅助惩罚。使得这两种惩罚方式特别适合相互替代的一个原因是它们的可分性：它们可以提供人们所要求的任何程度的惩罚。

简单的酷刑，由于其所涉及的恶名，一般不能适当地被用来替代金钱惩罚。如果违反当地法律限制的边界，最合适的替代办法是监禁。单一的违法行为可以被视为充分的警告，即表明未考虑用刑法规定来处理。

劳作性的惩罚需要不间断的关注，以迫使违法者服从它们。为了产生预期的效果需要不断地提供新的动机，这些动机需要从
418 一种容易被细微划分的惩罚中提取出来，并且能够在需要的时候被应用。因此，每当在惩戒所中任命一名检查员，而被监禁的人在其中从事苦役时，就会心照不宣地赋予他施加个人惩罚的权力。伴随着这种惩罚的恶名并不是反对，因为通过主要的惩罚——作为刑罚的劳动——也产生了同样程度的恶名。

我们已经注意到，对于金钱上的惩罚，在受刑者没有能力支付的情况下，其应该被监禁替代。

但是，监禁与罚金的替代标准是什么？对于全部或者部分债务来说，多少可被视为等价于每日的监禁呢？

我们可以说，每天的监禁所抵销的债务额应等于监禁者在自由状态下每天可能挣得的收入。机械师、水手、士兵、艺术家、工人、仆人的每日收入可以根据行业从业人员的工资来计算。

一个农民的日收入可以根据他农场租金的 1/365 来估算。如果除了农场之外，他还从事任何其他业务，则该业务产生的每日收益必须加到农场产生的收入中。

一个不从事任何业务或不是制造商的人，其收入可计算为其
419 房屋租金的八倍。如果他是制造商，则为其房屋租金的四倍。如

果他从事贸易，则按该租金的六倍计算。

一个人如果在别人家寄宿且借住，他的收入可以估计为他所付金额的两倍。如果他只是借住，则为该金额的四倍。如果他在一个亲戚家得到无偿资助，则与他的食宿费用等价。

那么，需要确定的是以下三点：

1. 既然有了收入，那么通过一定期限的监禁，债务的哪一部分应视为被免除了呢？

2. 应该从债务订立之前的哪个时期开始估计收入的价值？

3. 应该要求提供哪些证据来确定有关收入的数额？为了债务人的利益，会倾向于尽可能地夸大它（收入）。在审查期间，债权人应在场，并可由其本人或其律师自由地审查违约者。

一个人的地位越高，一般来说，他每年的支出就越多。因此，一定时期的监禁所免除的债务就应该越多。

我只限于制定计算的原则：应用这些原则的细节更适合置于 420
《刑法典》中，而不是一本关于惩罚的作品。

421 第三章　良好行为的担保人

为良好行为寻找担保人的义务是一种权宜之计，越深究，其效用看起来就越有问题。它有一个重要条件：如果发现无法履行这一义务，就必须有一个替代这一义务的将来的惩罚。这种辅助性的惩罚通常是监禁，这种监禁通常期限不定：它可能是永久性的，自然也应该是这样。被告是否发现自己没有朋友愿意为他的良好行为冒险？监禁以及与之相伴的耻辱不太能让他找到如此忠诚的朋友。

假设他找到了这样的朋友，然后会发生什么？在适当的惩罚之外，还有一种替代性的惩罚，一种由无辜者为有罪者承担的惩罚。就事物的本质而言，任何惩罚都同样适用于这一目的。根据惯例，金钱上的惩罚只在一开始时采用，然而，根据一般规则，如果无力缴清，这种惩罚就会变成监禁。然而，一个人，特别是据推测有不当行为证据的人，自然是找不到那些愿意为他们无能
422 力实施的行为接受惩罚的朋友，除非他有办法赔偿他们所受的金钱上的惩罚。在这种情况下他能找到这样的朋友吗？那么这个权宜之计就是无用的，直接确定他的赔偿金额也是一样的。为了使这一权宜之计有其自身的效力，有必要将其使用限制在已知被告没有能力提供这一赔偿的情况中。这样一来，他还能找到一个足

够慷慨，愿意为了他将自己置于危险之中的人吗？毫无疑问，这在安全方面是有好处的，但这是一种非常昂贵的安全。在所有其他情况下，这个权宜之计本身就会转变为一个值得考虑的问题。

法律从这一权宜之计中得到的支持来自两个方面：它作为一种额外的惩罚，使被告的意志受到影响。这种惩罚在于一个慷慨的人看到为他倾尽全力的朋友因他的忘恩负义而陷入不幸时所感到的悔恨。这也是一个权宜之计，使他受到权力一方的攻击：他的担保人成为守卫者，他们所面临的危险促使他们监视他的行为。

但是，如果自己所受惩罚的恐惧都不足以约束他，他会因他人所受的更轻的惩罚的恐惧而受到约束吗？那些激情已经压制了审慎之声，他们会听从慷慨和感激的声音吗？他们可能会听从，但我想最正常的情况是他们不会听从。但如果是这样，这是一个代价高昂的权宜之计。在大多数情况下，它非但不能保证预防的好处，反而会产生惩罚的恶果——由无辜者承担的惩罚。 423

虽然，就这个守卫者而言，它是一种口头上的保障，而不是实际的保障。即使这些人是他的同伴，并且一直与他生活在同一屋檐下，它也是一种非常薄弱的保障。但是，担保人并不是在这样的人中选出的：根据英国法律，担保人必须是拥有独立机构的户主。那么，根据假设，冲破了审慎、感激和荣誉的联合约束的激情，是否有可能被如此宽松的栅栏所控制？除此以外，信任和不信任这两个极端同时出现在同一个人身上，这是很自然的吗？

无辜的人被迫接受这种惩罚，这种惩罚的痛苦并没有因为自愿遭受而消失。他之所以愿意这样做，只是因为考虑到他的朋友被送入或即将被送入终身监禁所带来的限制。这是一种由折磨产生的意愿。

总之，担保制度是一种办法，但如果没有非常明显的必要性或任何其他不便之处，就不应该采用它，这是将个人的德行暴露在这些斗争中，在软弱的时刻可能会产生一种悔恨，而这种悔恨将伴随终身。

在英国法律中，这一权宜之计被大量使用，但习惯法使得它只存在于与司法判决的联系中。在确定了一定数额的罚款后，被告人被要求说，如果我犯了某种罪行，我同意支付这笔罚款。一
424 个或多个担保人被要求说，我同意在同样的条件下支付相同的款项或相同款项的部分金额。通过这种方式，就好像一个不可避免的惩罚需强制同意才能实施一样，被告人自己被逼着签订了一项契约，这个契约如果不总是荒谬的，那就是它有时是不公正的。这意味着对被告人财产的一种要求，其目的是剥夺其债权人在约定期间和债务合同期间所约定的债务的正当的追偿权。

这种拙劣的复合式损害行为在实践中会产生什么影响呢？通常没有影响。人们遵守这种程序，正如遵守许多其他程序一样，部分是出于义务，部分是出于习惯，而不考虑其含义。有时它可能有用，因为它总是包括告诫，有时还包括威胁，这取决于所威胁的罚款与没有罚款的惩罚之间的比例；有时由于缺乏担保人，人们可能认为被告人本人也要入狱；有时，在找到担保人后，人们可能同样认为担保人要承担罚款，他们要么支付罚款，要么入狱，不管有没有被告人。这些不幸的事情经常发生吗？我不知道。我怎么能知道呢？这是成千上万件需要大家学习的事情之一，而没有人有机会了解其中的真相。

第四章　废止的惩罚 425

第一节　赦免

有必要在惩罚缺乏确定性的情况下，按比例增加惩罚的幅度。惩罚越不确定，它就越须严厉；惩罚越确定，就越可以减少其严厉程度。

那么，我们该如何评价为使它们变得不确定而特别设立的权力呢？我指的是赦免权：就其原因言，它带有残酷性；就其结果言，它也带有残酷性。

就像在个人之间一样，国家之间对激情的管理先于对理性的管理。原始惩罚的目的是平息惩罚者的怒火。关于这点，证据有二：其一系从大量案例当中得出。在这些案例中，最严厉的惩罚被加于对个人或社会之幸福仅有轻微伤害的行为之上，而这种有害影响直到这些惩罚被指定很久之后才被证实——这种惩罚是针对异端的。其二系从对宽厚仁慈的赞美中得出：因为虽然犯罪行为的结果只是激怒了君主，但他对之不予惩罚有其所值。他如此 426
行事有其功用，因为通过由其自身独自承担损失，他可免于对为数众多人员施加可怕的祸害。困难就在于此，因为对于某个惯于顺随自己所偏好者而言，其很难约束这些偏好。假设某一罪行的影响是将扰断他的安逸，而惩罚的影响是压制这一罪行，那么免于实施这种惩罚是某种背叛，而在产生这种背叛的缘由当中，其最可原谅者是软弱或愚蠢。基于这种假定而赞扬君主的宽宏大量，就如同赞扬那个不将病人罹患坏疽的手指切掉而使其丧命的外科医生。因此，对于不施残暴的君主而言，如果欲其实施并不值当的赦免，此事不会发生，究其原因在于，对公共福利事业的开明之爱不会使其某一只手取消另一只手已做之事。如果君主不为确立惩罚之目的而对个人残忍，则其行为系对公众的残忍，因其使得惩罚沦于无用，且弃其承诺，即违反其对法律所作如下约定：其会实施这些惩罚。

我在此所述的是无偿赦免，就像迄今为止所有的赦免一样。在有些情况下，赦免权不仅有用，而且必要。在所有这些情况下，如果实施惩罚，则所生之恶会压过善，且在某些情况下所生之恶几乎无穷无尽。如果立法者当初本来能够知道某些个别情况是否会被包括在他希望停止惩罚的普遍情况之中，那么，如其赖于任何他人实施对该惩罚之停止，则其此举并非明智。他为何竟然赋予他人权力以破坏自己的谋划？

427 但他并不具备这种认识，除非他有立法者的品质，并如某位先知那样行事，所以他须依靠他人。

在英国法律中，法律给予受害方，或更确切说来，给予每名检察官部分赦免权，即由其选择其将着手的诉讼种类。惩罚之间的差异就取决于这一点，或取决于诉讼之间的差异。就这种差异的发生而言，侵害人的命运并不取决于他的罪行的严重性，而是取决于其他某些外来情况，例如受害方或其他检察官的恶意程度，或其法律顾问的认知水平。法官是任何检察官手中的木偶，任其随其所乐恣其所思地驱动。

正如我们已经看到的，有许多人行使赦免权；还有许多拥有赦免权的人没有被注意到。

可以将那些在诉讼过程中有权在程序中宣告无效的人列为后一类人。在英国，出庭律师，或其每天工资 18 便士或 2 先令的书记员，就有权向任何看似合适的人授予或出售免罚权。

如果受害人能够直接或间接地结束刑事诉讼程序，而没有判决宣布前的惩罚以及定罪后的执行，那么他实际上享有这种赦免权。刑罚减免权是赦免权的一个分支。当公共利益要求应当实施惩罚时，则受害者不应享有这项权利；而当这种利益并不要求这 428
一惩罚时，则他有权享有这项权利。

在所有情况下都可允许这种权力，如果它的运用所针对的罪行只是建立在私人之间争吵的基础之上，并未在社会上播散任何恐慌，或者至少没有播散未被当事人行为消除的恐慌。

但是，在涉及身体伤害时，无论伤势多么微不足道，特别是带有侮辱的伤害时，则在法官不知情时不应允许这种减刑，否则一些才智之士的软弱和厚道就会沦为冷酷无情的压迫者对他们施以困扰的帮凶。

在杀人案中，不应允许对任何特定人员授予刑罚减免权。对于那些可由该人免于死亡的人而言，这种授权所授予的，将是某种对其生命的专断决定权。通过对杀手有利的方式行使赦免权，他可能大胆雇用任何杀手。

如果授予某人（无论何人）权力，由其夺走立法者所颁发的某项奖励，会被视为一种荒唐行为，那么，如果在相反的情况下授予某人权力，由其夺走某项惩罚，但保留特定例外，那将是一种更可怕的荒唐行为。

在奖励制度中没有发现这种荒谬行为：在立法者提供奖励后，没有人提议取消奖励。然而，当立法者为罪犯指定奖励时，在起诉中所认可的无效案件在惩罚的情况下也是如此。

死刑的频繁（适用）是赦免盛行最可能的原因之一。

429 进而，在英国存有争议的问题是，究竟是立法机关通过颁行如此之多的死刑（条文），还是君主通过行使其赦免这些死刑的权力，从而为恶累累。

这种权力的本质是：要任性而为。国王（当其被错误称呼时），或国王代理人（当其本应被如何称呼时），并未公正行事。他并非根据对事态的了解行事；他无权如此行事；他甚至无权强迫证人出庭。在这个无权的专制者面前说过谎？这是不具可罚性的谎言。

赦免权常被说成是皇家王冠上最耀眼的宝石之一：它既沉重又光彩夺目，不仅对那些臣服于王冠的人如此，对佩戴它的人更是如此。

在英国发生了许多案例，在这些案例中，王室的顾问们出于或多或少值得赞许的动机，利用了国王的这种合法专制来缓和法律的专横。权力虽然过分，却无疑从未如此合法地用于某个更为正当的目的。但其结果是该大臣非但未得其应得的赞扬，反而成为喧嚣、诋毁和恐吓的对象。对那不当地向其所担角色授予的权力的最正确、最正当的行使，其作用仅是在使国王得到一名暴君应得待遇上沦为帮凶。

如果某项在法律上滥用的权利向开明而良序的法律让了位，那么本该免去多少不满和恐惧。

第二节　时效 430

在任何情况下，以及在什么情况下，惩罚可以因时间长短而失效吗？我指的是，自犯罪行为发生以来所经过的时间。

乍看之下，答案似乎显然是否定的。可以说，时间长短的情况与惩罚的要求有什么关系呢？

然而，通过更深入的观察，我们就会发现，在某些情况下，时效的效用如果不是用毋庸置疑的论据，至少是可以通过看上去正确的论据来维持的。

作为这些论据的基础，必须承认，在任何情况下，如果犯罪者的痛苦对于实现惩罚的目的来说不是必要的，那么就不应该施加这种惩罚。

在此前提下，为了达到惩罚的目的之一，即改过自新，似乎没有必要在一定的时间后执行惩罚。自他犯罪以来，已经过了一定的年限，假设是十年，那么，在这段时间里，他要么犯过类似的罪行，要么没有。如果他没有犯类似罪行，那他就已经改过自新，法律的目的已经达到了，他也没有受到惩罚；如果他犯了类似罪行，他已经为之后的罪行受到了惩罚，已经对他施行了他所需的惩戒，而他所缺乏的惩罚已经在他比现在更需要它时对其施加了。

这样，以改过自新为根据的论证就成立了。但必须承认，在
431 所指控的事实中，有一个是相当有问题的。如果一个人犯了罪，并且在后来的十年间没有因为任何类似的罪行而受到惩罚，这绝不是说他没有犯过任何罪。就像他第一次犯罪而逃脱侦查或起诉一样，他也可能因任何其他类似的罪行以同样的方式逃脱侦查或起诉。侦查的难度、证人的死亡、程序的微妙性，这些情形都提供了充分的理由来反驳如下这种推论：他没有受到惩罚，因而他不应当受到惩罚。[1]

基于这个例子，支持时效的理由就更少了。如果时效在很长一段时间后，如十年（以十年这个数为例）才生效，它不会在任何可分配的程度上减少惩罚的表面价值。当一个人在考虑犯罪时，他最大的恐惧是在犯罪后立刻被发现和逮捕。

即使消除了十年后等待着他的危险，也丝毫不会增加他的安全感。[2]

当犯罪行为已经发生时，要么只有犯罪者不为人所知，要么犯罪事实[3]本身和犯罪者都不为人所知。如果这两者都不为人所
432 知，显然无法进行起诉了。如果两者都被知悉，要么已经开始起诉，要么没有起诉。只有在没有起诉的情况下，才允许适用时效。

---

① 任何熟悉臭名昭著的罪犯轶事的人都一定注意到了，在这个国家，没有什么比一个人在受到惩罚之前犯下二十、三十或四十起盗窃或抢劫罪更常见的了。

② 边沁先生似乎没有就惩罚的其他目的审查这一问题。——编者

③ 在事实的名义下，我将在这里包括使所讨论的行为属于某种犯罪的必要情况。

规则是，一个人在这个时间间隔过后不得被起诉，而不是说如果他已经被起诉并被定罪，他就不用受罚了。

对危险的担忧自发现它时就开始了。在罪犯身边的人现在知道他们中间有一个小偷、强盗或杀人犯，这不能不使他们感到有点恐慌。如果根本不对他进行任何惩罚，如果让他继续生活在原来的地方，那么如何平息这种恐慌呢？

在以金钱利益为目的的犯罪中，时效在任何情况下都不应为保护犯罪者享受不义之财而发挥作用。

它也不应该以使无辜者忍受对罪犯的恐惧或憎恶而受到伤害的方式运作。

还有一些特定的罪行，在任何情况下都不应该适用时效。这包括三种杀人罪：为谋取私利、肆意妄为或有预谋的怨恨而杀人；纵火罪；以及击沉有人驾驶的船只或将某人置于水下的罪行。这类犯罪的危害是如此严重，以至于采用一项可能有助于减轻惩罚的表观确定性的规则（尽管减少程度很小）似乎都是过分关注罪犯的利益了。任何这类事实一旦被发现，所激发的憎恶或恐怖不可小觑，仅这一情况似乎就足以超过时效可能带来的任何好处。 433

时效的好处是什么？这关乎一个人的利益：犯罪者。在提出执行时效的情况下，让犯罪者免受痛苦可能被认为是没必要的，至少不像以前为了达到惩罚目的而对他施加痛苦那样有必要。现在，当某人因犯罪而遭受在其个人能力之上的痛苦时，它几乎无法被发现，但许多人必须开始遭受痛苦，也就是说，由于担心他（犯罪者）将来会犯下其他此类罪行，而他们可能碰巧是这些罪行的对象。而这种痛苦将持续下去，直到他明显失去伤害他们的能力：这样做的最轻的惩罚方法是把他赶出去。

通过这一小小的检视，我们发现时效的效用在不同的犯罪行为中会有很大的不同。因此，要想全面地讨论这个问题，就必须从若干种不同罪行的角度来考虑它。完全做到这点并非我们目前的主题——我们在此能做的就是提供一些一般性的提示，只是为了让我们有一个方向，并作为一个线索指出应该围绕哪些要点进行探究。

一个在如此长的时间后才被发现犯了相关罪行的特定的人，是否会成为周围人的恐惧对象，这个问题只能通过特定的调查来回答。因此，这个问题应该交给有赦免权的治安法官来处理，而不是由一般法律来规定。

434 第三节 当事人死亡

在追求（作出）赔偿的过程中，惩罚很容易被忽略。当受害方被告知加害方需要支付的费用时，人们往往觉得这是理所当然的，一问之下就会回答说，在此案中没有惩罚。他们草率而错误地认为唯一因犯罪而受到伤害的人就是那个直接受到伤害的人。如果由于法律的实施让这个人受到了与他所实施的犯罪产生的相同的痛苦，他们就会断定（若其根据是真实的，那么就是合理的），一切都妥善解决了，法律就没有什么可做的了。罪犯因被迫放弃受害方所享有的东西而遭受的痛苦，在他们眼里不算惩罚。他们认为这是向受害方提供赔偿的行动中偶然、无意产生的，因此，如果能完全免除这种痛苦，那就更好了。正是因为无法免除这种痛苦，才使它得以存在。简而言之，惩罚的概念在赔偿的概念中完全消失了，以至于指定赔偿的法律不能被理解为是指定惩罚的法律，也不能被视为是刑法。

然而，惩罚是必须进行的——从某种意义上说，如果要让它能有效防止它所针对的有害行为，它必须是一部刑法；而且，惩罚比赔偿更有效。因为事实证明，在预防和赔偿这两个目的中， 435
前者才是最重要的。

然而，对于限制私人伤害的法律，忽视其主要目的并没有带来乍看之下可能想象到的所有不良后果。赔偿金从侵犯者的口袋里掏出来，这当然产生了惩罚。现在，根据大多数国家的法律，在大多数普遍认可的伤害案件中，都会要求赔偿，而且通过这种方式，在大多数情况下都已经实施了惩罚。但并非所有情况都是如此，因为赔偿会因突发事件而被废止。我说的是大多数情况而非全部，因为在所有这些情况下，有两个事件使赔偿不再像以前那样有必要，而且，从表面上看，可能根本没有必要。实际上，根据大多数法律，特别是我们的法律，一旦发生了这两个事件中的任何一件，赔偿义务就被取消了。同时，赔偿是唯一的目标，当这个目标被取消时，惩罚自然也随之消失。但在这些案件中，正如我很快要说明的，无论赔偿的情况如何，对惩罚的要求并没有因为这两者中的任何一件事而减轻。

这两件事是指：1. 加害者的死亡；2. 受害者的死亡。

1. 加害者的死亡被视为失去了赔偿的机会。出现这种情况的原因是没有人可以提供赔偿。如果他还活着，毫无疑问，他应该给予赔偿。但既然他已经死了，谁应该给予赔偿呢？为什么是这 436

个人而不是另一个人？

要从总体上回答这些问题，我们必须根据犯罪行为的性质进行区分。犯罪要么伴随着可转移的利益，即传递给犯罪者代理人的结果，要么没有伴随任何东西。在第一种情况下，如果没有其他原因，赔偿的义务显然应该移交给刑罚代理人。在后一种情况下，只要代理人从死者那里继承的财产可以涵盖（赔偿），将赔偿义务移交给该代理人就仍有用途，尽管这种用途没有前一种情况那么大。

如果一项违法行为的收益可以转移到一个代理人身上，那么归还该金额的义务也同样应由该代理人来承担。如果不是这样，在这种情况下，惩罚就不会与（犯罪的）收益相等，确切地说，根本没有惩罚，也没有让受诱惑的一方放弃的动因。一开始可能会出现这样的情况（但很快就会出现相反的情况），即在考虑这种情况时，一方不会受到任何诱惑：如果加害者认为自己即将死亡，那么他的伤害行为的利益就会结束。但情况并非如此：如果他自己很快就会失去这种利益，他还可以把它传给他所珍爱的人，因此，基于对他们享有（这些利益）的考虑，因而产生的对其愉悦的同感是一种明显的力量，它不受控制地发挥作用并促使他去犯罪。除此之外，司法的拖延和不确定性也增加了诱惑的力量。如果他能想办法在有生之年把诉讼打完，那么整个事情从头到尾对他来说就是明显有好处的。

437 2. 即使违法行为的利益不具有可传递给代理人的性质，但似乎仍有理由说明，只要代理人有资产[①]，就应将赔偿的义务转交给

① 资产：从祖先那得到，容易被转让。

他们。这样的安排既符合惩罚的需要，也符合赔偿的需要。

关于赔偿的原因有以下几点：违法行为的伤害后果是一个必须由某人承担的负担：代理人和受害方在这方面同样是无辜的，他们处于同等地位。但代理人在同样的负担下遭受的痛苦比受害方少，就像我们马上将看到的那样。从伤害发生的那一刻起，受害方就凭借对其有利的已知法律规定，期望可以获得赔偿。如果这些期望由于一个突然的、不可预见的事件而落空，比如犯罪者的死亡，受害方就会感到震惊，就像他突然失去了他所拥有的任何东西一样。可能的代理人并未怀有这种确定的期望。在他的死去的被继承人（犯罪者）的一生中，他所能怀有期望的只是慎重对待其财产的明确剩余。在除去所有可能因死去的被继承人（犯罪者）的不幸、愚蠢或罪行而可能带来的所有费用后，还能剩下什么呢？

从惩罚的角度来看，基于如下原因：对犯罪者本人的惩罚由于其死亡而失效。对他所爱之人施加的负担，可以说是使对犯罪者的惩罚延伸到坟墓之外。诚然，由于上述原因，他所珍重的人 438
的痛苦不会太大，但这是大多数人都不会考虑的问题。因此，一般来说，这对他来说往往会被视为一种惩罚，并且是在原本没有约束的情况下，对他施加了约束。在惩罚方面，这种好处也不会被指责为是通常使（犯罪者以外的）他人受罚的一种不合理的代价：正如我们已经表明的那样，当负担落在拥有资产的代理人身上时，在整体上所受的痛苦比落在任何其他人身上要少。

英国的法律在这方面充满了荒谬和反复无常。以下是（允许继承人通过其祖先的不法行为而致富）一个人被允许通过其罪行获得利益使其继承人致富的情况。[①]通过非法占有和扣留任何种类的动产，而如果只是扣留他人应得的钱财，继承人必须予以退还；通过对只有暂时的利益关系的不动产的浪费；[②]通过出卖（他人对）
439 囚犯的债务来获得自由；通过侵吞遗嘱委托给他的财产，不过，如果他没有破坏这种信任，而是在没有授权的情况下擅自对死者的遗产进行管理，继承人就必须予以退还。总之，在任何一种损害性诉讼程序中，赔偿不应由陪审团决定，而应由被认为适合的积极的规定来增加或者清算。

受害方的死亡是另一种情况，在此情况下，赔偿的义务通常会终止。但即使没有充分的理由，它似乎也应像前一种情况一样。当事人的死亡是一个突发事件，它丝毫不会减少对惩罚的要求。事实上，在此种情况下，对赔偿的要求并不像在前一种情况中那么强烈：作为受伤害的直接对象，受害方目前希望获得他所期望赔偿的全部；他的代理人在委托人的有生之年则没有如此固定的期望。不过，他对将向其委托人作出的某些赔偿也抱有充分的期望；而且他认为，至少有一部分赔偿会落在自己身上，但这取决于他对委托人的总体期望所面临的意外情况的影响。这种期望比任何其他人在这种情况下所能怀有的都要多，因此有一个更好的

① 在所有这几点上，我都依赖于科姆恩斯爵士（Sir Comyns）的权威文献。参见约翰·科姆恩斯：《英国法律摘要》，1740 年版，第 262、263 页。

② 我认识的一个人，将继承一部分房产和一部分土地的产业，他将土地租给了拥有这两者终身利益的人。拥有终身利益的人让房屋破败不堪，为了赔偿自己，继承人停止了土地的租金支付。因拥有终身利益的人去世，没有按照约定修复房屋。结果是，继承人（正如他被告知的，令他非常惊讶）虽然必须支付租金，却失去了对浪费的补救措施。

理由说明为什么他应该从惩罚中获得利益，而不是其他人。

英国法律在给予受害方的继承人的补救措施方面，比给予不法行为人的继承者的补救措施方面更为慷慨。在所有情况下，似乎对祖先的财产造成的伤害，它都给予继承人补救措施。然而，在对人的伤害的情况下，无论这些伤害是多么的残暴，它都拒 440
绝给予补救措施。而且，在对名誉的伤害的情况下，它也可能如此。[①] 这一疏忽为最令人痛心的恶行打开了方便之门。年龄和体弱，如果有区别的话，应该比相反的生活条件受到法律更明显的保护，而不是更容易受到压迫。一个人越是接近他的死期，他就越有可能受伤而免罚，因为如果在他活着的时候没有被起诉，那么补救措施就没有了。[②] 刑事诉讼的补救措施只是一个不充分的替代措施。它既不包括因过失而对人造成的伤害，也不包括对名誉造成的所有伤害。它可因皇室仆人的任意享乐和不负责任的行为而作废：它只以惩罚的方式运作，而不给继承人提供任何补偿。

因违法行为而无法从继承人处获得妥善处理的许多情况下，他却从中获利，没有人会因为发现他在这种伤害的情况下还可以免除义务而惊奇，因为这些伤害通常是指对人身或名誉的伤害，

① 参见约翰·科姆恩斯爵士:《英国法律摘要》，1740年版，第261页。

② 一个人可能被关在监狱里，他的财产也会因此而毁灭；如果他在狱中死亡，他的家人将无法补救。在某些情况下，错误的行为人甚至可能不会受到刑事起诉的惩罚；或者，他可能会受到虐待，以致染上一种挥之不去的犬瘟热，例如没有以足够的速度和确定度进行伤害性治疗，从而将其纳入谋杀罪。如果起诉只能持续到他去世，他的家人将无法补救。许多年前，一名屠夫因一项虚假和恶意的盗窃指控而被判入狱，当时监狱里的犬瘟热正在肆虐。他死在那里，留下了一个痛苦的大家庭，他们完全无法补救这一残暴的伤害。

441 或仅以对财产的单纯破坏的方式所施加的，只是出于报复性的动机而非贪婪性的动机，通常不会有任何金钱上的利害关系。相应地，法律就是这样规定的。尽管在许多情况下，加害者也间接获得金钱上的利益：例如，在制造业竞争的情况下，一个人摧毁了他更成功的对手的工厂。

我仍以科姆恩斯的权威论断为依据，除了对名誉的损害，科姆恩斯在这个问题上不置可否，而我则通过类比得出结论。

译 后 记

自有法律惩罚以来，关于惩罚的正当性就是一个令道德学家、法学家和哲学家冥思苦想且至今困惑难解的问题。例如，罗尔斯就指出：迄今还没有一种关于惩罚正当性的理论获得普遍的接受。[①]哈特也认为，在惩罚正当性的证明上，威慑、报复、改造等不同的价值或目的如何协调一致，至今没有一个理论能说清楚。[②]

在论证法律惩罚正当性的理论中，有两种影响最大又各执一端的理论：一是主张正义和应得的报应主义，一是主张社会利益最大化的功利主义（功用主义）。[③]虽然现在的规范性惩罚理论大多为两种理论的混合版，即把二者综合起来，将强调过去与强调未来、强调正义与强调共同体的善的主张加以调和，但这种中间路线把两种理论的巨大差异和深刻对立仅仅看作分工的不同，导致惩罚实践中的许多问题细究起来都无法提供令

---

① See John Rawls, Two Concepts of Rules, *The Philosophical Review*, 64:3-32 (1955).

② See H. L. A. Hart, *Punishment and Responsibility: Essays in the Philosophy of Law*, Oxford: Clarendon Press, 1995, p. 2.

③ 正如本书前面所指出，本书将 utilitarianism 由传统的“功利主义”改译为“功用主义”。

人信服的解释。[①]

当今社会，日新月异。人类已历经农业文明、工业文明、网络文明，正在迈向数字文明。为适应社会治理的需要，世界各国的刑事立法都进入活性化时代，刑法的刑事政策化倾向愈益明显，各种以问题为导向的应对新型犯罪的措施和制度不断推出。在这种背景下，围绕惩罚的正当性，重新体系性地思考惩罚原理，仍然是“我们这个时代最为紧迫的问题之一”[②]。

巨变的时代更需阅读经典。翻译边沁的经典著作《惩罚原理》，正是为了把目光投向这位人类历史上顶级的惩罚理论家，从他近二百年前的深邃思考中汲取灵感。

一、《惩罚原理》的写作背景与体系结构

边沁（1748—1832）这个名字对于中国读者已不陌生，他的《道德与立法原理导论》《政府片论》《立法理论》等著作都已翻译成中文出版。不过，相较于边沁浩如烟海的著作（边沁生前出版了大约 50 部作品，但他遗留了更多未出版的手稿），我们可以毫不夸张地说，这几本书仅是他著作中的“沧海一粟”。据英国伦敦大学学院边沁项目负责人菲利普·斯科菲尔德教授介绍，《杰里米·边沁作品集》迄今已出版 35 卷，估计还需要出版 50 卷。笔者此次应商务印书馆之邀，翻译出版边沁的《惩罚原理》，依据的

---

① 参见王立峰:《惩罚的哲理》，清华大学出版社 2006 年版，第 4—5 页。

② Garland D., “Punishment and Society Today”, *Punishment & Society*, 1:5-10 (1999). 转引自 Cassia C. Spohn, *How do Judges Decide*? Sage Publications, 2001, p. 2。

版本是菲利普·斯科菲尔德教授推荐的1830年英文版本。在边沁的作品体系中，本书属于《赏罚原理》的组成部分，对应的另一本书是《奖赏原理》。[①]这两本书都体系庞杂，行文晦涩，但其经典意义和价值已为世所公认。两本书的书名和内容，正好彰显了法律的两种功能：惩戒功能和激励功能（我们传统上重视法律的惩戒功能，但对法律的激励功能似乎重视得还不够）。译者在翻译完《惩罚原理》之后，还将继续按照与商务印书馆的签约，翻译《奖赏原理》。

（一）写作背景

《惩罚原理》的问世有其特定背景，一是英国当时混乱的刑罚实践，二是刑法改革的社会思潮。

先看当时英国混乱的刑罚实践。作为边沁出生与成长地的英国，在摆脱罗马帝国的统治以后，先后历经盎格鲁-撒克逊时期、

① 边沁的这两本书最初是由他的好友迪蒙在他的手稿基础上经过打磨，然后翻译成法文，以《赏罚原理》为书名于1811年在法国出版的。在国外赢得声誉后，该书再"出口转内销"，分别以《奖赏原理》和《惩罚原理》为书名在英国用英文出版，其中前者出版于1825年（1830年再版），后者出版于1830年。边沁去世于1832年，虽然现在尚无证据证明英文版的内容和形式得到过边沁的首肯，但正如《惩罚原理》一书的英文版编辑在其序言中所言，该书在采用迪蒙先生基础版本的基础上，"由于在竭其所能搜遍每个角落之后，本书编辑找到了该书的原始手稿，所以，在许多情形之下，不应将本书编辑的意愿理解为迪蒙先生作品的某个译本"。另外，边沁晚年曾在一次不幸的隔阂中，对迪蒙这位在国外为扩大他声望起到重大作用的朋友说过一句有点不知感恩的话："迪蒙对于我的看法一个字也没理解"，虽然这明显是气话，但也在某种程度上反映出迪蒙的法文版可能确实在某些方面对边沁的思想进行了过度的加工。综上，中译本选择这个英文版本为蓝本是可取的，这也得到了伦敦大学学院边沁项目负责人斯科菲尔德教授的认可。

诺曼征服以后的封建王朝时期和资产阶级革命时期，每一时期的刑罚制度都呈现出相应的时代特点。盎格鲁-撒克逊时期的刑罚主要是财产刑和身体刑；到了诺曼征服时期，除了有死刑、断肢、监禁、流放、罚金、鞭刑等刑罚种类，还在教会法和封建制的双重影响下，出现了僧侣特权、庇护所与发誓弃绝、血缘断裂、没收财产等刑罚制度；资产阶级革命后的相当长一段时期内，多样性、野蛮性、混乱性和不确定性仍然是英国刑罚的基本特征。① 到了边沁所处的时代，经由漫长历史发展而来的刑罚体系已显得十分割裂和破碎，呈现出判例法与制定法交织、世俗法与教会法并存的混乱状态。“旧的法律已经大量地累积起来，然而还没有进行过修订。它们像一副千斤重担压在新时代身上，使人透不过气来。”② 边沁对这样的现实很不满意，遂将有计划的法律改革和深入探索刑罚理性作为自己终身致力研究的课题。③

再看刑法改革的社会思潮。17—18 世纪，思想解放的浪潮席卷欧洲大地，新思维、新观念、新认识如泉涌般出现，破旧立新

① 参见何勤华、夏菲主编:《西方刑法史》，北京大学出版社 2006 年版，第 300—301 页、第 311—314 页、第 325—327 页。

② 〔英〕边沁:《政府片论》，沈叔平等译，商务印书馆 2017 年版，编者导言，第 23 页。

③ 在边沁之前，布莱克斯通效法罗马时期著名法学家盖尤斯和他的《法学阶梯》，写出了《英国法释义》这一伟大的法学著作，对英国法律的科学化和理性化做出了重大贡献。边沁虽然充分肯定了布莱克斯通的贡献，认为在技术名称所能允许的范围内，布氏已经几乎是尽善了，但他不满足于技术层面，而是希望站在历史和哲学的高度，将改革推向更深更远的层面。正是在这个意义上，我们“不是要看布莱克斯通错误到什么程度，而是要看边沁正确到什么程度”。参见〔英〕边沁:《政府片论》，沈叔平等译，商务印书馆 2017 年版，编者导言，第 60 页。

的景象蔚然成风。这其中，对于刑罚的省思成为一个重要目标，最有影响力的著作即属贝卡里亚的《论犯罪与刑罚》。在这本著名的小册子中，贝卡里亚提出了诸多振聋发聩的见解和观点，例如，他从社会契约论的角度阐明了刑罚权的根据，强调罪刑法定原则的正当性；又如，他指出刑罚的目的在于预防犯罪，标志着功用主义在近代刑罚观中成为与报应主义相提并论的流派；再如，他对死刑发起猛烈抨击；此外，他还论证了刑罚的及时性、确定性和必定性；提出了著名的“罪刑阶梯表”，描绘了罪刑均衡原则的基本轮廓。[①] 正是在贝卡里亚等人刑罚改革思潮的感染和启发下，边沁萌发了系统阐述功用主义刑罚理论体系的想法，并且基于功用主义原则，提出了一套更加详细系统的惩罚理论。[②] 虽然在边沁著成此书以前，刑法改革的必要性已在英国和欧洲其他地方被认识到了，但边沁的贡献在于，他使得被广泛认可的改革抱负得到具体的、精确的表述，以致哈特认为，“无论是他的同时代人，还是亲历改革时期的后世著作家，都无保留地认为边沁（对刑法改

---

① 参见〔意〕切萨雷·贝卡里亚:《论犯罪与刑罚》，黄风译，商务印书馆2017年版，第8—10页、第43页、第46—53页、第58—62页、第67—68页。

② 不少人将功用主义（功利主义）视为边沁的发明，其实边沁只是发展了功用主义，并成为功用主义的集大成者。英国历史学家蒙塔古曾经指出，功用主义原理是整个英国心理学派的理论基础，也是整个英国道德哲学学派不言自明的真理，在休谟那里便有了功用主义的一切要素，“留给边沁做的只是把休谟的理论结合到贝卡里亚的公式中去”。贝卡里亚的公式，即“最大多数人的最大幸福”，后来又被普里斯特利在其《政府论》中用作一切政治制度的正当目标。边沁后来回忆，虽然功用主义的原理已经在文明世界广泛流传，但当他看见这句话时，还是像阿基米德发现流体静力学的基本原理时那样大喊“我发现了”，从此他关于公众道德和私人道德的基本原理就这样确定了。参见〔英〕边沁:《政府片论》，沈叔平等译，商务印书馆2017年版，编者导言，第33—34页。

革）具有一种压倒性的影响”。[1] 哈特的这一说法是有证据支持的，例如，1828 年，在讨论减轻刑法严酷性的改革时，布鲁厄姆就告诉下院：“改革时代就是边沁时代”；梅因也于 1875 年写道：“我不知道自边沁那时以来实施的法律改革有哪一项不能归功于他的影响。”[2]

（二）体系结构

边沁在刑罚议题上投入的精力颇多，由他的手稿编纂而成的这方面论著不限于《惩罚原理》，有些还包括在《道德与立法原理导论》与《立法理论》等作品中。概括地说，边沁在这些著作中都采取了从一般到具体的论证思路，即首先阐述何为功用主义，然后用此理论去分析和评价具体行为和相关制度。并且，这些论著的写作都指向一个共同的目标，即法典编纂。[3] 与《道德与立法原理导论》及《立法理论》等对法典化的一般性论述不同的是，《惩罚原理》专注于讨论惩罚的正当性这一刑法典编纂的基础性问题。

《惩罚原理》的体系结构为总分式结构。“总论”部分即本书第一卷“惩罚的一般原理”，分别论述了刑罚的定义、分类、目

---

① 〔英〕边沁：《道德与立法原理导论》，时殷弘译，商务印书馆 2000 年版，导言，第 42 页。

② 同上。

③ 有学者曾分析指出，当时英国法律“严重的不周延性”“缺乏普遍性”“混乱性”“难以接近性”等弊端，是促使边沁主张法典编纂的重要原因。参见徐国栋：《边沁的法典编纂思想与实践——以其〈民法典原理〉为中心》，《浙江社会科学》2009 年第 1 期。

的、代价，以及刑罚裁量的规则、选择刑罚时需要考量的因素等，它是全书的逻辑起点和理论前提。[①]“分论”部分即本书第二、三、四、五、六卷。其中，第二卷“身体刑”剖析了简单酷刑、复合酷刑、限制性刑罚、积极劳役刑和死刑。[②] 虽然边沁对于酷刑的反对还不彻底（例如，他主张对最恶劣罪行施以致残的惩罚，并将之作为永久监禁的附随），[③] 但站在他所处的历史时代，整体而言他是一位刑法人道主义者（例如，他经过细致梳理，将死刑与附加劳役的终身监禁进行比较，明确体现出对死刑的批判与否定态度）。第三卷“剥夺刑或没收刑”讨论了剥夺声誉、金钱没收、剥夺条件和剥夺法律保护，这些刑罚大体对应于现代刑法中的名誉刑、财产刑和资格刑。[④] 这两卷基本覆盖了现代刑罚体系中的主要

---

① Jeremy Bentham, *The Rationale of Punishment*, London: Robert Heward, 1830, pp. 1–75.

② Ibid., pp. 76–197.

③ 但究竟何为酷刑，其实在国际法上至今也没达成共识。虽然 1948 年联合国《世界人权宣言》开启了国际社会禁止酷刑的新篇章（该宣言第五条规定：“任何人不得加以酷刑，或施以残忍的、不人道的或侮辱性的待遇或刑罚”），但根据 1975 年联合国《保护人人不受酷刑或有辱人格待遇或处罚宣言》和联合国 1984 年《禁止酷刑和其他残忍、不人道或有辱人格的待遇或处罚公约》的规定，“酷刑”的定义被限定在中文语境的“刑讯逼供”范围内（当然它明确为了取得情报或供状……而蓄意使人在肉体和精神上遭受疼痛或痛苦的任何行为都是酷刑，这里的精神上的痛苦范围要大于我们平时所说的刑讯逼供行为），并且特别说明纯粹因法律制裁而引起的痛苦不在其中。据此，那些死刑保留国刑法中所规定的死刑、新加坡刑法中所规定的鞭刑等刑罚种类，虽然许多理论著作也指出其带有不人道的一面，但至少没有包括在联合国禁止酷刑的公约范围内。这也从一个侧面说明，对于酷刑的定义既复杂，又带有时代性。

④ Jeremy Bentham, *The Rationale of Punishment*, London: Robert Heward, pp. 198–276.

刑种，而且边沁把身体刑和财产刑区分开来论述，说明了他对这两类刑罚不同性质的认识。第四卷“错位的惩罚”，[1] 边沁认为有必要谈谈什么样的惩罚是不合适的，以比照什么样的惩罚是合适的。基于此种考虑，他从表面但并非真正的惩罚错位、自然溢出性的惩罚错位和真正的惩罚错位等方面作了展开，意在批判刑罚滥用以及揭示这种滥用背后的原因。[2] 在边沁看来，“利己主义和自私情绪的力量”以及“立法者和代替立法者行事的法官的智力能力的薄弱”导致刑罚频繁“错位”，所以要通过功用主义的贯彻和立法的强化来解决相关问题。第五卷“复合惩罚”，边沁对流放、圆形监狱、重罪、蔑视王权罪、逐出法外、逐出教会等制度进行了审查。[3] 所谓“复合惩罚”，意指融多项惩罚于一体的惩罚，它可以同时包括监禁、罚款、耻辱刑等，而“不适当的复合惩罚”就是“惩罚的组成部分不为人所知的惩罚，包括那些法律没有公布的恶的惩罚，也包括公布了但是用晦涩难懂的名词来表达、没有明显的惩罚性质、只有律师才能理解的惩罚”。可见，边沁并非一味排斥复合刑，如果复合刑内容清晰而非模糊、确定而非不确定，则依然可能是适当的刑罚。第六卷“其他专题”，边沁

---

① 经核对，第四卷在正文中的标题层级较混乱，且正文与本书翻译所依据的原著作“目录”也对不上。为了与其他各卷的标题层级对应，已将中译本第四卷下的“节”统改为“章”（原书“目录”第 XV 页中，“8.”和“9.”前也有“CHAP.”字样，有理由怀疑“1.”至“7.”前的“SECT.”是原书标记的错误。至于这种标记错误是原编者疏忽所致，还是源自边沁的手稿、原编者彻底忠实于原著所致，不得而知）。

② Jeremy Bentham, *The Rationale of Punishment*, London: Robert Heward, 1830, pp. 277–323.

③ Ibid., pp. 324–410.

似乎意犹未尽，又选取了法官的裁量权、附属刑、良好行为的担保人、废止的惩罚等话题进行讨论。[①] 如在论及法官的裁量权时，边沁忧心于裁量的随意性，不厌其烦地再次强调良好立法的重要性；又如，边沁在“废止的惩罚”中对赦免、时效、当事人死亡等涉及刑事责任消灭事由的讨论，也成为现代刑法教义学的重要范畴。

二、功用主义刑罚理论及其展开

后世认为，边沁超越了前人的理解和认识，将功用主义刑罚理论推向了新的高峰。这主要是因为他以功用主义学说为思想主线，深化和拓展了刑罚基础理论，形成了相对以往更加系统、深刻、细致的研究结论。

（一）思想主线

在《惩罚原理》的开头部分，边沁就明确指出：“惩罚，无论其可能呈现出什么形态，都是一种恶。”[②] 这意味着边沁一开篇就宣示要运用快乐与痛苦学说来揭示刑罚的本质。这一宣示虽然简单，却在边沁接下来体系庞大、内容繁多的论述中发挥了核心作用。正因为功用主义承认人之趋利避害的本性并将其作为立论的根本，而作为恶的刑罚能够给人带来痛苦，就使得刑罚可以天然地对人

① Jeremy Bentham, *The Rationale of Punishment*, London: Robert Heward, 1830, pp. 411–441.

② Ibid., p. 1.

施加影响，即通过建立刑罚与某种特定行为的对应关系，达到引导人不去实施相应行为的结果。由此引申出，立法者应当设计出合理的罪刑规范，以有效彰显刑罚预防犯罪的机能。[①]

虽然之前的功用主义刑罚论者对于刑罚本质的认识也存在类似的看法，但到边沁这里，功用主义学说与刑罚理论的结合有了更精细的表达和更详实的内容。边沁“绝不是仅仅热心于描述前人所留下而未完成的少许细节的人。贝卡里亚指出了许多原理，然而都只是提出而未详论。边沁却以惊人的毅力抓住了这些原理，对它们作出十分清晰的定义，并且由此得出无数的推论”。[②] 例如，围绕如何在实现预防犯罪的目的和结果的同时，又尽可能地减少成本即刑罚资源的投入，边沁从刑罚的目的与功能、刑罚裁量规则、选择刑罚时的考量因素等方面入手，形成了一套独具特色的基础性言说，并以此为基础，对各种具体刑罚制度作了环环相扣的挖掘，从而在宏观和微观两个层面完成了“功利计算在惩罚领域如何得以展开”的体系叙事。[③] 功用主义是边沁整个学说的理论基础，自然也是其构建自己刑罚理论的思想主线。

---

① 贾宇:《边沁刑法思想述评（上）》，《甘肃政法学院学报》1996年第2期。

② 参见〔英〕边沁:《政府片论》，沈叔平等译，商务印书馆2017年版，编者导言，第32页。

③ 参见宁利昂:《边沁的惩罚思想研究》，中国社会科学出版社2021年版，第24—47页。边沁曾毫不含糊地指出，所有惩罚本身都是邪恶的，因而它只有在作为法律加诸犯法行为的一种人为后果，以最小的人类苦痛代价去防止由犯法行为引起更大的邪恶或损害时，才是正当的（参见〔英〕边沁:《道德与立法原理导论》，时殷弘译，商务印书馆2000年版，第33页）。就此而言，功用主义刑罚理念与今天广受认可的刑法谦抑精神在很大程度上是一致的。

（二）理论展开

在将功用主义确立为刑罚正当性的思想主线后，边沁围绕若干刑罚基础理论予以进一步展开。这些展开衔接了作为理论来源的功用主义与作为后续分析对象的刑罚制度，成为深入解读边沁惩罚原理的理论工具。

1. 刑罚的目的与功能

边沁延续了贝卡里亚在刑罚目的论上的基本主张，即针对犯罪者的特殊预防目的和针对社会公众的一般预防目的。同时，他更为细致地考察了特殊预防的内涵，指出可以通过"剥夺他犯罪的身体能力""消除犯罪的欲望""使他害怕犯罪"来预防特定个人犯罪的再次发生。[①]这其实就是对应于现在我们所说的"不能犯罪""不愿犯罪""不敢犯罪"，足见边沁的远见卓识。也许是为了强调其刑罚论的功用主义定位，更为彻底地贯彻"最大多数人的最大幸福"，边沁将一般预防视为刑罚的主要目的和最重要的理由。与此同时，边沁还对刑罚如何实现最佳功能进行了探索，例如他在谈到对受害者的赔偿时，指出财产刑在某些情况下具有既能够给犯罪者造成痛苦又能向受害者提供赔偿的优越性。

2. 刑罚裁量规则

边沁意识到，明确刑罚的目的与功能只是其具体惩罚理论展开的开始，接下来他从刑罚的动态运作中去思考如何完善基于功

---

① Jeremy Bentham, *The Rationale of Punishment*, London: Robert Heward, 1830, p. 20.

用主义的刑罚观。于是，边沁将目光投向刑罚的裁量，就此提出一系列的规则，旨在以功用主义认同的方法处理犯罪与刑罚的比例关系。[①] 从近代西方刑法学说的发展史来看，对于罪刑关系的阐释并非属于功用主义学派一家的专利，报应主义学派也曾对罪刑关系进行了基于自身逻辑的阐释。[②] 例如，康德提出过等害报应论，按照此种思路，刑罚之害应当与犯罪之害相等同。同为报应主义者的黑格尔，在洞察到等害报应论难以做到现实中的刑罚之害与犯罪之害一一对应后，提出了等价报应论，试图以此弥补康德前述观点的不足。报应主义刑罚论在一定程度上能够满足公众的朴素正义观，但忽略了刑罚的实施本身需要付出代价，或者说无视这种代价，这在功用主义者看来是不够明智和理性的。因此，边沁提出了基于功用主义的十三条刑罚裁量规则，如通过规则一、二、三、四标出刑罚的最低限度，通过规则五标出刑罚的最高限度。在满足刑罚最低限度的基础上，边沁尤其对刑罚成本"斤斤计较"，如此一来便与报应主义形成了鲜明对比，也与盲目和不计成本地追求犯罪预防效果的重刑主义划清了界限。边沁设计的比例规则不仅深化和拓展了贝卡里亚等先驱就同一议题的论道，也丰富和完善了其本人在该问题上的早期认知，为后人关于罪刑关系的认识打开了通往精确化的大门，有力提升了功用主义刑罚观的科学性和说服力。

---

① Jeremy Bentham, *The Rationale of Punishment*, London: Robert Heward, 1830, pp. 32–41.

② 陈兴良:《走向哲学的刑法学（第2版）》，法律出版社2008年版，第213—221页。

3. 选择刑罚时的考量因素

刑罚种类丰富多样，不同刑种所具有的优点和短板也不尽相同，司法裁量中选取何种刑罚来实现犯罪预防目的，同时又符合功用主义所要求的节俭性即以最少投入获得最大回报，对此，边沁将从贝卡里亚那里获得的灵感和线索转化成解题的钥匙。如前所述，贝卡里亚曾经谈及刑罚的及时性、确定性、相似性、必定性和对称性等话题，边沁敏锐地觉察到了这些刑罚特性的重要性。不过，他没有照搬贝卡里亚的这些勾勒，而是经过自己的思考后加以精挑细选和归纳，最后创设出包括可变性、平等性、相当性、表征性、儆戒性、节俭性、有益于改造、剥夺犯罪能力的有效性、有益于补偿、大众性、描述的简单性和可免除性等十二项刑罚特性在内的考量因素体系。[①] 也就是说，边沁认为，在衡量一种具体刑罚是否可以有效应对犯罪时，需要根据其打造的前述考量体系进行评价，通过综合利弊分析来得出最终结论。边沁的此种设计意义甚大，它使得对刑罚的评价不再简单依赖于直观印象与道听途说，而是拥有了明确的体系化指标，彰显出其学说的务实性和革新性。

（三）重点分析

构建好功用主义刑罚理论的基础，边沁随即进入对具体刑罚制度的审查。相关分析不仅包括各种刑罚种类的利弊，也包括刑罚适用中的一般性问题。

---

① Jeremy Bentham, *The Rationale of Punishment*, London: Robert Heward, 1830, pp. 42–55.

1. 关于酷刑

边沁以“酷刑”来指称那种具有折磨性质的刑罚。根据产生的痛苦是暂时性的还是持久性的，他又将酷刑分为简单酷刑与复合酷刑。关于简单酷刑，边沁对鞭刑、吊刑、“尖木”刑、“木马”刑、浸水刑、水刑等作了逐一描述和分析，认为此类刑罚虽具有可变性，但产生的影响不确定和因人而异，同时虽具有一定儆戒性，但在恐吓和改造人的方面效率不足。① 关于复合酷刑，边沁依次讨论了“改变个人外表的惩罚”“致残，或以剥夺器官功能为目的的惩罚”与“劓刑”，涉及烙印、剃头、割鼻、削耳、手铐、脚镣、枷锁、断肢等种类。对于复合酷刑，边沁谈到此类刑罚的施加会使旁观者产生生理厌恶，也会引起他们对被施刑人的道德蔑视，同时，他从经济性、可免除性、可变性、儆戒性、可改造性等方面予以了进一步说明。② 从边沁的论述中可以看到，他对酷刑虽然总体持批判态度，但也保留了一定程度的肯定。这说明，任何认识都具有历史局限性，边沁也不例外。③

2. 关于限制性刑罚

在限制个人能力、剥夺享乐和行为自由的意义上，边沁将监禁、准监禁、贬谪、地方封锁、流放归入到限制性刑罚之中并统称为“领土限制”。对于监禁刑，边沁采用的是梳理加批判的分析模式，字里行间可以看出他对长久以来存在于该领域的根深蒂固

① Jeremy Bentham, *The Rationale of Punishment*, London: Robert Heward, 1830, pp. 76–85.

② Ibid., pp. 86–98.

③ 当然，正如前面所指出的，对于刑罚上何为酷刑，迄今也未在国际法层面达成完全一致的认识。

之弊病的厌恶与否定，相关思考也催生了其关于开展圆形监狱建设的建议（见后文）。对于准监禁、贬谪、流放等刑罚，边沁从比较的角度进行了观察：既有与监禁刑的比较，比如他认为这几种刑罚相对监禁更为节俭；也有相互之间的比较，比如他指出流放比准监禁、贬谪要更具有儆戒性，贬谪、流放比准监禁在促成罪犯改造方面能够发挥更大的作用。[①] 边沁对于流放给予了特别关注，直言此种刑罚与苦役叠加会形成所谓的“复合刑”。他立足于历史实践，通过对英国海外殖民史的考察，归纳出在流放的具体执行问题上存在北美模式与新南威尔士模式。[②]

3. 关于积极劳役刑

边沁对积极劳役刑十分欣赏，曾毫不吝啬地称赞道：“它比任何其他单一的刑罚都更加完美。”[③] 在他看来，积极劳役刑能够产生利润、实现节俭，具有平等性，在强度和持续时间上可变，并且有益于改造和应对由于贪婪或懒惰而实施的犯罪，儆戒性上虽无优势但也无缺点。[④] 他还认为，人们之所以对积极劳役刑产生偏见，是因为将“积极劳役刑”与“奴隶制”相混淆，但实际上积极劳役刑与奴隶制不是一回事，积极劳役刑也并非残忍的和不人道的奴役，偏见和误读并不构成否定此种刑罚的足够理由。[⑤] 边沁对于积极劳役刑的肯定，既体现了其一以贯之地对成本收益比的看重，

---

① Jeremy Bentham, *The Rationale of Punishment*, London: Robert Heward, 1830, pp. 136–148.

② Ibid., pp. 327–350.

③ Ibid., p. 161.

④ Ibid., pp. 161–165.

⑤ Ibid., p. 165.

也在一定程度上起到了为此种被污名化的惩罚正名之效。今天来看，积极劳役刑与奴隶制的不同性质已经不言而喻，劳役刑所蕴含的也可以说是刑罚本身所应具有的经济价值与教育意义已经在现代文明国家的刑罚制度中得到了广泛承认。引人深思的是，边沁在劳役刑前面增添了“积极”二字，这不仅表明他认为劳动是一种积极的惩罚，而且隐含了要避免把劳动作为一种消极改造方法的意旨。

4. 关于死刑

英国虽然早已废除了死刑，但其在 19 世纪初期，死刑罪名还多达惊人的二百多项。面对死刑的立法扩张与司法泛滥，边沁运用了他归纳总结的考量因素来仔细审查死刑的优劣。具体而言，从有利特性即支持死刑存在的理由来看：一是能够彻底剥夺犯罪能力，二是类似于谋杀罪行即具有表征性，三是受到公众欢迎，四是相比其他刑罚更具儆戒性；但是，死刑的不利特性即支持废除死刑的理由更多：一是无益于补偿，二是不具有节俭性，三是不具有平等性（对于一般人来说死刑非常严厉，但对于某些人来说死刑无关紧要），四是可变性不足，五是无法免除，六是在有些情况下不得人心，不仅违背了受害者的意愿（害怕把罪犯送上绞刑架而不起诉他们）、公众的怜悯心（甚至帮助罪犯逃跑），也降低了证人作证的动力（因同情死刑犯而不愿作证），还加大了法官为免除罪犯死刑而过于宽大处理的可能性，从而使法律的执行落入一种不确定境地，与正义目的背道而驰。[①] 综合看，边沁不仅在

① Jeremy Bentham, *The Rationale of Punishment*, London: Robert Heward, 1830, pp. 177–196.

价值观上保持了与贝卡里亚呼吁废除死刑的一致性，更在方法论上成为第一个系统运用功用主义刑罚理论来论证死刑废止正当性的思想家。

5. 关于财产没收刑

在边沁眼里，与财产相关的刑罚是符合功用主义理念的又一类刑罚。为了向世人说明他的这一认识，边沁以财产没收为分析对象，分别阐释了金钱没收和准金钱没收。就金钱没收而言，边沁指出其在转化为利润、平等性、可变性、可免除性等方面具有优势，尤其在公众的接受度上无可比拟，尽管他同时认为在节俭性[①]、儆戒性上有所缺失，但整体对金钱没收是持肯定态度的；就准金钱没收而言，边沁认为对于金钱没收的审查原则上也适用于准金钱没收，不过强调了其相对于金钱没收而言更具有儆戒性，如"没收庄园的土地，更明显地具有惩罚的特征，比同等价值或者更多的罚款更能吸引人的注意"。[②]边沁对财产刑的青睐，与当今国际上刑罚改革由自由刑为主转向以财产刑为主的发展趋势不谋而合。

6. 关于错位的惩罚

边沁将错位的惩罚分为表面但并非真正的惩罚错位、自然溢出性的惩罚错位和真正的惩罚错位。对于表面但并非真正的惩罚错位，如领导责任、监护责任、雇主责任等，边沁并不反对。对

① 边沁这里是从金钱没收会使罪犯的家属也因此蒙受损失和痛苦的意义上来说此种刑罚不够节俭的。

② Jeremy Bentham, *The Rationale of Punishment*, London: Robert Heward, 1830, pp. 254–259.

于自然溢出性的惩罚错位，边沁则表示要具体问题具体分析，一方面他主张要尽量减少和抑制犯罪的附随后果和株连效应，另一方面又尖锐地指出，有些犯罪的附随后果和株连效应是避免不了的，如行为人被定罪判刑给亲人带来的痛苦，这种从有罪者身上延伸到无罪者身上的痛苦，其自身无法成为避免施加相关惩罚的足够理由；而对于“犯罪者本人根本没有受到惩罚，而是由其他人代替他”或“犯罪者本人受到惩罚，而其他无罪的人也根据法律的明确规定受到了惩罚”这种真正的惩罚错位，边沁则表示坚决反对。[①] 时至今日，虽然罪责自负、不株连无辜已成为现代刑法的一个基本原则，但边沁对定罪判刑给受刑者亲人带来的痛苦等自然溢出性惩罚错位之入骨分析，却仍然值得我们去直面和深思。

三、圆形监狱构想及其影响

在《惩罚原理》中还有一个不能不提的话题，这就是著名的“圆形监狱”构想。边沁的这一构想源于对监禁刑的审查，并对后来的福柯全景敞视学说产生了重要影响。

（一）构想动因

在边沁之前，监禁刑已经登上英国刑罚的历史舞台。客观地讲，相比其他动辄剥夺人的生命或对身体予以折磨的身体刑而言，监禁刑的出现已经算是很大的进步了。然而，由于没有良好的原

① Jeremy Bentham, *The Rationale of Punishment*, London: Robert Heward, 1830, p.283, pp. 287–288.

则和理念加以指导，监禁刑在其运行过程中凸显出来诸多弊病，到了边沁所处的时代更是积重难返：一是不人道，如被监禁人员的营养不能保证，饥饿成为常态，又如环境不卫生，肮脏而恶劣，以致引发被监禁人员的种种疾病；二是无效果，如隔离不到位，使得被监禁人员相互之间可以进行犯罪心得交流，进而形成“交叉感染”，又如缺乏公众设施，故儆戒性不强，难以实现一般预防的效果；三是权力滥用，如监狱管理者以收取监禁费之名行向被监禁人员乱收费之实；四是不经济，如缺乏合理的劳动制度致使大量的劳动力被闲置。[①] 以上种种，都与边沁的功用主义刑罚理念背道而驰，令他难以容忍。其实，对于当时监狱运行状况的反感并非边沁一人，如以霍华德为代表的诸多人士也注意到了破除监狱积弊的必要性，并为此大声疾呼。[②] 边沁的贡献在于，他在其他同仁提出的建议、主张基础上，运用功用主义刑罚观，对监禁刑进行了更深入和细致的剖析，进而提出了全新的圆形监狱改革构想。

（二）具体内容

边沁从建筑结构、合约制度、管理者责任等方面对腐朽、落后的监狱制度进行了大刀阔斧的改革与重新设计，具体体现为：第一，从儆戒性来看，圆形监狱的选址、外观、构造、安防及访

① Jeremy Bentham, *The Rationale of Punishment*, London: Robert Heward, 1830, pp. 101-128.

② 18 世纪英国监狱改良运动领导者霍华德于 1777 年出版《英格兰与威尔士的监狱状况》一书，详细披露了英国监狱的恶劣环境与被监禁人员的悲惨处遇。

客参观制度的设置可以实现对公众的教育意义，有利于一般预防；第二，劳动、禁酒、分类、指导的施行，有益于促进囚犯的改造；第三，圆形监狱能够抑制罪犯之间的相互走动和犯意联络，并通过建立辅助机构接纳从圆形监狱获释的人员，帮助他们复归社会；第四，通过此计划，能够以合同约定的方式向受害方提供部分赔偿；第五，无论从投入使用后的长期收益来看，还是对比殖民地监狱来看，圆形监狱都具有经济性，值得优先考虑。[1] 为推动这一构想的实现，边沁还身体力行地向英国当局进行了长时间的自荐，并为此付出巨大努力，虽然在现实中遭遇挫折，却也体现了作为思想家的边沁同时也是一位行动家的可贵品质。[2]

（三）后世影响

边沁的圆形监狱理念对后世的监狱改革产生了直接影响，如英国本土的米尔班克（Millbank）监狱、美国的斯坦特维拉（Stateville）监狱等，都直接来源于边沁的启发，此外，法国、荷兰、瑞典等国的监狱设计也借鉴了边沁的这一理念。甚至有学者指出，圆形监狱几乎在全美各州得到广泛推行，且一直沿用到 20 世纪。[3] 如

① Jeremy Bentham, *The Rationale of Punishment*, London: Robert Heward, 1830, pp. 351–368.

② 边沁看到立法机关在 1794 年监狱法案中对监狱改良的授权并没有得到执行部门的落实，不由得怀疑有一种“邪恶利益”的存在，认为这正是其圆形监狱构想遭遇现实挫败的根本原因。参见〔英〕菲利普·斯科菲尔德:《邪恶利益与民主：边沁的功用主义政治宪法思想》，翟小波译，法律出版社 2010 年版，第 148—151 页。

③ 〔英〕路易斯·莱昂斯:《刑罚》，赵天奕译，广东人民出版社 2023 年版，第 162—165 页。

今，外观上完全符合边沁设计的圆形监狱虽已不多见，[①]但圆形监狱的一些设计理念却被保留了下来，特别是随着现代科学技术在监狱的应用，监控设备、定位系统、智慧监狱点名系统覆盖了监狱全域，使得现代监狱在另一种意义上又恢复了边沁所设想的圆形监狱的"全景敞视"功能。[②]难怪有监狱学者在论及边沁的圆形监狱思想时，至今赋予其现实意义："只有重返'圆形监狱'的刑事古典的契约正义思维，才有可能在刑事法治的轨道上完成新古典，乃至新兴古典的刑事变革事业。"[③]

边沁的圆形监狱思想还带给许多思想家以灵感，这其中最著名的要数法国人福柯的全景敞视学说。在边沁那里，圆形监狱只是作为经受功用主义严苛检验过的监狱改良模板与目标，但到了福柯这里，酷刑消失与监狱文明化兴起的更大意义在于，其能够为权力规训在现实世界中的顺利开展提供帮助。进而言之，在福柯眼里，监狱成了权力操控的极佳场所和载体，它通过各项制度的细微设计使规训手段以十分隐蔽的方式付诸实施，并且此种权力规训的成功模式被广泛扩散到学校、医院、工厂等各种场合。这样，监狱就被演化成一种隐喻和用以叙事的符号，成为福柯全景敞视学说最为直观的代名词。如果说在边沁的圆形监狱构想中

---

① 边沁提出圆形监狱的初衷是为了克服监禁刑在其运行过程中出现的诸多弊端、提升监狱管理的人道性，但由于现代社会更加重视对犯人人权的保障，更加强调对犯人的矫正和再社会化，以及监狱管理更加追求精细化，使得圆形监狱这种过于单一纯粹的模式难以适应监狱发展多元化的要求。

② 〔法〕米歇尔·福柯:《规训与惩罚》，刘北成、杨远婴译，生活·读书·新知三联书店 2012 年版，第 224—255 页。

③ 郭明:《契约刑论与新兴古典监狱学》，元照出版公司 2019 年版，第 543 页。

主要看到的是监狱对人的改造和人的主体性，那么在福柯的全景敞视学说中则更多地体现出以监狱为象征的权力对人的征服和人对权力的服从。至此，福柯大大拓展了边沁的原初议题，将现代社会比作边沁的圆形监狱，一小批看守可以监视一大批囚犯，而被监视者自己却不被看到。边沁关于圆形监狱的构想对福柯的此种启发，不能不说是学术思想发展史上的一段佳话。

四、当代启示

《惩罚原理》是一座学术富矿，正如斯科菲尔德教授应笔者之邀给本书中译本所作序言中指出，试图用简短的几段话来描述《惩罚原理》是无法对这个详细、复杂且论证有力的文本做出全面而深刻的解释的。为不至在纷繁的细节中迷失方向，阅读该书需要一个指引，这个指引简单用一句话来说，就是从刑法上设计出一套基于功用原理的行为典章，并用依靠同样原理来调节的系列制裁措施作为其后盾。[①] 同样，它带给我们的启示也是多方面的，除了前面零星提到的种种，译者想在这里重点围绕以下三点谈谈看法。

一是边沁的功用主义惩罚原理为何经得起历史的检验。自边沁之后，功用主义已经走过了漫长的道路，但时光的流逝一点也没冲淡边沁的功用主义惩罚大师的形象，反而愈加凸显。究其原

① 需要指出的是，边沁设想的刑法典在外延上要大于现代意义上的刑法典，因为他不仅将我们现在所说的罪行放在刑法典中来讨论，还把民事方面的侵权行为也纳入其中，相应地，在他的惩罚范围里，不仅包括了刑罚，还包括民事方面的强制性补偿等内容。从这个意义上来讲，《惩罚原理》对我们思考一切法律上的制裁措施都有启发和借鉴意义。

因，首先是其高度的理论概括力。古今中外，大凡产生重大影响的学说主张，一般都有一个特点，那就是能用一个言简意赅而又内涵丰富的命题来表述。例如，边沁从“趋利避害”这一人的本性出发，用“最大多数人的最大幸福”作为功用主义的基本公式，指出所有的惩罚都是恶，“如果它应当被允许，那只是因为它有可能排除某种更大的恶”。[①] 这样的表述既让人印象深刻，又易于传播。其次是其层层深入的“手术刀”。为了厘定国家和社会在使用刑法打击犯罪和保护人民中的各种要求，刑法学必须成为一门最精确的法学。[②] 这一现代刑法学的理念其实早在边沁那里就已播下了种子，他曾在《道德与立法原理导论》的前言中指出，“只有通过像数学那般严格、而且无法比拟地更为复杂和广泛的探究，才会发现那构成政治和道德科学之基础的真理”。[③] 这种探究在《惩罚原理》中也随处可见，无论是作者提出的十三条刑罚裁量规则，还是选择刑罚时应包括的十二项考量因素，都是作者认为功用主义对于立法艺术的意义“恰如解剖学对于医术的意义”的体现。这些精细的剖析与此前我们已熟悉的边沁关于不应当施加惩罚的四种情形有异曲同工之效（只不过后者更精练，而前者更精微）：1. 惩罚无理由，即不存在要防止的损害，行动总地来说无害；2. 惩罚无效，即不可能起到防止损害的作用；3. 惩罚无益，或者说代

① 〔英〕边沁：《道德与立法原理导论》，时殷弘译，商务印书馆 2000 年版，第 216 页。

② 参见〔德〕克劳斯·罗克辛：《德国刑法学 总论》（第 1 卷），王世洲译，法律出版社 2005 年版，译者序。

③ 〔英〕边沁：《道德与立法原理导论》，时殷弘译，商务印书馆 2000 年版，第 57 页。

价过高，即惩罚会造成的损害将大于它防止的损害；4. 惩罚无必要，即损害不需惩罚便可加以防止或者自己停止，亦即以较小的代价便可防止或停止。[①] 值得指出的是，边沁还特别强调不同刑罚之间的互相配合，他认为，没有完美的刑罚种类，只有完美的刑罚体系，“在惩罚方面尽可能做得最好，就必须在大多数场合把这些特性聚集起来，使之成为一个复合体，每个复合体由若干整合在一起的不同的惩罚方式构成，按照它被设计出来对付的犯法行为的性质，它的各个组成部分性质和比例有所不同”。[②] 再次是其良好的社会效果。如前所述，边沁的学说促进了英国乃至世界刑罚的轻缓化和人道化，这不仅有令人信服的证据，而且在边沁研究者看来简直就是“一目了然”。[③] 对于边沁的启蒙贡献，马克思、恩格斯也是给予充分肯定的，正如他们在《神圣家族》中所指出：“‘思想’一旦离开‘利益’，就一定会使自己出丑。”也正是对利益的重视，唯物史观才强调生产力的重要性。具体到刑法领域，边沁的许多宝贵思想与今天的系统刑法学注重整体主义、利益法学强调平衡各种相互冲突的利益、法经济学追求对犯罪与刑罚的经济分析都具有内在的逻辑一致性，例如，当代法经济学的旗手波斯纳就运用功用主义对刑法中的惩罚问题进行过专门分析，得出刑罚要适度、反对一味重刑的结论。[④]

---

① 参见〔英〕边沁：《道德与立法原理导论》，时殷弘译，商务印书馆 2000 年版，第 218 页。

② 参见同上书，第 246 页。

③ 参见同上书，哈特写的导论，第 42—43 页。

④ 参见〔美〕波斯纳：《法律的经济分析》（上），蒋兆康译，中国大百科全书出版社 1997 年版，第 285—320 页。

二是从边沁的刑法典构想考察两大法系的刑法立法模式。边沁的一个梦想是要建立一种完善、全面的法律体系，即所谓的“万全法”（Pannomion），以澄清英国法中“普遍性的不准确与紊乱之处”。作为这一梦想的重要组成部分，他对刑法典的编纂倾注了大量心血。世人一般都认为，判例法是英美法系的特征，而制定法则是大陆法系的特征，前者建立在经验主义的认知基础之上，后者建立在理性主义的认知基础之上。边沁所在的英国是英美法系的代表国家，历来就有遵循先例的司法传统，但作为英国人的边沁却极力呼吁制定法，且终身执着于法典编纂的理想与目标［甚至连 codification（法典化）这个词也是边沁创造的］，这不能不引起我们的深思。其实，如果我们把镜头拉远一点，就会看到，无论是过去还是当今，也许我们过于强调了两大法系的差异，而忽略了其共同点。从过去看，英国法主要诞生于诺曼征服之后，其源头也深受罗马法的影响，在这个意义上，我们也可以说，大陆法系和英美法系都有罗马法这一共同的渊源，而罗马法有“法典”的传统；从当今看，英美法系的制定法甚至法典化趋势日益明显，而大陆法系则在继续保持法典化的传统下也日渐重视对判例法的借鉴。[①] 就边沁所处的时代而言，法典化是一种先进的构想，这不仅体现在他主张刑法法典化的《惩罚原理》最初在法国出版并受到欢迎，也体现在他的法典化构想对其他国家，特别是当时英国的众多海外殖民地如印度等的法典化产生了重要影响。正如有论

① 我国正在大力推进的案例指导制度建设，也可以视为刑法典之外对判例法的某种借鉴。

者所指出，边沁编纂法典的主张不仅在英国取得了部分成果，而且“对外国法律的一般改造工作所起的作用”更是明显，这既包括非英语国家，也包括英属印度等殖民统治区，因而我们完全可以说，“他对自己的国家和全人类已做出杰出的贡献了”。[①] 以印度为例，史家甚至把包括《印度刑法典》在内的《英印法典》在东方历史中的地位等同于查士丁尼的《罗马法》修订本在西方历史中的地位。[②] 今天，刑法法典化已经成为世界上绝大多数国家和地区的不二选择，即便是英美法系的典型国家美国，也纷纷在联邦和各州实现了刑法法典化，特别是1962年美国法学会颁布的《模范刑法典》，更是成为许多州刑法典改革的模板。[③] 然而，一个耐人寻味的事实是，在英国本土，边沁的刑法法典化主张却只“取得了部分成果”（虽然英国的刑事制定法越来越多，但毕竟至今还没有一部统一的刑法典），对这一现象的尝试解释是：英国作为一个长期稳定的国家，其社会治理演进多于建构，而在社会变动不大的情况下，常见案件基本可以按照以往的先例或习惯来处理；法典化往往需要新的动力甚至革命，如法国大革命后为推动资本主义发展而制定的拿破仑法典，[④] 第二次世界大战后英国基于国内

---

① 参见〔英〕边沁:《政府片论》，沈叔平等译，商务印书馆2017年版，编者导言，第55—56页。

② 同上书，编者导言，第58页。

③ 参见美国法学会:《美国模范刑法典及其评注》，刘仁文等译，法律出版社2005年版，导论，第1—2页。

④ 人们一般把拿破仑法典等同于拿破仑民法典，其实拿破仑法典是包括拿破仑刑法典在内的一整套法典，只不过因为民法典制定得早且后来受到很多国家的仿效才影响最大，以至于我们常常把拿破仑法典等同于拿破仑民法典。这就像我们一说到罗马法好像主要就是指私法，但其实公法也发轫于罗马法。

外形势的变化而显著增多刑事制定法。[①] 当然，另一个现象也值得重视，那就是越来越多的国家和地区在刑法典之外，还颁布为数众多的特别刑法、附属刑法。以德国为例，虽然关于刑事可罚性的一般前提以及最为重要的可罚罪行都是在刑法典中被定义的，但仍然有为数众多的刑事法律规定分布在刑法典之外的不同法律中。[②] 这说明随着社会的日趋复杂，特别是法定犯的增多、治罪与治理的结合，光靠一部单一的刑法典来惩治犯罪已显供给不足。[③] 这种因社会结构变迁而引起刑事立法从单一的刑法典立法模式走向刑法典与特别刑法、附属刑法并驾齐驱的多元立法模式，虽然突破了边沁当初的设想，却也完全符合他的功用主义原理。

---

① 虽然刑事制定法与刑法法典化还有距离，但它与判例法共同构成英国刑法体系，且在其中所占比例愈来愈大，这一现象本身足以说明边沁的法典化主张所产生的影响。事实上，从 19 世纪后半期开始，英国的刑法法典化运动就一直没有停止，1878 年曾有刑法典草案提交议会讨论；1959 年成立的刑法改革委员会，对刑法法典化改革倾注了很大精力；1985 年由刑法改革委员会邀请，史密斯教授领衔的团队完成了一部系统的“刑法典草案”，该草案在调研基础上经过进一步修改和补充，于 1989 年正式出版了两部分内容，即《关于英国刑法典的最终报告》和《刑法典草案》；1993 年之后，法律改革委员会的数个报告都期望完成刑法法典化；2001 年，政府相关部门旧事重提，同意刑法改革委员会对 1989 年刑法典草案审查完善后，实现法典编撰；2008 年，法律改革委员会正式宣布，“考虑到普通法的复杂性，当前立法步伐的增加和欧盟法影响的日益扩大……委员会当前任务主要是集中力量改革具体项目和简化刑法，以服务于将来刑法的法典化”。参见何荣功：《英国刑法的法典化改革之路述评》，《中国审判》2013 年第 1 期。

② 参见《德国刑法典》，刘宗路译，法律出版社 2024 年版，导言，第 1 页。

③ 我国虽然目前的刑事立法模式还是持单一的刑法典模式，但实际上，近年来已经有越来越多的其他法律包含了罪刑规范或与其相关的内容，如《反恐怖主义法》中的安置教育，《反有组织犯罪法》中对恶势力组织的界定以及有组织犯罪涉案财产的处置，《反电信网络诈骗法》中对电信网络诈骗犯罪刑事责任、行政责任和民事责任的整合等。

三是透过惩罚原理反思当前我国刑法学研究的资源投入。正如贝卡里亚的名著《论犯罪与刑罚》所示，刑法学研究主要分为犯罪论和刑罚论两部分。毋庸置疑，我国刑法学界受德日刑法学的影响，将主要精力放在犯罪论上，甚至认为犯罪论才是“刑法学皇冠上的明珠”。因此，“79 刑法颁行 40 多年来，我国犯罪体系发生了巨大变化，刑法制裁体系却基本保留初始框架，这也导致刑法制裁体系难以跟进现代犯罪治理的步伐，在实践中不断遭遇各种挑战”。[①] 这种一头重一头轻的局面，使得我国刑罚论的研究严重滞后，无论刑种、刑罚结构还是刑法运行机制都不能适应刑事法治进程的需要。但是，刑法的现代化主要还有赖于刑罚的现代化。我们看一些英美的刑法著作或教科书，往往一上来先讨论国家刑罚权的正当性来源，个中深意在于，刑法要实现保障人权的任务，首先要实现对刑罚权的控制。事实上，德日刑法学者对他们重犯罪论轻刑罚论的研究风气也有过反思，如德国著名刑法学家雅科布斯就指出，德国刑法学者把过多精力放在犯罪构造理论的争辩这种技术问题上，是“二战”后他们逃避政治压力所致（作为战败国的知识分子，谈规范目的或规范本质有自我否定的压力），归根到底，只是一个行为人要不要对自己的行为负责的问题。[②] 日本也有学者认为，日本的犯罪论体系由于受德国的绝对影响，使得无论在战前还是战后，都难以自下而上地对刑罚权的任意发动进行批判，并为这种批判提供合理根据。[③] 这种反思是深

① 彭文华:《我国刑法制裁体系的反思与完善》,《中国法学》2022 年第 2 期。

② 参见许玉秀:《当代刑法思潮》，中国法制出版社 2005 年版，第 53 页。

③ 参见黎宏:《刑法总论问题思考》，中国人民大学出版社 2007 年版，第 51—52 页。

刻的，不论是行为人要不要对自己的行为负责，还是限制刑罚权的任意发动，不都是边沁在其《惩罚原理》一书中所念兹在兹的吗？言及此，我们就不得不纠正一个由来已久的说法，那就是所谓英美刑法重实用轻理论。也许正确的说法应当是，相对德日的重犯罪论，英美刑法更重刑罚论。而刑罚论不仅要求有刑法教义学的视角，还要求有宪法、刑事政策等视角，因而其理论性更加挑战人的智慧。

五、结语

正如本文开头所示，惩罚理论或者说惩罚的正当性至今仍然见仁见智，争议巨大。这说明，面对惩罚这种如此重要又如此复杂的问题，再伟大的理论也无法毕其功于一役。哈特是新版《杰里米·边沁作品集》最早和最有力的支持者之一，作为当代著名法学家，他之所以甘愿做边沁的“学术仆从”，不仅是因为他极为钦佩边沁那种“将‘苍蝇般洞幽入微的眼睛’与‘雄鹰般观其大略的眼睛’非凡地结合起来”的能力，还因为他想返回到边沁的原始手稿中去捕捉对惩罚正当性思考的灵感。[①]

① 参见谌洪果：《法律实证主义的功利主义自由观：从边沁到哈特》，《法律科学》2006 年第 4 期。值得注意的是，哈特虽然充分肯定边沁的功用主义刑罚观，并认为他的刑罚改革总体是“很人道的”，但对他的某些具体推论却并不同意。例如，边沁认为一位偷了一块面包的饿汉所受的惩罚，在其他情况相同时，应比一位偷了某个对方并不在乎的富人的东西的人所受的惩罚更严厉，因为饿汉存在犯法的强烈诱惑，需要更严厉的惩罚才能抵消其预期的收益。对此，“即使在赞成他的改革目标的人士中间也没有什么人会乐于接受”。参见〔英〕边沁：《道德与立法原理导论》，时殷弘译，商务印书馆 2000 年版，第 34—35 页。

边沁曾经对长他25岁、在牛津大学当过他老师的另一位英国著名法学家布莱克斯通及其享有极高声誉的《英国法释义》总体持批判态度，他也对孟德斯鸠的历史地理方法不以为然。[①] 但吊诡的是，边沁、布莱克斯通、孟德斯鸠对于我们后世而言，每一个名字都如雷贯耳。也许，布莱克斯通专注的是一种基于经验的"法教义学"（当代著名的英国法官和法学家丹宁勋爵是其拥趸），孟德斯鸠看重的是基于历史和地理事实基础上的"历史法学""法的地方性知识"，而边沁所钟情的却是一种依靠逻辑和理性的法哲学或"社科法学"。理论上各表一枝、自成体系自然是理论理性内在逻辑的要求，但从人类探求正义的实践理性来看，它们非但不应是水火不容的关系，反而应当是一种相辅相成的关系。[②] 正因此，我们完全可以将布莱克斯通的《英国法释义》、孟德斯鸠的《论法的精神》和边沁的《惩罚原理》并排放在自己的案头，向这些人类的伟大灵魂致以同等的敬意。现代阐释学的一个趋势是不断地

① 如同他不赞成布莱克斯通的观点却也高度肯定他的学术贡献一样，边沁对孟德斯鸠也是如此，他一方面主张用自己的逻辑观念来取代孟德斯鸠的历史观念，另一方面却也对孟氏关于立法要关注一个民族的生活、地理状况、风俗习惯和宗教等给予"公正和恰当"的称颂。参见〔英〕边沁：《政府片论》，沈叔平等译，商务印书馆2017年版，编者导言，第32页。

② 这么说是否和本文开头对综合不同理论之混合版的批评有所矛盾呢？不然。那里的批评主要是针对把差异巨大和深刻对立的不同理论仅仅看作分工的不同，从而导致惩罚实践中的许多问题细究起来无法提供令人信服的解释。事实上，规范性惩罚理论及其指导下的刑事立法并不反对不同理论的综合，甚至提倡必要的综合，但这是一个方法论上的问题，其前提是要正视或区分不同的理论谱系，而不是和稀泥；是要在捍卫各自理论独立性的基础上，依据一定的标准来进行调和（如通过刑事政策来协调报应刑与预防刑的比重），以确保规范结构的协调和内在逻辑的统一。

削弱作者本身在解释作品意义上的权威性，[1] 因此我们完全可以在阅读这些不朽的名著时，充分发挥自己的主体性和想象力，用历史的眼光、辩证的眼光和发展的眼光来看问题，毕竟，每一个作者都有他自身和时代的局限性，而每一种刑法理论也都有它自己的时代。[2]

关于本书的翻译，还有以下几点说明：

其一，细心的读者可能会发现，译文中有的章节没有“第一节”而径直出现“第二节”，此种情形散见于译文第 79、150、187 页等页，这并非漏译，而是完全遵从 1830 年英文版中相关内容的原貌。另外，译文第 195 页介绍了几种可以对行为方式附加一定程度的声誉丧失的方式，其中缺少了第 4 点（“4.”），这同样是基于对原作的完全尊重而未作任何改动。对此，译者在书中相应位置均标注了说明。

其二，正如有的中文语词具有多义性一样，有的英文语词也具有不同含义，或者说出现过多种译法，为统一全书表述，译者需要做出选择。例如，“evil”既可译作“罪恶”，又可译作“邪恶”“恶行”“弊端”等，本书一律译为“恶”。又如，“utility”我国传统译法多译为“功利”，也有少数译者译为“功用”或“功效”，本书采“功用”译法；相应地，“utilitarianism”传统上多译为“功利主义”，也有少数译者译为“功用主义”或“功效主

---

① 参见〔美〕哈罗德·J. 伯尔曼：《法律与革命》，贺卫方等译，法律出版社 2018 年版，第 900 页。

② 〔德〕米夏埃尔·帕夫利克：《规范确认于同一性均衡：论国家刑罚的合法性》，赵书鸿译，法律出版社 2024 年版，中文版前言，第 3 页。

义”，本书采“功用主义”译法，理由已在本书第一次出现该词时予以说明。再如，“panopticon”国内出现过“圆形监狱”“全景监狱”“环形监狱”“全景敞视建筑”等多种译法，鉴于“圆形监狱”的表述既形象又最为大家所熟知，所以本书选择了这一译法。还有，在第五卷“复合惩罚”中多次出现“object”与“end”，译者根据语境将“object”译作“目标”，而将“end”译作“目的”。

其三，关于人名和书名的翻译，为便于中外学术交流，译者在将书中首次出现的人名和书名翻译成中文时，附带在后面括上英文原文。同时，为便于读者阅读，翻译人名时省去了原文中缩写字母的翻译，如将“A. J. Ayer”直接翻译成“艾耶尔”。此外，“Cesare Beccaria”国内也出现过“切萨雷·贝卡里亚”“切萨雷·贝卡利亚”等不同译法，本书参照黄风先生翻译、收入商务印书馆“汉译世界学术名著丛书”的《论犯罪与刑罚》一书，最终采“切萨雷·贝卡里亚”的译法。

在本书的翻译过程中，我得到很多人的帮助。刘昭陵博士、宁利昂博士和史若琪博士生对我助力甚多，先要特别谢谢他们；也由衷感谢金莹莹编辑一如既往对我的支持、鼓励和关心，其敬业和水平令我十分钦佩，许多地方她几乎充当了审校人的角色；我还要感谢斯科菲尔德教授，他应我的邀请撰写了本书的中译本序言，并在2024年2月我到伦敦参加学术会议时，热情带我参观了边沁项目办公室、边沁的原始手稿和边沁遗骸展柜（其严肃、幽默而丰富的讲解容我日后专文记之）；周梓锟、汪贝娜和邹仕嘉三位法律硕士生分别帮我通读过部分译稿，也要谢谢他们；本译后记的核心内容曾以《边沁〈惩罚原理〉评析及其当代启示》为题发表于《湖南师范大学社会科学学报》2025 年第 3 期，感谢陈桂香编辑的盛情约稿，正是在她的建议下，译者在原稿基础上增加了“当代启示”这一部分，使得本译后记的内容更加丰满。此外，本书为中国社会科学院“长城学者计划”（2025CCXZ011）的阶段性成果，我也要感谢该计划对我学术事业的支持。

边沁“擅长把他的思想包裹在晦涩外衣内”，虽然这有他追求精确性的考虑，但这种行文风格无疑也是他的著作被视为“现代梵文”的一个重要原因。更因译者水平有限，而翻译的信达雅永无止境，如果尊敬的读者您在阅读过程中发现译文有任何问题，恳请多多赐教。联系邮箱：renwen_liu@163.com。

刘仁文

2025 年 6 月 1 日于北京

图书在版编目（CIP）数据

惩罚原理 /（英）杰里米·边沁著；刘仁文译.
北京：商务印书馆，2025. -- ISBN 978-7-100-24788-7

Ⅰ. D956.14

中国国家版本馆CIP数据核字第2024F2D984号

惩罚原理

〔英〕杰里米·边沁　著

刘仁文　译

商　务　印　书　馆　出　版

（北京王府井大街36号　邮政编码100710）

商　务　印　书　馆　发　行

中煤（北京）印务有限公司印刷

ISBN 978－7－100－24788－7

2025年6月第1版　　开本 850×1168　1/32

2025年6月北京第1次印刷　　印张 13¼

定价：88.00元